ΑΘΑΝ. Ι. ΔΕΛΗΚΩΣΤΟΠΟΥΛΟΥ
Διατ. Καθηγητού του Πανεπιστημίου Αθηνών

ΠΕΝΤΑΓΛΩΣΣΟ ΛΕΞΙΚΟ

ΑΓΓΛΙΚΟ - ΕΛΛΗΝΙΚΟ
ΓΕΡΜΑΝΙΚΟ - ΕΛΛΗΝΙΚΟ
ΓΑΛΛΙΚΟ - ΕΛΛΗΝΙΚΟ
ΙΤΑΛΙΚΟ - ΕΛΛΗΝΙΚΟ
και αντιστρόφως

ΤΡΑΠΕΖΙΚΩΝ
ΕΜΠΟΡΙΚΩΝ
&
ΟΙΚΟΝΟΜΙΚΩΝ
ΟΡΩΝ

Άλλο ένα
ΛΕΞΙΚΟ
ΤΗΣ ΕΥΡΩΠΑΪΚΗΣ ΟΙΚΟΝΟΜΙΚΗΣ
ΚΟΙΝΟΤΗΤΟΣ

Dr. ATHAN. J. DELICOSTOPOULOS
Formerly Professor at the University of Athens

A
Multilingual
Dictionary
ENGLISH - GREEK
GERMAN - GREEK
FRENCH - GREEK
ITALIAN - GREEK
and vice versa
of
BANKING
COMMERCIAL
&
FINANCIAL
TERMS

Another
DICTIONARY
OF THE EUROPEAN
ECONOMIC COMMUNITY

First published 1991

Published and distributed by
EPTALOFOS S.A.
12-16 Ardittou Str. - 116 36 Athens, Greece
Tel.: 921.7513 - 921.4820 - 921.4452 - 923.7033

Πρόλογος

Η επιτυχία την οποία εσημείωσε το λεξικό μας νομικών κλπ. όρων και οι περαιτέρω ανάγκες της διεθνούς αγοράς μας οδήγησαν στην εκπόνηση και του παρόντος λεξικού **τραπεζικών, εμπορικών** και **οικονομικών όρων διαφόρων του πρώτου λεξικού.**

Το παρόν λεξικό περιέχει πέραν των 15.000 όρων, ανά τρεις και πλέον χιλιάδες σε κάθε γλώσσα ήτοι αγγλικής, ελληνικής, γερμανικής, γαλλικής και ιταλικής.

Είναι γραμμένο με βάση τα πλέον έγκυρα μεγάλα λεξικά των εν λόγω γλωσσών, με υπευθυνότητα και επιστημοσύνη προσαρμοσμένο στις ανάγκες του σύγχρονου επιστήμονα, σπουδαστή, εμπορικού αντιπροσώπου, τραπεζικού υπαλλήλου, χρηματιστή, οικονομολόγου, διαφημιστή, εκτελεστικού διευθυντή, γραμματέα, μεταφραστή και τόσων άλλων.

Η σειρά των λέξεων είναι εκείνη των αγγλικών. Στο τέλος παρατίθεται ευρετήριο για τους έλληνες χρήστες του παρόντος πεντάγλωσσου ειδικού λεξικού.

Η απόκτηση και των δύο λεξικών θα διευκολύνει πολύ το έργο σας όσο καλά και αν γνωρίζετε μία, δύο ή και περισσότερες από τις πέντε γλώσσες στις οποίες αναφέρονται.

ΑΛΛΕΣ ΕΡΓΑΣΙΕΣ

του Καθηγητού κ. Αθαν. Ιωαν. Δεληκωστόπουλου

Learn Modern Greek the Best Way (8η Έκδοση).
Modern Greek for Foreigners + 3 κασέτες. (5η Έκδοση).
Ελληνικά για Ξένους + Γλωσσάρια σε όλες τις ευρωπαϊκές γλώσσες. (4η Έκδοση).
Greek Idioms – Ελληνικοί Ιδιωματισμοί στα Αγγλικά (4η Έκδοση).
St. Paul's Journeys to Greece and Cyprus (5η Έκδοση). Επίσης στα Γερμανικά και Γαλλικά.
Idiomatic English: Books A.B.C.D. (Εξηντλημένα).
English Grammar Simplified & Exercises. (3η Έκδοση).
Preliminary English I & II 4 Work Books.
A Handbook of Commonly Used English and American Idioms.
English Prepositions. (3η Έκδοση).
Translating: Lower & Proficiency. (2η Έκδοση), (εξηντλημένα).
Two-Word Verbs & Verbs Followed by Prepositions.
Prepositional Phrases & Words Followed or Preceded by Prepositions.
Idiomatic Expressions.
A Dictionary of Idioms. 6.000 Idioms. Με ερμηνεία και παραδείγματα (3η Έκδοση).
An English - Modern Greek & Modern Greek - English Dictionary.
Let's Learn Vocational and Professional English: Books A, B, C, D. (Εξηντλημένα).
B.B.C. Follow Me A1, A2, A3, A4 (2η Έκδοση).
B.B.C. 10 Work Books for Greek Students.
"Pop" English. Παιδική Προσχολική Σειρά. Πέντε βιβλία & Κασέτες.
"Steps" in English Patterns and Usage (One, Two, Three, Four & Key) (Εξηντλημένα).
Quick Greek for Tourists. (7η Έκδοση).
Griechisch schnell gelernt. (7η Έκδοση).
Le Grec Facile. (3η Έκδοση).
Il Greco in un Attimo. (3η Έκδοση).
Snabb Grekiska.
A Traveller's Dictionary. (3η Έκδοση).
Αγγλικά της Στιγμής & 2 κασέτες (90΄ & 90΄) (4η Έκδοση).
Greece: Past and Present. (Εξηντλημένο).
Τουριστικό Λεξικό.
Λεξικό Αγγλοελληνικό & Ελληνοαγγλικό Νομικών, Οικονομικών, Εμπορικών και Διοικητικών όρων (Το λεξικό της Ευρωπαϊκής Οικονομικής Κοινότητος) (2η Έκδοση).
Wild Flowers of the Greek Countryside. Wildblumen Griechenlands.

ΠΙΝΑΚΑΣ ΠΕΡΙΕΧΟΜΕΝΩΝ

σελ.

Πρόλογος | 5
Books by Prof. Dr. Athan. J. Delicostopoulos | 6
English – Greek – German – French
   and Italian Dictionary | 9
Greek index | 267

A

A force από ανάγκη

a posteriori εκ των υστέρων

a priori εκ των προτέρων

ab initio από την αρχή

abandon
- εγκαταλείπω δικαίωμα προτεραιότητος, παραιτούμαι του δικαιώματος της εκ των υστέρων διεκδικήσεως, εγκαταλείπω, παρατάω, αφήνω, αναχωρώ.
- **abandonnieren**
- **abandonner**
- **abbandonare**

abandonment
- παραίτηση, εγκατάλειψη δικαιώματος ή πράγματος χωρίς πρόθεση επανδιεκδικήσεώς του.
- **Abandon**
- **abandon**
- **abbandono**

aboard
- εντός ή εις το πλοίο, σιδηρόδρομο ή αεροπλάνο
- **an Bord**
- **à bord**
- **a bordo**

above-mentioned
- το μνημονευθέν πιό πάνω.
- **obenerwähnt**
- **susmentionné**
- **suddeto**

above par
- υπέρ το άρτιο.
- **über pari**
- **au-dessus du pair**
- **sopra la pari**

abroad
- στο εξωτερικό.
- **im Ausland**
- **à l'étranger**
- **all'estero**

abscond
- φεύγω κρυφά, κρύβομαι, το σκάω για να αποφύγω τις συνέπειες του νόμου, φυγοδικώ.
- **sich heimlich davonmachen**
- **s'enfuir, décamper**
- **nascondersi**

abstain
- απέχω, αποφεύγω να κάνω κάτι.
- **seine Stimme enthalten**
- **s'abstenir**
- **astenersi**

abstract
- περίληψη, απόσπασμα, επιτομή, σύνοψη, αφηρημένος, θεωρητικός.
- **Abriss**
- **résumé**
- **riassunto**

accelerated depreciation
- επιταχυνόμενη απόσβεση.
- beschleunigte Abschreibung
- amortissement accéléré
- deprezzamento accelerato

accept
- αποδέχομαι υποχρέωση ή όρους, αναγνωρίζω κάτι ως δεσμευτικό.
- annehmen
- accepter
- accettare

accept an offer
- αποδέχομαι προσφορά
- ein Angebot annehmen
- accepter une offre
- accettare una offerta

acceptance
- αποδοχή, παραδοχή, παραλαβή, έγκριση, αποδοχή συναλλαγματικής με την υπογραφή κάτω από τη λέξη: δεκτή.
- Akzept
- acceptation
- accettazione

acceptance credit
- πίστωση που δίνεται από τράπεζα με την αποδοχή ενός χρεωστικού τίτλου ή π.χ. μιάς συναλλαγματικής.
- Akzeptkredit
- crédit par acceptation
- credito di accettazione

acceptance for honour
- η αποδοχή κατά παρέμβση, ή ανάληψη υποχρεώσεως πληρωμής από άλλον εκτός του οφειλέτου.

- Intervention
- acceptation par intervention
- accettazione per intervento

acceptance interval
- μεσολαβούν διάστημα αποδοχής
- Akzeptfrist
- intervalle d'acceptation
- intervallo dell'accettazione

acceptance price
- η τιμή, που θα πληρώσει η τράπεζα στους εκδότες δια τη διάθεση χρεωγράφων νέας συνήθως εκδόσεως, διαφοροποιημένη από την τιμή εκδόσεως. Η διαφορά αποτελεί το κέρδος της τραπέζης.
- Übernahmepreis
- prix de prise ferme
- prezzo d'assunzione a fermo

accommodation bill ή **paper** ή **note**
- διακανονισμός, διευκόλυνση, συμβιβασμός, γραμμάτιο ευκολίας ή άλλο έγγραφο για διευκόλυνση τρίτου χωρίς να έχει γίνει εμπορική πράξη.
- Gefälligkeitswechsel
- billet de complaisance
- cambiale di favore

account
- λογαριασμός, τιμολόγιο υπηρεσιών ή εμπορευμάτων
- Konto
- compte
- conto

accountability
- ευθύνη

- Verantwortlichkeit
- responsabilité
- responsabilità

accountancy
- επιστημονική λογιστική
- Buchhaltung
- comptabilité
- contabilità

accountant
- λογιστής
- Buchhalter
- comptable
- contabile

account book
- βιβλιάριο καταθέσεων
- Kontobuch
- livre de compte
- libro di conti

account day ή settlement day
- ημερομηνία τακτοποιήσεως λογαριασμού.
- Abrechnungstag
- jour de liquidation
- giorno di liquidazione

account executive
- ανώτερος υπάλληλος διαφημιστικής εταιρείας ασχολούμενος με ειδικά διαφημιστικά προγράμματα ορισμένων εταιρειών κλπ.
- Kontaktgruppenleiter
- chef de comptes client
- direttore conto cliente

account only check; collection only check; crossed check (GB)
- φράση που αναγράφεται στην επιταγή, η οποία μπορεί να πε-

ραστεί μόνο στο λογαριασμό του ή να πληρωθεί μόνον σ' αυτόν, δίγραμμος επιταγή.
- Verrechnungscheck
- chèque à porter en compte
- assegno da accreditare

accounting department ή accounts department
- λογιστήριο
- Buchhaltung
- service de la comptabilité
- ufficio contabilità

accounting period
- λογιστική περίοδος
- Abrechnungszeitraum
- exercice
- esercizio

account overdrawn
- λογαριασμός με χρεωστικό υπόλοιπο
- Konto überzogen
- compte découvert
- conto scoperto

account rendered
- αποδιδόμενος λογαριασμός.
- zur Begleichung vorgelegte Rechnung
- compte rendu
- conto reso

account statement
- λεπτομερές αντίγραφο κινήσεως λογαριασμού αποστελλόμενο στον πελάτη από την τράπεζα κατά τρίμηνο ή εξάμηνο ή μόλις αυτός το ζητήσει. πρβλ. bank statement
- Kontoauszug
- relevé de compte
- estratto conto

-11-

accounts department ή accounting department
- λογιστήριο, οι οικονομικές υπηρεσίες.
- Buchhaltung
- service de la comptabilité
- ufficio contabilità

accounts payable
- λογαριασμός πληρωτέος
- Kreditoren
- comptes à payer
- conti passivi

accounts receivable
- λογαριασμός εισπρακτέος.
- Debitoren
- créances
- conti attivi

accredited agent
- διαπεπιστευμένος πράκτορας.
- Handelsbevollmächtigte(r)
- agent accrédité
- agente accreditato

accrual (to an account)
- επαύξηση, αύξηση λογαριασμού.
- Zugang
- augmentation
- incremento

accrual (of interest)
- επισυσσώρευση τόκων.
- Auflaufen
- accumulation
- maturazione

accrue
- συσσωρεύω, επαυξάνω, προστίθεμαι, συσσωρεύομαι, προκύπτω ως κέρδος, τόκος κλπ.

- Auflaufen
- accumuler
- accumularsi

accrued interest
- δεδουλευμένος τόκος.
- Aufgelaufenen Zinsen
- intérêts accumulés
- interesse maturato

accrued liabilities
- δεδουλευμένη υποχρέωση που δεν έχει ακόμη εξοφληθεί, όπως έξοδα, φόροι κλπ.
- Passiven, transitorische
- passifs transitoires
- ratei e risconti passivi

acknowledge receipt of
- αναγνωρίζω λήψη.
- Empfang bestätigen
- accuser réception de
- accusare ricevuta di

acknowledgment of receipt
- αναγνώριση λήψεως.
- Empfangsbestätigung
- accusé de réception
- avviso di recezione

action for damages
- αγωγή αποζημιώσεως, επανορθώσεως ζημίας, πολιτική αγωγή.
- Schadenersatzklage
- action en dommages et intérêts,
- processo per risarcimento

active balance
- ενεργητικό, θετικό υπόλοιπο.
- Aktivsaldo
- balance excédentaire
- saldo attivo

active partner
- ενεργός συνέταιρος (σε αντίθεση με τον sleeping partner μη ενεργός συνέταιρος ή μέτοχος).
- aktiver Teilhaber
- associé en nom
- socio attivo

actual cost
- πραγματικό κόστος
- Gestehungskosten
- prix de revient effectif
- costo effettivo

actual total loss
- πραγματική ολική απώλεια, βλάβη ή ζημία.
- wirklicher Totalverlust
- perte totale effective
- perdita totale assoluta

actuarial
- αναφερόμενος στην ιδιότητα του εμπειρογνώμονος ασφαλειών ζωής.
- versicherungsmathematisch
- actuariel
- attuariale

actuary
- εμπειρογνώμων ασφαλειών ζωής.
- Aktuar
- actuaire
- attuario

add
- προσθέτω
- hinzufügen
- ajouter
- aggiungere

added value
- προστιθεμένη αξία.
- Mehrwert
- valeur ajoutée
- valore aggiunto

addendum
- προσθήκη, συμπλήρωμα, παράρτημα, έξτρα χώρος για οπισθογράφηση, όπως σε επιταγή ή συναλλαγματική.
- Allonge
- allonge
- allungamento

adding machine
- αριθμητική μηχανή, προσθετική μηχανή
- Addiermaschine
- machine à additionner
- addizionatrice

addition
- πρόσθεση.
- Aufschlag
- addition
- addizione

address
- διεύθυνση
- Adresse
- adresse
- indirizzo

addressee
- παραλήπτης (επιστολής), αποδέκτης.
- Adressat
- destinataire
- destinatario

addressing machine
- μηχανή εγγραφής-εκτυπώσε-

ως διευθύνσεων.
- **Adressiermaschine**
- **machine à imprimer les adresses**
- **macchina per stampare indirizzi.**

add up
- προσθέτω, συμποσώ, αθροίζω, συμφωνώ, καταλήγω σε νόημα.
- **addieren**
- **totaliser, additioner**
- **sommare**

adjourn
- διακόπτω, αναβάλλω συνεδρίαση.
- **vertagen**
- **ajourner**
- **aggiornare**

adjournment
- αναβολή, διακοπή συνεδριάσεως.
- **Vertagung**
- **ajournement**
- **aggiornamento**

adjudicate
- κατακυρώνω, επιδικάζω, δικάζω, εκδίδω δικαστική απόφαση, αποφαίνομαι.
- **gerichtlich entscheiden**
- **juger**
- **aggiudicare**

adjust
- διευθετώ, διακανονίζω, προσαρμόζω.
- **adjustieren**
- **ajuster**
- **rettificare**

adjustment
- διευθέτηση, διακανονισμός, τακτοποίηση, προσαρμογή, συναρμογή.
- **Regulierung**
- **règlement**
- **regolamento**

adjustment on conversion
- διακανονισμός κατά τη μετατροπή ομολογιών σε μετοχές κλπ.
- **Konversionssoulte**
- **soulte de conversion**
- **saldo di conversione**

administer
- διαχειρίζομαι υπό την ιδιότητα επιτρόπου, προτείνω όρκο, διοικώ, διευθύνω, διαχειρίζομαι, χορηγώ.
- **verwalten**
- **administrer**
- **amministrare**

administration (business)
- διαχείριση.
- **Verwaltung**
- **gestion**
- **gestione**

administration (government)
- διοίκηση (κράτος ή κυβέρνηση).
- **Staatsverwaltung**
- **gouvernement**
- **governo**

administration of assets; property administration
- διαχείριση περιουσιακών στοιχείων υπό της τραπέζης συμπεριλαμβανομένων ομολο-

γιών, μετοχών κλπ.
- Vermögensverwaltung
- gestion de fortunes
- amministrazione di patrimoni

administrator (of an estate)
- κηδεμών, επίτροπος κληρονομιάς.
- Nachlassverwalter
- curateur
- curatore

administrator
- διαχειριστής (περιουσίας), διοικητής, επίτροπος, εκτελεστής (διαθήκης).
- Verwalter
- administrateur
- amministratore

admission free
- είσοδος ελευθέρα, δωρεάν, χωρίς εισιτήριο.
- Eintritt frei
- entrée gratuite
- ingresso gratuito

admission to stock exchange trading
- επίσημος εγγραφή ομολογιών ή μετοχών στο χρηματιστήριο.
- Börseneinführung
- introduction en bourse
- ammissione a quotazione

advance (money) ή prepay
- προκαταβάλλω χρήματα.
- vorschiessen
- avancer
- anticipare

advance (of money) ή prepayment

- προκαταβολή (χρημάτων), δάνειο.
- Vorschuss
- avance
- anticipazione

advance account
- λογαριασμός δανείου, προκαταβολής.
- Darlehenskonto
- compte d'avances
- conto anticipo

advance in price
- αυξάνω την τιμή.
- teurer werden; steigen
- renchérir
- aumentare di prezzo

advance in price
- αύξηση της τιμής.
- Preiserhöhung
- renchérissement
- rialzo

advance payment
- προκαταβολή.
- Vorauszahlung
- paiement par anticipation
- pagamento anticipato

adverse balance ή negative balance
- αρνητικό υπόλοιπο λογαριασμού.
- Passivsaldo
- balance déficitaire
- saldo passivo

advertisement
- διαφήμιση.
- Anzeige
- annonce
- annunzio

advertiser
- διαφημιστής.
- Anzeiger
- annonceur
- inserzionista

advertising
- διαφήμιση.
- Reklame, Werbung
- publicité
- pubblicità

advertising agency
- διαφημιστικό γραφείο
- Werbebüro
- agence de publicité
- agenzia pubbllicitaria

advertising brochure
- διαφημιστικό φυλλάδιο
- Werbeschrift
- prospectus publicitaire
- opuscolo pubblicitario

advertising campaign
- διαφημιστική εκστρατεία.
- Werbefeldzug
- campagne de publicité
- campagna pubblicitaria

advertising consultant
- σύμβουλος διαφημίσεων
- Werbeberater
- conseil en publicité
- consulente di pubblicità

advertising copy
- κείμενο διαφημίσεως
- Werbetext
- copie publicitaire
- testo pubblicitario

advertising expenditure

- διαφημιστικές δαπάνες, δαπάνες διαφημίσεως.
- Werbekosten
- dépenses de publicité
- spese di pubblicità

advertising medium
- διαφημιστικό μέσο.
- Werbemittel
- support publicitaire
- mezzo pubblicitario

advertising rates
- τέλη, έξοδα διαφημίσεως.
- Werbetarif
- tarifs de publicité
- tariffa delle inserzioni

advertising schedule
- διαφημιστικό πρόγραμμα.
- Werbeplan
- programme des annonces
- programma delle inserzioni

advice note
- αναγγελία, ειδοποίηση, διαφήμιση.
- Anzeige
- lettre d'avis
- lettera d'avviso

advisory
- συμβουλευτικός.
- Beratungs
- consultatif
- consultivo

advisory board
- συμβουλευτική επιτροπή.
- Beratungsausschuss
- comité consultatif
- consiglio consultivo

affidavit
– ένορκος γραπτή κατάθεση, ένορκος βεβαίωση.
– Affidavit
– affidavit
– affidavit

affiliated company
– θυγατρική εταιρεία.
– Schwestergesellschaft
– société sœur
– società affiliata

afloat
– επιπλέων, στην επιφάνεια, στη θάλασσα, εν πλώ.
– flott
– à flot
– flottante

after market
– μετά το κλείσιμο, μετά τις ώρες λειτουργίας του χρηματιστηρίου.
– nachbörslich
– après bourse
– dopo borsa

after-sight bill
– συναλλαγματική «μετά προθεσμίαν από της όψεως» δηλ. πληρωτέα δέκα ημέρες από της εμφανίσεώς της.
– Nachsichtwechsel
– traite à un certain délai de vue
– cambiale a certo tempo vista

agency
– πρακτορείο, αντιπροσωπεία, παράγων, συντελεστής, υπηρεσία, οργανισμός.
– Agentur

– agence
– agenzia

agenda
– ημερησία διάταξη.
– Tagesordnung
– ordre du jour
– ordine del giorno

agent
– πράκτορας, αντιπρόσωπος.
– Agent
– agent
– agente

aggregate
– άθροισμα, συνάθροιση, σύνολο.
– gesamt
– global
– complessivo

agio
– ποσόν που καταβάλλεται για την εξαργύρωση ξένων νομισμάτων ή επιταγών, διαφορά μεταξύ αγοραίας τιμής και ονομαστικής νομίσματος, ποσό που καταβάλλεται κατά την εξαργύρωση εφθαρμένων νομισμάτων, επικαταλλαγή, αργυραμοιβή.
– Agio; Aufgeld
– agio; prime
– aggio

agreement
– συμφωνία (γραπτή).
– Abkommen
– convention (par écrit)
– accordo

aircraft mortgage
- υποθήκη επί αεροσκάφους.
- Flugzeughypothek
- hypothèque sur aéronef
- ipoteca aeronautica

air freight
- αεροπορικό φορτίο.
- Luftfracht
- fret aérien
- trasporto aereo

air letter
- αεροπορική επιστολή.
- Luftpostbrief
- aérogramme
- lettera aerea

air line
- αεροπορική γραμμή, εταιρεία.
- Fluggesellschaft
- compagnie aérienne
- linea aerea

airmail
- αεροπορικό ταχυδρομείο.
- Luftpost
- poste aérienne
- posta aerea

airport
- αερολιμένας, αεροδρόμιο.
- Lufthafen
- aéroport
- aeroporto

air terminal
- ακραίος αεροπορικός σταθ-μός, οίκημα αεροδρομίου ανα-χωρήσεως-αφίξεως επιβατών κλπ.
- Luftterminal
- aérogare
- aerostazione

air traffic
- αεροπορική κυκλοφορία.
- Luftverkehr
- trafic aérien
- traffico aereo

air transport
- αεροπορική μεταφορά.
- Lufttransport
- transport aérien
- trasporto aereo

air waybill
- φορτωτική αεροπορικής απο-στολής.
- Luftfrachtbrief
- lettre de transport aérien
- nota di spedizione aerea

alien
- αλλοδαπός, ξένος.
- ausländisch
- étranger
- straniero

allocation
- συγχώνευση επιχειρήσεων.
- Zuteilung
- attribution
- attribuzione

allot
- διανέμω μετοχές κλπ.
- verteilen
- attribuer
- assegnare

allotment
- διανομή μετοχών.
- Verteilung
- attribution
- ripartizione

allotment letter
- επιστολή διανομής, παραχωρήσεως κατανεμομένης μερίδας.
- Verteilungsbrief
- avis d'attribution
- lettera da ripartizione

allow (a discount)
- επιτρέπω έκπτωση στην τιμή.
- gewähren (einen Rabatt)
- consentir (une remise)
- concedere (uno sconto)

allowable expense
- εκπιπτόμενα έξοδα.
- abziehbare Unkosten
- dépense déductible
- spesa permessa

allowance
- έκπτωση, επίδομα, παροχή, έγκριση.
- Rabatt
- rabais
- abbuono

all risks
- κατά παντός κινδύνου.
- alle Gefahren
- tous risques
- tutti rischi

alterations and renewals
- μετατροπές, αλλαγές, τροποποιήσεις και ανανεώσεις.
- Änderungen und Erneuerungen
- réfections et améliorations
- modifiche e rinnovamenti

alterations and repairs
- μετατροπές και επιδιορθώσεις.

- Änderungen und Reparaturen
- transformations et réparations
- modifiche e riparazioni

amalgamate ή **merge**
- συγχωνεύω επιχειρήσεις.
- fusionieren
- fusionner
- fondersi

amalgamation (GB); merger (USA)
- συγχώνευση επιχειρήσεων.
- Fusion
- fusion
- fusione

amount
- ποσόν.
- Betrag
- somme
- ammontare

amount carried forward ή **carry forward amount**
- ποσόν εις μεταφοράν.
- Übertrag
- report à nouveau
- ammontare da riportare

amounting to
- ανερχόμενο, συμποσούμενο σε.
- hinauslaufend auf
- à concurrence de
- ammontante a

amortisation
- χρεωλύσιον, απόσβεση χρέους, εκχώρηση με την προϋ-

πόθεση του αναπαλλοτριώτου
(mortmain)
- Amortisation
- amortissement
- ammortamento

analysis
- ανάλυση.
- Analyse
- analyse
- análise

anchorage
- αγκυροβόλιον, αγκυροβολία.
- Ankerplatz
- ancrage
- ancoraggio

annual
- ετήσιος.
- jährlich
- annuel
- annuale

annual accounts
- ετήσιοι λογαριασμοί μιάς επι-
χειρήσεως.
- Jahresrechnung
- comptes annuels
- rendiconto annuale

annual general meeting ή stock-
holders' meeting
- ετήσια γενική συνέλευση (με-
τόχων).
- Jahreshauptversammlung
- assemblée d'actionnaires an-
nuelle
- assemblea generale annuale

annual rate
- ετήσια τέλη.
- Jahreskurs

- taux annuel
- tasso annuale

annual report
- ετησία έκθεση, αναφορά.
- Jahresbericht
- rapport annuel
- relazione annuale

annuity
- πρόσοδος ετησία, εισόδημα,
επίδομα, χορηγία (ετήσια),
ετήσιο χρεωλύσιο.
- Annuität
- annuité
- annualitá

annulment
- ακύρωση, διάρρηξη συμφω-
νίας, συμβάσεως.
- Annullierung
- annulation
- annullamento

applicant
- αιτών.
- Bewerber
- candidat
- candidato

application
- αίτηση.
- Antrag
- demande
- domanda

application for letter of credit
- αίτηση για τη χορήγηση πιστω-
τικής επιστολής.
- Akkreditiv-Auftrag
- ordre d'ouverture d'un crédit
documentaire
- ordine d'apertura di un credi-
to documentario

application form
- έντυπο αιτήσεως.
- Antragsformular
- formulaire de demande
- modulo di domanda

appoint
- διορίζω.
- ernennen
- nommer
- nominare

appointed agent
- επίσημος, διορισμένος πράκτωρ.
- Handelsvertreter
- agent attitré
- agente ufficiale

appointment (meeting)
- συνάντηση, συνέντευξη, ραντεβού.
- Verabredung
- entrevue
- appuntamento

apportion (allotment subscribed)
- παραχώρηση κατόπιν διανομής.
- Repartierung
- répartition
- ripartizione

appraisal
- εκτίμηση, αξιολόγηση.
- Abschätzung
- évaluation
- valutazione

appreciate (in value)
- ανατιμώ, υψώνω τιμή ή αξία.
- im Wert steigen
- apprécier
- aumentare (di valore)

appreciation (in value)
- ανατίμηση, υπεραξία.
- Wertsteigerung
- appréciation
- aumento

apprentice ή trainee
- μαθητευόμενος.
- Lehrling
- apprenti
- apprendista

apprenticeship ή trainee period
- μαθητεία, περίοδος πρακτικής μαθητεύσεως.
- Lehre
- apprentissage
- tirocinio

appropriation
- πίστωση, έγκριση δαπανών, αναγραφή κονδυλίου, εγγραφή.
- Zuführung
- affectation
- stanziamento

appropriation account
- οικείος λογαριασμός.
- Rückstellungskonto
- compte d'affectation
- conto di stanziamento

approximate limit order; «near» order
- εντολή για αγορά ή πώληση μετοχών ή άλλων αξιών με κατά προσέγγιση καθορισμό ορίου τιμής.
- Zirka-Auftrag
- ordre environ
- ordine circa

appurtenance lien
- εξαρτήματα, προσαρτήματα, παραρτήματα, συμπληρώματα, προσθήκη οικήματος ή οικημάτων.
- **Zugehörpfandrecht**
- **droit de gage sur accessoires**
- **diritto di pegno su accessori**

arbitrage
- αρμπιτράζ, κερδοσκοπική αγοροπωλησία χρηματιστηριακών αξιών.
- **Arbitrage**
- **arbitrage**
- **arbitraggio**

arbitration
- διαιτησία, κρίση.
- **schiedsgerichtverfahren**
- **arbitrage**
- **arbitrato**

arbitration award
- διαιτητική κρίση, απόφαση.
- **Schiedsspruch**
- **sentence arbitrale**
- **lodo arbitrale**

arbitration board (court)
- διαιτητικό δικαστήριο.
- **schiedsgericht**
- **cour d'arbitrage**
- **tribunale arbitrale**

arbitrator
- διαιτητής.
- **Schiedsrichter**
- **arbitre**
- **arbitro**

arrears
- καθυστερούμενα.
- **Rückstand**
- **arrérages**
- **arretrati**

articles of association ή **articles of incorporation**
- καταστατικό εταιρείας.
- **Gesellschaftsvertrag**
- **contrat de société**
- **statuto sociale**

articles of incorporation ή **articles of association**
- καταστατικό εταιρείας.
- **Gesellschaftsvertrag**
- **contrat de société**
- **statuto sociale**

asked
- η προσφερομένη τιμή προς πώληση χρηματιστηριακών αξιών.
- **Briefkurs**
- **cours vendeur**
- **corso lettera**

assay
- έλεγχος περιεκτικότητος, καθαρότητος.
- **Probe**
- **essai**
- **saggio**

assess damages
- αποτιμώ, υπολογίζω την αξία απώλειας ή ζημιάς.
- **den Schadenersatzbetrag feststellen**
- **fixer des dommages - intérêts**
- **valutare i danni**

assessment
- εκτίμηση, υπολογισμός, καθορισμός, καταλογισμός, υπολογισμός ζημιών, βεβαίωση φόρου.
- **Besteuerung**
- **imposition**
- **imposta**

assessor
- αποτιμητής, δικαστικός εμπειρογνώμων, φορολογικός ελεγκτής, πραγματογνώμων ασφαλιστικής εταιρείας.
- **Schätzer**
- **appréciateur**
- **agente delle imposte**

asset
- περιουσιακό στοιχείο.
- **Aktivposten**
- **actif**
- **attivo**

assets
- ενεργητικό επιχειρήσεως, περιουσιακά στοιχεία.
- **Aktiven**
- **actif**
- **attivo**

assets and liabilities
- ενεργητικό και παθητικό.
- **Aktiva und Passiva**
- **actif et passif**
- **attivo e passivo**

asset value
- η καθαρή θέση μιάς επιχειρήσεως, το σύνολο των στοιχείων του ενεργητικού μείον το παθητικό.
- **Aktivwert**

- **valeur de l'actif**
- **valore in attivo**

assignee
- πληρεξούσιος, εντολοδόχος, εκδοχεύς, ο προς ον η εκχώρηση περιουσίας.
- **Zessionar**
- **cessionnaire**
- **cessionario**

assignment
- μεταβίβαση δικαιώματος ή ιδιοκτησίας, εκχώρηση, τίτλος μεταβιβάσεως.
- **Abtretung; Zession**
- **cession**
- **cessione**

assignment check
- επιταγή εκχωρήσεων ή πληρωμής συνήθως ταχυδρομική ισχύος 15 ημερών έως δύο μηνών (σε χώρες που έχουν το αντίστοιχο σύστημα: postal checking system).
- **Anweisungscheck**
- **chèque d'assignation**
- **chèque d'assegnazione**

assignment credit
- παραχώρηση πιστώσεως έναντι εκχωρήσεως απαιτήσεων.
- **Zessionskredit**
- **crédit contre cession**
- **credito contro cessione**

assignment in blank
- μεταβίβαση χρεωγράφων εν λευκώ δι'απλής οπισθογραφήσεως.
- **Blandozession**
- **cession en blanc**
- **cessione in bianco**

assignor
– εκχωρών.
– **Zedent**
– **cédant**
– **cedente**

assistant
– βοηθός.
– **Assistent**
– **commis**
– **assistente**

assistant manager
– υποδιευθυντής.
– **Unterdirektor**
– **sous-directeur**
– **vice-direttore**

association
– σύνδεσμος, σύνδεση, ένωση, εταιρεία, σύλλογος.
– **Verband**
– **association**
– **associazione**

assurance
– ασφάλεια (ζωής), διαβεβαίωση, εγγύηση.
– **Versicherung**
– **assurance**
– **assicurazione**

at best; at market (USA)
– με την πιό καλή τιμή, μικρότερη όταν πρόκειται για εντολή αγοράς χρηματιστηριακών αξιών ή μεγαλύτερη όταν πρόκειται για εντολή πωλήσεως χρηματιστηριακών αξιών, χωρίς να καθορισθεί ακριβής τιμή.
– **bestens**
– **au mieux**
– **al meglio**

at market βλέπε at best

at par
– εις το άρτιον.
– **pari**
– **pair**
– **pari**

at sight
– (πληρωτέος) επί τη εμφανίσει, με την πρώτη ματιά, εκ πρώτης όψεως, πρίμα βίστα.
– **bei Sicht**
– **à vue**
– **a vista**

attorney
– πληρεξούσιος.
– **Bevollmächtigte(r)**
– **mandataire**
– **mandatario**

attorney-at-law ή **barrister (GB)**
– δικηγόρος.
– **Anwalt**
– **avocat**
– **avvocato**

at warehouse
– στην αποθήκη.
– **auf Lager**
– **en dépôt**
– **in deposito**

auction
– δημοπρασία.
– **Versteigerung**
– **vente aux enchères**
– **asta**

auctioneer
– εκπλειστηριαστής, δημοπράτης, εκτιμητής πλειστηριασμού.

- Versteigerer
- commissaire-priseur
- venditore all'asta

audit
- λογιστικός έλεγχος.
- Bücherrevision
- vérification comptable
- revisione dei conti

audit
- ασκώ λογιστικό έλεγχο.
- prüfen
- vérifier et certifier
- rivedere

audited accounts
- λογαριασμοί που έχουν ελεγχθεί από ορκωτό λογιστή.
- geprüfte Geschäftsbücher
- comptes vérifiés et certifiés
- conti verificati e certificati

auditor
- ορκωτός λογιστής, ελεγκτής.
- Bücherrevisor
- réviseur des comptes
- sindaco

auditor's report
- έκθεση ελεγκτού.
- Bericht des Abschlussprüfers
- rapport des vérificateurs des comptes
- relazione dei sindaci

authority
- πληρεξουσιότητα, εξουσιοδότηση.
- Vollmacht
- mandat
- autorità

authorized bank
- τράπεζα εξουσιοδοτημένη για ένα ευρύτερο κύκλο τραπεζιτικών εργασιών.
- ermächtigte Bank
- banque habilitée
- banca autorizzata

available
- διαθέσιμος.
- verfügbar
- disponible
- disponibile

average
- ο μέσος όρος.
- Durchschnitt
- moyenne
- media

average
- αβαρία.
- Havarie
- avarie
- avaria

average bond
- έγγραφη δεσμευτική δήλωση αναλήψεως υποχρεώσεως πληρωμής αβαρίας.
- Havarieschein
- compromis d'avarie
- compromesso d'avaria

average cost
- μέσο κόστος.
- Durchschnittskosten
- coût moyen
- costo medio

average due date
- μέση ημερομηνία πληρωμής ληγουσών συναλλαγματικών,

μέση λήξη.
- mittlerer Verfall
- échéance moyenne
- scadenza media

average term
- μέσος όρος χρόνου πληρωμής μιάς ομολογίας ή τίτλου μεταξύ της πρώτης και της τελευταίας μερισματαποδείξεως ή, σε περίπτωση εξαγωγικής πιστώσεως, ο μέσος χρόνος μεταξύ των συνήθων εξαμηνιαίων πληρωμών.
- mittlere Laufzeit
- durée moyenne
- durata media

averaging
- συνήθως down ή up. Averaging down η πρόσθετη αγορά χρεωγράφων σε περίοδο πτώσεως της τιμής τους για να μειωθεί έτσι η μέση τιμή αγοράς. Averaging up η πρόσθετη πώληση σε περίοδο ανόδου των τιμών.
- Averaging
- fair une moyenne
- averaging

award damages
- καταβάλλω αποζημίωση.
- Schadenersatz zugestehen
- adjuger des dommages-intérêts
- concedere i danni

B

back
- οπισθογραφώ, προσυπογρά-
  φω.
- gegenzeichnen
- avaliser
- avallare

backer
- εγγυητής.
- Gegenzeichner
- avaliste
- avallante

back pay
- καθυστερούμενες αποδοχές
  λόγω αναδρομικής αυξήσεως
  ή προαγωγής.
- Lohnnachzahlung
- rappel de traitement
- arretrati di paga

backwardation; discount
- (μεταφορά). Επιβάρυνση του
  πωλητού χρεωγράφων με ορι-
  σμένο ποσό εξ αιτίας καθυστε-
  ρήσεως παραδόσεως αυτών
  στον αγοραστή. Αυτό γίνεται
  την επομένη ημέρα εκκαθαρί-
  σεως. Στα ελληνικά είναι
  γνωστό και ως ((ντεπόρ)).
- Deport
- déport
- deporto

bad debt
- επισφαλής απαίτηση.
- uneinbringliche Schuld

- créance irrécouvrable
- credito inesigibile

bad debt reserve
- πρόβλεψη για επισφαλείς
  απαιτήσεις.
- Dubiosenreserve
- provision pour créances dou-
  teuses
- riserva per crediti inesigibili

bailee
- θεματοφύλακας, μεσεγγυού-
  χος.
- Gewahrsaminhaber
- dépositaire
- depositario

balance
- υπόλοιπο, χρεωστικό ή πιστω-
  τικό, ισοζύγιον, ισορροπία.
- Saldo
- solde
- saldo

balance a budget
- ισοσκελίζω προϋπολογισμό.
- einen Haushaltsplan ins Glei-
  chgewicht bringen
- équilibrer un budget
- pareggiare un bilancio

balance an account; settle an ac-
count
- κλείσιμο λογαριασμού ή ανεύ-
  ρεση του υπολοίπου μέχρι
  μιάς ορισμένης ημερομηνίας

συμπεριλαμβανομένου του τό-
κου.
- saldieren
- solder; boucler
- saldare

balance brought down ή balance
carried forward
- υπόλοιπον εις μεταφοράν.
- Übertrag
- solde à reporter
- bilancio riportato

balance carried forward
- υπόλοιπο λογαριασμού εις με-
ταφοράν.
- Saldovortrag
- report de solde
- riporto a nuovo

balance due
- οφειλόμενο υπόλοιπο.
- Ausgleichssaldo
- solde dû
- saldo dovuto

balance in hand
- διαθέσιμο υπόλοιπο.
- verfügbarer Saldo
- solde en caisse
- saldo in cassa

balance of payments
- ισοζύγιο πληρωμών.
- Zahlungsbilanz
- balance des paiements
- bilancia dei pagamenti

balance of trade
- εμπορικό ισοζύγιο.
- Handelsbilanz
- balance commerciale
- bilancia commerciale

balancing items
- κονδύλια   εξισορροπήσεως,
εξισωτικά είδη.
- Ausgleichsposten
- postes rééquilibrants
- voci di pareggio

balance sheet
- ισολογισμός.
- Bilanz
- bilan
- bilancio

balance sheet analysis
- ανάλυση ισολογισμού για την
αποτίμηση της καθαρής θέσε-
ως της επιχειρήσεως.
- Bilanzanalyse
- analyse financière
- analisi di bilancio

ballast (marine)
- έρμα, σαβούρα.
- Ballast
- lest
- zavorra

balloon payment
- τελικό ποσό καταβαλλόμενο
στο τέλος εφάπαξ για εξόφλη-
ση δανείου.
- Schlusszahlung
- paiement final
- rata finale

bank
- τράπεζα.
- Bank
- banque
- banca

bank
- καταθέτω χρήματα στην τρά-
πεζα, παραδίδω περιουσιακά

στοιχεία για φύλαξη κλπ.
- einlegen
- déposer à banque
- depositare in una banca

bankable bills
- συναλλαγματική ή γραμμάτιο με οπισθογράφηση τραπέζης, συναλλαγματική ή γραμμάτιο μεγάλης φερεγγυότητος, διαπραγματεύσιμο.
- diskontierbare Wechsel
- papier bancable
- effetti scontabili

bank account
- λογαριασμός σε τράπεζα, τραπεζιτικός λογαριασμός.
- Bankkonto
- compte en banque
- conto in banca

bank balance sheet
- ισολογισμός τραπέζης.
- Bankbilanz
- bilan bancaire
- bilancio delle banche

bank bill; bankers' acceptance
- συναλλαγματική ή άλλη έγγραφος εντολή αποδεκτή από τράπεζα για πληρωμή από αυτήν.
- Bankakzept
- acceptation bancaire
- accettazione bancaria

bankbook ή passbook
- βιβλιάριο καταθέσεων.
- Bankbuch; Sparbuch
- carnet de compte
- libretto di conto

bank charges
- προμήθεια τραπέζης για την παροχή υπηρεσιών. βλ. και bank commission.
- Bankspesen
- frais bancaires
- spese di banca

bank check
- τραπεζιτική επιταγή.
- Bankcheck
- chèque bancaire
- assegno bancario

bank clearing
- το σύνολο των επιταγών που διακανονίζονται μέσω του γραφείου συμψηφισμού (clearing house).
- Bankenclearing
- clearing bancaire
- clearing bancario

bank commission
- τα τραπεζιτικά τέλη, η τραπεζιτική προμήθεια.
- Bankprovision
- commission bancaire
- provvigione bancaria

bank crash
- τραπεζιτική κατάρρευση, καταστροφή, απότομη πτώση τιμών στο χρηματιστήριο (crash).
- Bankkrach
- krach d'une banque
- crollo di banca

bank credit
- τραπεζιτική πίστωση.
- Bankkredit

- crédit bancaire
- credito bancario

bank credit card ή cheque card
- κάρτα τραπεζιτικής πιστώσε-
ως, πιστωτική κάρτα.
- Scheckkarte
- carte de chèque
- scheda per assegni

bank declaration
- τραπεζιτική δήλωση αναφερο-
μένη στη φορολογία των τό-
κων κλπ. σχετικά με τον τόπο
κατοικίας του καταθέτου.
- Bankenerklärung
- déclaration bancaire
- dichiarazione

bank deposit
- τραπεζιτική κατάθεση χρημά-
των.
- Bankeinlage
- dépôt bancaire
- deposito bancario

bank discount
- τραπεζιτική προεξόφληση.
- Diskont
- escompte en dehors
- sconto di banca

bank giro
- μεταφορά ποσού χρημάτων
από ένα τραπεζιτικό λογαρια-
σμό σε άλλον ή από τράπεζα
σε τράπεζα.
- Bankgiro
- giro bancaire
- giro bancario

bank notes
- τραπεζογραμμάτια, χαρτονο-

μίσματα.
- Banknoten
- billets de banque
- banconote

bank payment order
- τραπεζιτική εντολή πελάτου
για την πληρωμή ποσού σε τρί-
το πρόσωπο.
- Zahlungsauftrag
- ordre de paiement
- ordine di pagamento

bank-issued medium-term note
- τραπεζιτική ομολογία χρέους,
έγγραφη αναγνώριση βραχυ-
προθέσμου οφειλής από τρά-
πεζα συνήθως για τη χρηματο-
δότηση υποθηκών.
- Kassenobligation; Kassen-
schein
- obligation de caisse; bon de
caisse
- obbligazione di cassa

bank publicity
- τραπεζιτική προβολή, διαφήμι-
ση, δημοσιότητα.
- Bankwerbung
- publicité bancaire
- pubblicità bancaria

banker
- τραπεζίτης.
- Bankier
- banquier
- banchiere

banker's draft
- τραβηκτική τραπέζης, συναλ-
λαγματική τραπέζης, έγγραφο
τραπέζης με το οποίο αναλαμ-

βάνεται η υποχρέωση πληρω-
μής ποσού για ορισμένο πελά-
τη.
- **Banktratte**
- **traite bancaire**
- **tratta bancaria**

banker's indemnity ή **banker's
guarantee**
- εγγύηση τραπέζης.
- **Bankgarantie**
- **garantie de banque**
- **garanzia bancaria**

banker's order
- τραπεζιτική εντολή (βλέπε και
banker's draft).
- **Bankauftrag**
- **ordre bancaire**
- **ordine bancario**

banker's reference
- τραπεζιτική σύσταση για πελά-
τη της τραπέζης προς άλλη
τράπεζα.
- **Bankzeugnis**
- **référence de banquier**
- **riferenza bancaria**

Bank Holiday ή **legal holiday**
- ημέρα αργίας των τραπεζών,
ημέρα γενικότερης αργίας,
προσωρινό κλείσιμο τραπεζών
σε περίοδο κρίσεως.
- **gesetzlicher Feiertag**
- **jour férié**
- **festività legali**

bank loan
- τραπεζιτικό δάνειο.
- **Bankdarlehen**
- **prêt bancaire**
- **prestito bancario**

banking center
- τραπεζιτικό κέντρο, μέρος
όπου η έδρα πολλών τραπε-
ζών.
- **Bankplatz**
- **place bancaire**
- **piazza bancaria**

Banking Law
- νόμος περί τραπεζών.
- **bankengesetz**
- **loi sur les banques**
- **legge sulle banche**

banking secrecy
- το τραπεζιτικό απόρρητο.
- **Bankgeheimnis**
- **secret bancaire**
- **segreto bancario**

banknote ή **bill**
- χαρτονόμισμα, τραπεζογράμ-
ματιο.
- **Banknote**
- **billet de banque**
- **biglietto di banca**

bank rate
- τραπεζιτικό επιτόκιο, προεξο-
φλητικό επιτόκιο, επιτόκιο δα-
νείων από τράπεζα.
- **Diskontsatz; Banksatz**
- **taux d'escompte**
- **tasso di sconto**

bankrupt
- ο πτωχεύσας, ο χρεωκόπος.
- **Gemeinschuldner**
- **failli**
- **fallito**

bankruptcy
- πτώχευση, χρεωκοπία.

- Konkurs
- faillite
- fallimento

banks' right to vote customers' deposited shares
- πληρεξούσιο προς την τράπεζα για άσκηση των δικαιωμάτων ψήφου των μετοχών πελάτου, που έχει η τράπεζα προς φύλαξη.
- Depotstimmrecht der Banken
- droit de vote des banques afférent aux actions en dépôt
- diritto di voto per azioni in deposito

bank statement
- μηνιαία κατάσταση κινήσεως λογαριασμού τραπέζης, κατάσταση κινήσεως λογαριασμού αναλήψεων και καταθέσεων.
- Kontoauszug
- relevé de compte
- estratto conto

bank transfer
- αποστολή, μεταβίβαση χρημάτων μέσω τραπέζης.
- Banküberweisung
- virement bancaire
- trasferimento bancario

bare shell
- μετοχή χωρίς τα τοκομερίδια, η θέση μιας επιχειρήσεως βάσει της αξίας των μετοχών της χωρίς τα περιουσιακά στοιχεία και το παθητικό της.
- Aktienmantel
- manteau d'action
- manto dell'azione

bargain ή haggle
- διαπραγματεύομαι, παζαρεύω.
- feilschen
- marchander; chipoter
- mercanteggiare; cavilla

bargain-hunting
- αναζήτηση τιμών ευκαιριών.
- Sucht nach Sonderangeboten
- chasse aux soldes
- caccia alle occasioni

bargaining position
- διαπραγματευτική κατάσταση, το να είναι κανείς σε θέση να παζαρεύει.
- Verhandlungslage
- situation permettant de négocier
- situazione permettente di trattare

bargaining power
- διαπραγματευτική δύναμη, ισχύς.
- Verhandlungsposition
- pouvoir de négociation
- potere di contrattare

bargain offer
- προσφορά ευκαιρίας, ειδική προσφορά σε χαμηλή τιμή.
- Sonderangebot
- offre exceptionelle
- offerta d'occasione

bargain price
- ειδική τιμή προσφοράς.
- spottpreis
- prix de solde
- prezzo d'occasione

bargain (deal)
- διαπραγμάτευση, παζάρεμα.
- Handel
- marché; affaire
- affare

bargain
- παζάρι, ευκαιρία, συναλλαγή.
- Gelegenheitskauf
- occasion
- occasione

barratry
- ναυταπάτη (χωρίς τη συμμετοχή του πλοιοκτήτου) φυγοδικία (επίσης συναλλαγή ωφελημάτων ή θέσεων κληρικών, πρβλ. σιμωνία simony, δωροδοκία δικαστού στη Σκωτία.
- Baratterie
- baraterie
- baratteria

barrel
- βαρέλι.
- Fass
- tonneau
- botte

barrister ή **attorney**
- δικηγόρος παριστάμενος στα δικαστήρια.
- Anwalt
- avocat
- avvocato

barter
- ανταλλάσσω εμπορεύματα ή υπηρεσίες χωρίς τη μεσολάβηση χρημάτων.
- Tauschhandel treiben
- troquer
- barattare

base metal
- βασικό μέταλλο (ένωση από το χρυσό και το άργυρο) όπως χαλκός, μόλυβδος, νικέλιο κλπ. για την κατασκευή νομισμάτων, μέταλλο μη συγγενές ή πολύτιμο.
- unedles Metall
- métal vil
- basso metallo

basic pay ή **base pay**
- βασική πληρωμή, βασικός μισθός.
- Grundlohn
- salaire de base
- salario fondamentale

batch
- παρτίδα, φουρνιά, στοίβα, δέσμη.
- Stoss
- lot
- lotto

bear
- αυτός που κερδίζει από την υποτίμηση χρεωγράφων, κερδοσκόπος, αυτός που παίζει σε πτωτικό χρηματιστήριο, βλ. αντίθετο bull.
- Baissespekulant; Baissier
- baissier
- ribassista

bear account
- κερδοσκοπικός λογαριασμός.
- Baissekonto
- compte des speculations à la baisse
- conto di speculazioni al ribasso

bearer bond
- ανώνυμο χρεώγραφο, ομολογία ιδιωτικής εταιρείας πληρωτέα στον κομιστή.
- **Inhaberobligation**
- **bon au porteur**
- **titolo al portatore**

bearer debenture
- ομόλογο δάνειο, ομολογία ιδιωτικής εταιρείας πληρωτέα στον κομιστή.
- **Inhaberobligation**
- **obligation au porteur**
- **obligazione al portatore**

bearer mortgage note
- γραμμάτιον (ασφαλιζόμενο με ενεχυρίαση ή όχι κινητών πραγμάτων) υποθήκης στον κομιστή. Ως πιστωτής θεωρείται ο κάτοχος του εν λόγω γραμματίου.
- **Inhaberschuldbrief**
- **cédule hypothécaire au porteur**
- **cartella ipotecaria**

bearer security
- χρεώγραφο πληρωτέο στον κομιστή.
- **Inhabereffekten**
- **valeur au porteur**
- **valore al portatore**

bearer share
- μετοχές που ανήκουν στον κομιστή.
- **Inhaberaktie**
- **action au porteur**
- **azione al portatore**

bear market
- χρηματιστηριακή αγορά με

πτωτικές τάσεις ευνοϊκή για τους bears.
- **Baissemarkt**
- **marché orienté à la baisse**
- **mercato tendente al ribasso**

become operative
- γίνομαι, καθίσταμαι λειτουργικός, μπορώ να λειτουργήσω.
- **wirksam werden**
- **entrer en vigueur**
- **entrare in vigore**

below par
- υπό το άρτιο, κάτω της ονομαστικής αξίας.
- **unter pari**
- **au-dessous du pair**
- **sotto la pari**

beneficial interest
- δικαίωμα ιδιοκτησίας περιουσιακού στοιχείου ή πάνω στο ενεργητικό και στα κέρδη μιας επιχειρήσεως, που τελεί υπό αναγκαστική διαχείριση.
- **Niessbrauchsrecht**
- **usufruit**
- **usufrutto**

beneficial owner
- ο κάτοχος του πιό πάνω δικαιώματος.
- **Niessbrauchnutzer**
- **usufruitier**
- **usufruttuario**

beneficiary
- δικαιούχος, ο εκ διαθήκης κληρονόμος, δωρεοδόχος, δικαιούχος καταπιστεύματος ή χορηγίας, καρπωτής, ο έχων την επικαρπία.

- Begünstigte(r)
- bénéficiaire
- beneficiario

betterment
- βελτίωση (συνήθως ακίνητου που του δίνει υπεραξία).
- Planungsgewinn
- appréciation
- plus-valore

bid
- προσφορά τιμής επί πωλουμένου πράγματος.
- Angebot
- offre
- oferta

bid price; buying price
- η τιμή στην οποία είναι διατεθειμένος κανείς να αγοράσει κάτι. (βλ. το αντίθετο asked price).
- Geldkurs
- cours acheteur
- corso denaro

bidder
- αυτός που λαμβάνει μέρος σε πλειοδοτική δημοπρασία.
- Bietende(r)
- enchérisseur
- offerente

big banks
- μεγάλες τράπεζες με διεθνή δραστηριότητα και πλήρη εξυπηρέτηση.
- Grossbanken
- grandes banques
- grandi banche

bilateral trade agreement
- διμερής εμπορική συμφωνία.
- bilateraler Handelsvertrag
- accord de commerce bilatéral
- accordo di commercio bilaterale

bill (account)
- λογαριασμός.
- Rechnung
- compte; note
- conto; nota

bill broker
- αυτός που αλλάζει χαρτονομίσματα, αργυραμοιβός.
- Wechselmakler
- courtier de bons
- agente di sconto

bill for collection
- συναλλαγματική εμφανιζόμενη για την είσπραξη και όχι για προεξόφληση, γραμμάτιο εισπράξεως.
- Inkassowechsel
- effet à l'encaissement
- cambiale all'incasso

bill guarantee
- εγγύηση συναλλαγματικής ή γραμματίου σε περίπτωση μη πληρωμής τους από τον αποδέκτη.
- Wechselbürgschaft
- aval
- avallo

bill of exchange
- συναλλαγματική.
- Wechsel

- effet de change
- cambiale

bill of lading
- φορτωτική πλοίου.
- Konnossement
- connaissement
- polizza di carico

bill of quantities
- προσφορά τιμής ανοικοδομήσεως έργου.
- Baukostenvoranschlag
- devis
- preventivo

bill of sale
- σύμβαση πωλήσεως, πωλητήριο.
- Kaufvertrag
- acte de vente
- contratto di vendita

bill payable at sight
- συναλλαγματική πληρωτέα επί τη εμφανίσει
- Sichttratte
- effet exigible à vue
- effetto pagabile a vista

bill portfolio; bill holdings
- χαρτοφυλάκιο με αξίες, χρεώγραφα κλπ. εμπεπιστευμένα στην τράπεζα για φύλαξη.
- Wechselportefeuille
- portefeuille effets de change
- portafoglio cambiario

bill renewal
- ανανέωση μιάς αξίας δια μεταθέσεως της ημερομηνίας λήξεως.

- Wechselprolongation
- prolongation d'un effet
- prolungamento di un effetto

bills and securities negotiable by the National Bank
- αξίες, χρεώγραφα, τίτλοι, μετοχές, ομόλογα κλπ. διαπραγματεύσιμα από την κεντρική τράπεζα.
- nationalbankfähige Wertpapiere
- titres admis au nantissement par la Banque nationale
- titoli accettati in pegno dalla Banca nazionale

bills discounted
- συναλλαγματικές προεξοφλημένες.
- diskontierte Wechsel
- effets escomptés
- effetti scontanti

bills for collection
- συναλλαγματικές για είσπραξη.
- fällige Wechsel
- effets en recouvrement
- effetti all'incasso

bills payable
- συναλλαγματικές για πληρωμή.
- Wechselschulden
- effets à payer
- effetti passivi

bills receivable
- συναλλαγματικές εισπρακτέες.
- Wechselforderungen

- effets à recevoir
- effetti attivi

binding agreement
- δεσμευτική συμφωνία.
- **bindender Vertrag**
- **convention irrévocable**
- **contratto vincolante**

BIS
- σύντμηση για τη Bank for International Settlements, η οποία λειτουργεί στη Βασιλεία της Ελβετίας, χειριζομένη κυρίως πληρωμές μεταξύ των κεντρικών τραπεζών της Ευρώπης, ιδιαίτερα σε περιπτώσεις διεθνών συμφωνιών.

blacking ή **boycott**
- το μπούκοτάζ, ο αποκλεισμός.
- **Boykott**
- **boycottage**
- **ostracismo**

black list
- μαύρος πίνακας, κατάλογος συναλλασσομένων με τους οποίους θα πρέπει να αποφεύγονται οι συναλλαγές.
- **schwarze Liste**
- **liste noire**
- **lista nera**

black market (securities)
- μαύρη αγορά (στο χρηματιστήριο).
- **schwarze Börse**
- **bourse noire**
- **borsa nera**

black market (goods)
- μαύρη αγορά (στο εμπόριο).

- **scwarzer Markt**
- **marché noir**
- **mercato nero**

blank bill
- συναλλαγματική χωρίς το όνομα δικαιούχου, εν λευκώ, πληρωτέα στον κομιστή.
- **Blankowechsel**
- **traite en blanc**
- **effetto in bianco**

blank check
- ανοικτή επιταγή, εξουσιοδότηση εν λευκώ, απόλυτη ελευθερία δράσεως, κάρτ-μπλάνς, επιταγή στην οποία δεν αναφέρεται το ποσόν και το οποίον καλή τη πίστει θα συμπληρωθεί από τον παραλήπτη, τον προς όν η επιταγή.
- **Blankocheck**
- **chèque en blanc**
- **assegno in bianco**

blank credit
- απεριόριστη πίστωση, πιστωτικό έγγραφο χωρίς τη μνεία ποσού ή ορίου ποσού.
- **offener Kredit**
- **crédit à découvert**
- **credito in bianco**

blank draft
- συναλλαγματική χωρίς το όνομα δικαιούχου, εν λευκώ, πληρωτέα στον κομιστή.
- **Blankowechsel**
- **effet en blanc**
- **cambiale in bianco**

blank endorsement
- οπισθογράφηση εν λευκώ με

μόνη την υπογραφή του οπισθογράφοντος, χωρίς άλλα στοιχεία.
- Blankoindossament
- endossement en blanc
- girata in bianco

blanket assignment
- γενική μεταβίβαση δικαιωμάτων ή ιδιοκτησίας, γενική εκχώρηση όλων των απαιτήσεων (γνωστή και ως general assignment) (το αντίθετο individual assignment).
- Globalzession
- cession globale
- cessione globale

blanket credit line
- καθορισμός πιστωτικών ορίων.
- Rahmenkredit
- crédit cadre
- credito quadro

blank form
- κενό, λευκό έντυπο για συμπλήρωση.
- Blankoformular
- formulaire en blanc
- modulo in bianco

blank signature
- υπογραφή, αποδοχή εν λευκώ.
- Blankounterschrift
- blanc-seing
- firma in bianco

blockade
- αποκλεισμός.
- Blockade
- blocus
- blocco

block diagram
- (στη στατιστική) στερεογράφημα ή ιστόγραμμο.
- Säulendiagramm
- ordinogramme
- schema a blocchi

block of shares
- μεγάλος αριθμός μετοχών μιας εταιρείας στην κατοχή ενός μόνο μετόχου.
- Aktienpaket
- lot d'actions
- pacchetto azionario

blocked account
- δεσμευμένος λογαριασμός.
- gesperrtes Konto
- compte bloqué
- conto bloccato

blocked deposits
- δεσμευμένες καταθέσεις.
- gesperrte Einlagen
- dépôts bloqués
- deposito con vincolo bloccato

blocked exchange
- δεσμευμένο συνάλλαγμα.
- blockierte Devisen
- devises bloquées
- valute bloccate

blocked period
- ορισμένη περίοδος κατά την οποία αριθμός χρεωγράφων ευρίσκονται δεσμευμένα λόγω π.χ. δανείου.
- Sperrfrist
- délai de blocage
- periodo bloccato

blocked units
- μετοχές, χρεώγραφα κλπ. των οποίων η πώληση έχει μπλοκαριστεί μέχρι μιάς ημερομηνίας ή κατάλογος μετοχών κλπ. οι οποίες έχουν χαθεί ή κλαπεί.
- **Sperrstücke**
- **titres bloqués**
- **titoli bloccati**

blue chips
- μετοχές μεγάλης ασφάλειας επενδύσεως και ελαχίστου κινδύνου μεγάλων καθιερωμένων εταιρειών.

board meeting
- συνεδρίαση διοικητικού συμβουλίου.
- **Vorstandssitzung**
- **réunion du conseil d'administration**
- **riunione del consiglio d'amministrazione**

board of directors
- διοικητικό συμβούλιο.
- **Vorstand**
- **conseil d'administration**
- **consiglio d'amministrazione**

bogus
- κάλπικος, ψευδής, κίβδηλος.
- **falsch**
- **faux**
- **falso**

bogus company ή **phantom operation**
- ανύπαρκτη εταιρεία, εταιρεία φαντομάς.
- **Schwindelgesellschaft**

- **société fantôme**
- **società fasulla**

bond; debenture
- ομολογία, τίτλος, σύμβαση, συμβόλαιο, δέσμευση, εγγύηση, ομόλογο, χρεώγραφο, ομόλογο δάνειο, ομολογία ιδιωτικής εταιρείας κλπ.
- **Anleihensobligation**
- **obligation**
- **obbligazione**

bonded goods
- εμπορεύματα αποθηκευθέντα σε κρατική αποθήκη υποκείμενα σε δασμό.
- **Waren unter Zollverschluss**
- **marchandises en douane**
- **merci sotto vincolo doganale**

bonded warehouse
- κρατική αποθήκη για εμπορεύματα υποκείμενα σε δασμό.
- **Lager unter Zollverschluss**
- **entrepôt**
- **magazzino doganale**

bondholder
- ο κάτοχος ομολογίας ή άλλου τίτλου.
- **Obligationär**
- **obligataire**
- **portatore di obbligazioni**

bond investment trust
- ομάδα προσώπων διαχειριζομένη χρήματα ή περιουσία για λογαριασμό άλλων (τράστ), επενδύουσα χρήματα δια συγκεντρώσεως των κεφαλαίων πολλών ατόμων σε ομόλογα ή

άλλα χρεώγραφα.
- **Obligationenfonds**
- **fonds en obligations**
- **fondo d'investimento obbligazionario**

bond issue
- έκδοση ομολόγων με ορισμένο επιτόκιο ανοικτή σε δημόσια εγγραφή.
- **Anleihe**
- **emprunt**
- **prestito**

bond issue in default
- ομόλογα των οποίων ο τόκος ή η αποπληρωμή του δανεισθέντος ποσού ευρίσκεται σε αταξία, λόγω μη εξοφλήσεώς του κατά τη λήξη του.
- **notleidende Anleihe**
- **emprunt en souffrance**
- **prestito in sofferenza**

bond issues without fixed maturity
- κυβερνητικά ομόλογα χωρίς ορισμένη ημερομηνία λήξεως με εγγύηση μόνον πληρωμής του τόκου, ανανεούμενα από την κυβέρνηση που τα εξέδωσε (όπως έγινε πρόσφατα στην Euromarket, τα λεγόμενα perpetual ή floating rate notes). Παλαιότερα ήταν γνωστά στη Γαλλία και την Αγγλία ως consols (παλιοποιηθέντα) consolidated, πάγια κρατικά χρεώγραφα χωρίς λήξη με μόνη αναφορά του επιτοκίου.
- **ewige Renten**
- **rentes perpétuelles**
- **rendite perpetue**

bond trading ring
- ομάδα σε χρηματιστήριο χρησιμοποιούσα το σύστημα à la criée ή και κάποιο άλλο κατά την αγοροπωλησία χρεωγράφων. (Το à la criée σύστημα είναι εκείνο όπως στο χρηματιστήριο της Ζυρίχης κατά το οποίο οι υπάλληλοι του χρηματιστηρίου εκφωνούν πρώτα τα χρεώγραφα κλπ. και οι χρηματιστές γύρω από το "ring" εκφωνούν (φωνάζουν) τις τιμές τους με τη σειρά τους).
- **Obligationenring**
- **corbeille des obligations**
- **recinto delle obbligazioni**

bonus
- επιμίσθιο, δώρο, έξτρα αμοιβή, πρόσθετο μέρισμα.
- **prämie**
- **prime; gratification**
- **gratificazione**

bonus share
- νέες μετοχές που δίδονται ως δώρον (bonus) στους παλαιούς μετόχους μιας εταιρείας σε βάρος - πίστωση του αποθεματικού της εταιρείας.
- **Gratisaktie**
- **action gratuite**
- **azione gratuita**

book cost
- λογιστική αξία, βάσει των βιβλίων, αξία ενός προϊόντος.
- **Buchwert der Einkäufe**
- **prix de revient comptable**
- **costo contabile**

book debt
- λογιστικό χρέος.
- Buchschuld
- dette comptable
- debito attivo

bookkeeper
- λογιστής.
- Buchhalter
- commis comptable
- contabile

book-keeping
- λογιστική, τήρηση βιβλίων.
- Buchhaltung
- comptabilité
- contabilità

book loss
- απώλεια η οποία προέρχεται από ελάττωση της τιμής των περιουσιακών στοιχείων και την ανύψωση της τιμής του παθητικού (το αντίθετο είναι book profit).
- Buchverlust
- perte comptable
- perdita contabile

book profit
- κέρδος που προέρχεται από την ύψωση της τιμής των περιουσιακών στοιχείων και την ελάττωση της τιμής του παθητικού (το αντίθετο είναι book loss).
- Buchgewinn
- bénéfice comptable
- utile contabile

books of account
- λογιστικά βιβλία.
- Geschäftsbücher

- livres comptables
- libri contabili

book value
- λογιστική αξία, αξία ενός περιουσιακού στοιχείου βάσει των δεδομένων των βιβλίων της εταιρείας.
- Buchwert
- valeur comptable
- valore contabile

boom
- έξαρση της οικονομικής δραστηριότητας.
- Boom
- hausse rapide
- boom

boom; bull market
- έξαρση των τιμών σε συνάρτηση με το χρηματιστήριο, ιδία του εξωτερικού.
- Hausse
- hausse
- rialzo vistoso

borrow
- δανείζομαι.
- entleihen
- emprunter
- prestire

borrowed capital
- δανεισθέν κεφάλαιο, ξένο κεφάλαιο.
- Fremdkapital
- capitaux empruntés
- capitale preso a prestito

borrower
- δανειζόμενος, οφειλέτης.
- Kreditnehmer

- emprunteur
- accattatore

borrower's note
- γραπτή, άνευ όρων υπόσχεση πληρωμής ορισμένου ποσού σε ορισμένη ημερομηνία σε πρόσωπο σαφώς καθορισμένο ή σε διαταγή του.
- **Schuldschein**
- **reconnaissance de dette**
- **riconoscimento di debito**

borrowing against bill (or security) pledging
- δανεισμός από άλλη τράπεζα χρεωγράφων για εμφάνιση καλυτέρας εικόνος και επιστροφή τους συνήθως το αργότερο μετά από πέντε ημέρες, αποδοχή από μία τράπεζα χρεωγράφων για ορισμένο χρονικό διάστημα με την υποχρέωση του καταθέτου ή άλλου τρίτου προσώπου αναλήψεων των εν λόγω χρεωγράφων σε κοινή ημερομηνία.
- **Pensionsgeschäfte**
- **opérations de mise en pension**
- **dare in pensione**

borrowing power
- δανειστική ικανότητα.
- **Kreditfähigkeit**
- **capacité à avoir du crédit**
- **capacità creditizia**

bottomry bond
- ομόλογο ναυτικού δανείου ή θαλασσοδανείου με υποθήκευση πλοίου ή φορτίου για ασφάλεια.

- **Bodmereibrief**
- **contrat à la grosse aventure**
- **contratto di prestito a cambio marittimo**

bottomry interest
- τόκος θαλασσοδανείου
- **Bodmereidarlehenszinsen**
- **profit maritime**
- **iteressenza a cambio marittimo**

bought ledger ή **purchase book**
- καθολικό αγορών.
- **Einkaufsbuch**
- **grand livre d'achats**
- **mastro acquisti**

boycott
- μποϋκοτάζ, αποκλεισμός.
- **Boykott**
- **boycottage**
- **boicottaggio**

branch
- υποκατάστημα, κλάδος.
- **Filiale; Zweigstelle**
- **succursale; filiale**
- **succursale; filiale**

branch bank
- υποκατάστημα τραπέζης.
- **Filialbank, Zweigbank**
- **banque succursale**
- **banca succursale**

branch office
- υποκατάστημα.
- **Zweigbüro**
- **succursale**
- **succursale**

brand
- μάρκα, εμπορικό είδος.

- Handelsmarke
- marque
- marca (di fabbrica)

branded goods
- εμπορεύματα, προϊόντα με εμπορικό σήμα.
- Markenwaren
- articles de marque
- articoli di marca

brand image
- προβολή ορισμένου είδους εμπορεύματος, απεικόνισή του.
- Warenimage
- image de marque
- immagine di marca

brand leader
- ορισμένο προϊόν που έχει το προβάδισμα στην αγορά.
- führende Marke
- marque de point
- marca di punta

brand name
- όνομα μάρκας, μάρκα.
- Markenbezeichnung
- marque de fabrique
- marca

breach of contract
- ρήξη, παραβίαση συμφωνίας.
- Vertagsverletzung
- rupture de contract
- rottura contratto

breach of warranty
- παράβαση, αθέτηση εγγυήσεως του πωλητού σχετικά με την ποιότητα του πωλουμένου αγαθού.
- Verletzung der Gewähr-

leistungspflicht
- rupture de garantie
- violazione di garanzia

break-even point
- το ύψος των πωλήσεων εξισούμενο με τα έξοδα χωρίς να αφήνει κέρδος (η αύξηση αφήνει κέρδος η ελάττωση αφήνει ζημιά).
- Rentabilitätsgrenze
- point de seuil
- punto di pareggio

bribe
- δωροδοκία, λάδωμα δεκασμός.
- Bestechungsgeld
- pot-de-vin
- dono per corrompere

bribe
- δωροδοκώ, εξαγοράζω, λαδώνω.
- bestechen
- corrompre
- corrompere

bribery
- δωροδοκία, λάδωμα, εξαγορά, δεκασμός.
- Bestechung
- corruption
- corruzione

bridging loan ή bridge-over
- προσωρινό δάνειο.
- Vorschusskredit
- crédit provisoire
- credito provvisorio

broken-period interest
- καταβολή τόκων σε επισυσσώ-

ρευση από την τελευταία ημερομηνία τόκων μέχρι μιά άλλη ημερομηνία σαφώς καθορισμένη προ της επόμενης ημερομηνίας πληρωμής τόκων.
- **Marchzins; Bruchzins**
- **intérêts courus**
- **interesse pro rata**

broker
- μεσίτης, πράκτορας, μεσάζων, χρηματιστής, εκτιμητής. (Στην Αμερική μεσίτης ακινήτου περιουσίας real ertate broker, στη Μεγ. Βρετανία land agent).
- **Makler**
- **agent de change**
- **agente di cambio**

brokerage
- μεσιτεία, αντιμισθία μεσίτου, το επάγγελμα του μεσίτου, χρηματιστού κλπ.
- **Courtage**
- **courtage**
- **commissione di borsa**

budgetary control
- πρόγραμμα δράσεως της επιχειρήσεως.
- **Haushaltskontrolle**
- **contrôle budgétaire**
- **controllo a bilancio preventivo**

buffer stocks
- ρυθμιστικά αποθέματα.
- **Buffer-stocks**
- **stocks de régularisation**
- **scorte di equilibrio**

building contractor
- εργολάβος, ανάδοχος κατα-

σκευής έργου, εργολήπτης.
- **Bauunternehmer**
- **entrepreneur de bâtiment**
- **impresa edile**

building insurance
- ασφάλεια ανοικοδομουμένου κτιρίου.
- **Gebäudeversicherung**
- **assurance immobilière**
- **assicurazione immobiliare**

building loan
- δάνειο για ανέγερση κτιρίου, κτηματικό, οικοδομικό στεγαστικό δάνειο.
- **Baukredit**
- **crédit de construction**
- **prestito immobiliare**

built-in obsolescence
- εγγενής, συμφυής οικονομική απαρχαίωση.
- **eingebautes Veralten**
- **désuétude incorporée**
- **decadimento incorporato**

bulk cargo
- ογκώδες φορτίο.
- **Schüttgut**
- **cargaison en vrac**
- **carico alla rinfusa**

bulk carrier
- μεταφορέας μεγάλων ποσοτήτων.
- **Massenfrachtführer**
- **transporteur de marchandises en vrac**
- **trasportatore di merce alla rinfusa**

bull
- ο αγοράζων στο χρηματιστήριο χρεώγραφα για διακανονισμό αργότερα, χωρίς να προτίθεται να τα παραλάβει αλλά αναμένων αύξηση τιμών ενδιαμέσως και ως εκ τούτου κέρδος (το αντίθετο bear).
- **Haussier**
- **haussier**
- **rialzista**

bullion
- χρυσός ή άργυρος σε ράβδους, περιεχόμενο νομίσματος σε χρυσό ή άργυρο.
- **Gold und Silberbarren**
- **barres d'or ou d'argent**
- **oro ed argento in verghe**

bullish
- υψωτικός (στις τιμές του χρηματιστηρίου).
- **steigend**
- **haussier**
- **rialzista**

bull market
- χρηματιστηριακή αγορά με υψωτικές, ανοδικές τάσεις.
- **Haussemarkt**
- **marché orienté à la hausse**
- **mercato tandente al rialzo**

bunker
- δεξαμενή ή αποθήκη πλοίου για τα καύσιμά του.
- **Bunker**
- **soute**
- **carbonile**

burglary
- διάρρηξη, κλοπή μετά διαρρήξεως.

- **Einbruchdiebstahl**
- **vol avec effraction**
- **furto con scasso**

business
- εμπορικός οίκος, φίρμα, εταιρεία.
- **Firma**
- **maison de commerce**
- **casa commerciale**

business before the meeting ή **agenda**
- ημερησία διάταξη.
- **Tagesordnung**
- **ordre du jour**
- **scopo dell'assemblea**

business cycle
- οικονομικός κύκλος, συνήθως οικονομικοί κύκλοι.
- **Konjukturzyklus**
- **cycle économique**
- **ciclo d'affari**

business expenses
- εμπορικές δαπάνες.
- **Geschäftskosten**
- **frais commerciaux**
- **spese generali**

business hours
- ωράριο διενεργείας εμπορικών εργασιών, καταστημάτων, γραφείων κλπ.
- **Geschäftszeit**
- **heures d'ouverture**
- **orario d'apertura**

businessman
- επιχειρηματίας.
- **Geschäftsmann**
- **homme d'affaires**
- **uomo d'affari**

business manager
– εμπορικός διευθυντής, διευ-
  θυντής διαχειριστής υποθέσε-
  ων.
– **Geschäftsführer**
– **gérant d'affaires**
– **direttore commerciale**

buy
– αγοράζω.
– **kaufen**
– **acheter**
– **comprare**

buyer
– αγοραστής.
– **Käufer**
– **acheteur**
– **compratore**

by air
– με το αεροπορικό ταχυδρο-
  μείο, αεροπορικώς.
– **per Flugpost**
– **par avion**
– **per via aerea**

by-product
– υποπροϊόν, υποπαράγωγο.
– **Nebenprodukt**
– **sous-produit**
– **sottoprodotto**

by transfer
– τραπεζιτική μεταβίβαση χρ
  μάτων από λογαριασμό σε λ
  γαριασμό.
– **bargeldlos**
– **par virement**
– **senza contante**

C

cable transfer
- τραπεζιτική μεταβίβαση χρημάτων.
- telegraphische Auszahlung
- transfert télégraphique
- versamento telegrafico

calculate
- υπολογίζω.
- berechnen
- calculer
- calcolare

calculation
- υπολογισμός, λογαριασμός, εκτίμηση.
- Berechnung
- calcul
- calcolazione

calculator
- υπολογιστής.
- Rechenmaschine
- machine à calculer
- calcolatrice

calendar
- ημερολόγιο, ημεροδείκτης.
- Kalendar
- calendrier
- calendário

calendar year
- ημερολογιακό έτος.
- Kalenderjahr
- année civile
- anno solare

call a strike
- καλώ για απεργία, σε απεργία.
- zum Streik auffordern
- ordonner une grève
- proclamare uno sciopero

call money; day-to-day money
- κεφάλαια δανειζόμενα από μία τράπεζα σε άλλη των οποίων η επιστροφή μπορεί να είναι αμέσως απαιτητή ή οποτεδήποτε χωρίς τακτή προθεσμία.
- Call-geld; Tagesgeld
- argent au jour le jour
- prestito giorno per giorno

call off
- ακυρώνω, ματαιώνω.
- rückgängig machen
- annuler
- annullare

call option
- γραπτή παραχώρηση αγοραστικού προνομίου ή προνομίου (οψιόν) πωλήσεως κλπ. εντός ορισμένης προθεσμίας και σε συμφωνηθείσα τιμή.
- Kaufoption
- option
- premio d'acquisto

campaign
- εκστρατεία, καμπάνια.
- Kampagne
- campagne
- campagna

cancel
- ακυρώνω, διαγράφω, καταργώ, καταγγέλω.
- **annullieren**
- **annuler**
- **cancellare**

cancel a cheque ή **cancel a check**
- ακυρώνω επιταγή.
- **einen Scheck rückgängig machen**
- **annuler un chèque**
- **annullare un assegno**

cancellation
- ακύρωση, ανάκληση, απαλοιφή, ματαίωση.
- **Annullierung**
- **annulation**
- **annullamento**

cancellation (of securities)
- νόμιμη διαδικασία για την ακύρωση απωλεσθεισών μετοχών.
- **Kraftloserklärung**
- **déclaration de nullité**
- **dichiarazione di nullità**

capacity
- ικανότητα για δικαιοπραξία, ιδιότητα, χωρητικότητα (πλοίου), παραγωγική ικανότητα.
- **Fähigkeit; Inhalt**
- **capacité**
- **capacità**

capital
- κεφάλαιο.
- **Kapital**
- **capital**
- **capitale**

capital account
- λογαριασμός κεφαλαίου

- **Kapitalkonto**
- **compte capital**
- **conto capitale**

capital allowances
- φορολογικές απαλλαγές, παροχές, εύνοια για επενδύσεις.
- **Steuerbegünstigung auf Anlagen**
- **déductions fiscales sur les investissements**
- **deduzioni fiscali sugli investimenti**

capital asset ή **fixed asset**
- πάγιο κεφάλαιο.
- **Vermögensanlage**
- **actif immobilisé**
- **capitale fisso**

capital expenditure
- κεφαλαιουχικές δαπάνες, για την αγορά κεφαλαιουχικών αγαθών.
- **Kapitalauslagen**
- **immobilisations**
- **immobilizzazioni**

capital exports
- ροή ή εξαγωγή κεφαλαίων από χώρα σε χώρα.
- **Kapitalexprort**
- **exportation de capitaux**
- **esportazione di capitali**

capital gains
- κέρδη από την εκποίηση κεφαλαιουχικού αγαθού.
- **Kapitalgewinn**
- **gains en capital**
- **plusvalore di capitale**

capital gains tax
- φόρος επί των κερδών από τη

ρευστοποίηση στοιχείων του παγίου ενεργητικού εταιρείας.
- Kapitalertragsteuer
- impôt sur les plus-values en capital
- imposta sul plusvalore di capitale

capital goods
- κεφαλαιουχικά αγαθά.
- Anlagegüter
- biens d'equipement
- beni strumentali

capital grants
- κεφαλαιουχική επιχορήγηση, βοήθεια.
- Kapitalhilfe
- subventions en capital
- sovvenzioni di capitale

capital increase
- αύξηση κεφαλαίου δια της εκδόσεως νέων μετοχών.
- Kapitalerhöhung
- augmentation de capital
- aumento di capitale

capital-intensive
- κεφαλαιουχική εντατικοποίηση, συγκέντρωση της προσοχής επί του κεφαλαίου.
- kapitalintensiv
- intensif de capital
- concentrato sul capitale

capital investment loan
- πίστωση χορηγουμένη για τη χρηματοδότηση του παγίου ενεργητικού.
- Investitionskredit
- crédit d'investissement
- credito d'investimento

capital loss
- απώλεια κεφαλαίου, ζημιές από την εκποίηση κεφαλαιουχικών αγαθών.
- Kapitalverlust
- perte de capital
- perdita di capitale

capitalization
- κεφαλαιοποίηση.
- kapitalisierung
- capitalisation
- capitalizzazione

capitalize
- κεφαλαιοποιώ.
- kapitalisieren
- capitaliser
- capitalizzare

capitalized income value
- η αξία επενδυθέντος κεφαλαίου σε σχέση με την αξία του εισοδήματος που προέρχεται από αυτό, συνήθως επί ἀκινήτων.
- Ertragswert
- valeur de rendement
- valore di rendimento

capitalized value
- κεφαλαιοποιηθείσα αξία.
- kapitalisierter Wert
- valeur capitalisée
- valore capitalizzato

capitalism
- καπιταλισμός, κεφαλαιοκρατία, οικονομία ελευθερίας επιχειρήσεων.
- Kapitalismus
- capitalisme
- capitalismo

capital market
- αγορά διακινήσεως κεφαλαίου.
- **Kapitalmarkt**
- **marché des capitaux**
- **mercato dei capitali**

capital mortgage
- υποθήκευση κεφαλαιουχικών αγαθών.
- **Kapitalhyptothek**
- **hypothèque en capital**
- **ipoteca capitale**

capital not paid in
- κεφάλαιο μη καταβληθέν, η διαφορά του κεφαλαίου που αναφέρεται στο καταστατικό μιάς εταιρείας και του πραγματικώς καταβληθέντος.
- **nicht einbezahltes Kapital**
- **capital non versé**
- **capitale non versato**

capital reserves
- αποθεματικό κεφαλαίου.
- **Kapitalreserve**
- **réserve de capitaux**
- **riserva di capitale**

capital resources
- ίδια κεφάλαια, το καθαρό πάγιο ενεργητικό.
- **eigene Mittel; Eigenkapital**
- **fonds propres**
- **mezzi propri**

cargo
- φορτίο.
- **Ladung**
- **cargaison; chargement**
- **carico**

cargo boat
- φορτηγό πλοίο.

- **Frachtschiff**
- **cargo**
- **nave da carico**

carriage forward ή **F.O.B. shipping point**
- κόμιστρα πληρωτέα στο σημείο προορισμού, που δεν έχουν προπληρωθεί και βαρύνουν τον παραλήπτη.
- **Portonachnahme**
- **en port dû**
- **porto assegnato**

carriage free ή **F.O.B. destination**
- ελεύθερο εξόδων μεταφοράς.
- **frachtfrei**
- **franco**
- **porto franco**

carriage paid ή **freight charges paid**
- κόμιστρα πληρωμένα.
- **franko**
- **port payé**
- **franco di porto**

carrier ή **conveyer**
- μεταφορέας (εταιρεία ή πρόσωπο).
- **Spediteur**
- **expéditeur**
- **vettore**

carry forward amount ή **amount carried forward**
- ποσόν εις μεταφοράν.
- **Übertrag**
- **report à nouveau**
- **ammontare da riportare**

carry out
- φέρω εις πέρας, εκτελώ, εφαρμόζω, εκπληρώ.

- durchführen
- exécuter
- eseguire

carry-over (contango) transaction
- αναβολή πληρωμής στο χρηματιστήριο, μεταφορά τίτλων σε επόμενη εκκαθάριση.
- Reportgeschäft
- report
- riporto

cartel
- καρτέλ, οικονομικός συνασπισμός για εξασφάλιση μονοπωλίου, κοινοπραξία.
- kartell
- cartel
- cartello

carter bonds
- ομολογίες που εξεδόθησαν από το θησαυροφυλάκειο των Η.Π.Α. κατά την περίοδο της προεδρίας του Carter για την προσέλκυση ξένου κεφαλαίου από το εξωτερικό.
- Carter-Notes; Carter-Bonds
- bons Carter
- obbligazioni Carter

carton
- χαρτοκιβώτιο
- Karton
- carton
- cartone

case
- υπόθεση, δίκη, εκδικασθείσα αγωγή, υπεράσπιση, συνηγορία.
- Rechtsfall

- procès
- causa

cash; spot
- τιμή χρεωγράφων στο χρηματιστήριο των οποίων η πληρωμή γίνεται σε μετρητά εντός τακτής προθεσμίας και με άμεση παράδοση των χρεωγράφων.
- comptant
- comptant
- per contanti

cash
- μετρητά, ρευστό χρήμα, χαρτονομίσματα και κέρματα.
- Bargeld
- espèces
- denaro contante

cash
- εξαργυρώνω, εισπράττω σε μετρητά.
- einkassieren
- encaisser
- incassare

·cash a cheque ή **cash a check**
- εξαργυρώνω επιταγή.
- einen Scheck einlösen
- toucher un chèque
- incassare un assegno

cash against documents (c.a.d.)
- πληρωμή κατά την παράδοση των (φορτωτικών) εγγράφων.
- bar gegen Versandpapiere
- comptant contre documents
- contanti contro documenti

cash balance
- υπόλοιπο ταμείου.

- Kassensaldo
- solde de caisse
- residuo di cassa

cash book
- βιβλίο ταμείου.
- **Kassenbuch**
- **livre de caisse**
- **libro cassa**

cash-box
- μικρό μεταλλικό κουτί για την τοποθέτηση των εισπράξεων συνήθως της ημέρας.
- **Geldkassette**
- **caisse**
- **cassetta**

cash deal
- αγοροπωλησία τοις μετρητοίς.
- **Bargeschäft**
- **transaction au comptant**
- **operazione a contanti**

cash desk
- ταμείο καταστήματος.
- **Kasse**
- **caisse**
- **cassa**

cash discount
- έκπτωση για πληρωμή τοις μετρητοίς.
- **Barrabatt**
- **escompte de caisse**
- **sconto per pagamento a contanti**

cash dispenser
- μηχανή, που κάνει μετρητά, χορηγήσεως μετρητών.
- **Geldausgabe-Automat**
- **distributeur automatique de billets de banque**
- **distributore automatico di banconote**

cash flow
- καθαρά κέρδη συν οι αποσβέσεις, τα τοκοχρεωλύσια και τα αποθεματικά.
- **Cash-flow**
- **flux de trésorerie**
- **cash-flow**

cash forecast
- πρόβλεψη εισροής μετρητών.
- **Bargeldvoraussage**
- **prévision comptant**
- **preivisione contanti**

cashier ή teller
- ταμίας.
- **Kassierer**
- **caissier**
- **cassiere**

cash in hand
- μετρητά στο ταμείο, στο χέρι.
- **Barbestand**
- **espèces en caisse**
- **pronti contanti**

cash on delivery (c.o.d.)
- πληρωμή επί αντικαταβολή, κατά την παράδοση.
- **Lieferung gegen Nachnahme**
- **paiement à la livraison**
- **pagamento alla consegna**

cash reserve
- ταμειακόν απόθεμα.
- **Barreserve**
- **réserve en espèces**
- **riserva liquida**

cash sale
- πώληση τοις μετρητοίς.
- Kassageschäft
- vente au comptant
- vendita a contanti

cash with order
- άμεση εξόφληση, κατά τη λήψη της παραγγελίας.
- gegen Barzahlung
- payable à la commande
- pagamento con l'ordine

casting vote
- αποφασιστική ψήφος.
- entscheidende Stimme
- voix prépondérante
- voto decisivo

cast iron
- χυτός σίδηρος.
- Gusseisen
- fonte de fer
- ghisa

ceiling on credit growth
- υποχρέωση μιάς τράπεζας μη αυξήσεως του όγκου των χορηγουμένων πιστώσεων, πέραν ενός ορισμένου δείκτου αυξήσεως, σε μιά ορισμένη περίοδο.
- Kreditzuwachsbegrenzung
- limite d'accroissement du crédit
- limite all'aumento del credito

census
- απογραφή πληθυσμού.
- Volkszählung
- recensement
- censimento

central buying office
- κεντρικό γραφείο αγορών μιάς εταιρείας.
- Einkaufszentrale
- centrale d'achats
- ufficio centrale d'acquisti

central mortgage bond institutions
- ειδικά χρηματιστηριακά ιδρύματα χορηγήσεων ομολογιών, που διασφαλίζονται με υποθήκη επί της περιουσίας μιάς επιχειρήσεως και όχι επί των εσόδων ή των κερδών.
- Pfandbriefzentralen
- centrales d'emission de lettres de gage
- centrali di emissione di obbligazioni fondiarie

central mortgage bond institution loan
- μακροπρόθεσμα δάνεια χορηγούμενα από τα ως άνω ιδρύματα σε τράπεζες - μέλη για τη χρηματοδότηση πιστώσεων, που καλύπτονται με mortgage bonds.
- Pfandbriefdarlehen
- emprunt auprès de centrales d'emission de lettres de gage
- prestiti delle centrali d'emissione di obbligazioni fondiarie

center ή centre
- κέντρο.
- Mitte
- centre
- centro

certificate
- πιστοποιητικό, τίτλος.

- **zertifikat**
- **certificat**
- **certificato**

certificate of deposit
- πιστοποιητικό καταθέσεως χρημάτων όψεως ή προθεσμίας.
- **Depositenzertifikat (in German)**

certificate of insurance
- πιστοποιητικό ασφαλίσεως, ασφαλιστήριο.
- **Versicherungsurkunde**
- **certificat d'assurance**
- **certificato di assicurazione**

certificate of origin
- πιστοποιητικό προελεύσεως προϊόντων κλπ.
- **Ursprungszeugnis**
- **certificat d'origine**
- **certificato di origine**

certificate of pledge
- πιστοποιητικό ενεχυριάσεως, ενεχύρου.
- **Pfandschein**
- **warrant**
- **nota di pegno**

certificate of stock ή **share certificate**
- πιστοποιητικό μετοχών.
- **Aktienzertifikat; Anteilschein**
- **certificat d'actions**
- **certificato azionario**

certified true copy
- επικυρωμένο ακριβές αντίγραφο.
- **beglaubigte Abschrift**

- **copie certifiée**
- **copia conforme**

certify
- πιστοποιώ, βεβαιώ.
- **bescheinigen**
- **certifier**
- **certificare**

chain store
- κατάστημα που ανήκει σε αλυσίδα καταστημάτων.
- **Kettengeschäft**
- **magasin à succursales multiples**
- **negozio a catena**

chairman
- πρόεδρος εταιρείας.
- **vorsitzende(r)**
- **président**
- **presidente**

charge on real property; real estate lien
- εμπράγματος ασφάλεια ακινήτου περιουσίας, δικαίωμα δεσμεύσεως ακινήτων περιουσιακών στοιχείων οφειλέτου για τη διασφάλιση οφειλής.
- **Grundpfandrecht**
- **droit de gage immobilier**
- **diritto di pegno immobiliare**

chargeable
- φορολογήσιμο, επιβαρυνόμενος με φόρο, καταλογιστέος.
- **anrechenbar**
- **imputable; imposable**
- **imputabile; imponibile**

charge account
- λογαριασμός πωλήσεων με πί-

στωση, που εξοφλείται με δό-
σεις και με τόκο.
- Kundenkonto
- compte personnel
- conto personale

charges
- έξοδα, δαπάνες, τέλη.
- Kosten
- frais
- spese

charges forward
- όλα τα έξοδα δηλ. μεταφορι-
κά, ασφάλιστρα κλπ. πληρωτέα
από τον αγοραστή κατά την
παραλαβή των αγαθών.
- per Nachnahme
- frais à percevoir à la livraison
- spese assegnate

chart
- διάγραμμα, γραφική παράστα-
ση, χάρτης, πίνακας.
- Tabelle
- graphique
- grafico

charterer
- ναυλωτής πλοίου για ορισμένο
χρόνο ή διαδρομή.
- Befrachter
- affréteur
- noleggiatore

chartering
- ναύλωση πλοίου για ορισμένο
χρόνο ή διαδρομή.
- Befrachtung
- affrètement
- noleggio

cheap
- ευθηνό, μη ακριβό, ευτελές,
φτηνό.

- billig
- bon marché
- a buon mercato

cheap money
- φτηνό χρήμα, με χαμηλό επι-
τόκιο ή μικρή αγοραστική αξία.
- billiges Geld
- argent bon marché
- denaro a basso interesse

cheat
- απατώ, δολιεύομαι, εξαπατώ,
κοροϊδεύω.
- berügen
- tricher
- truffare

check (USA); cheque (GB)
- επιταγή τραπεζιτική ή ιδιωτική.
- Check; Scheck
- chèque
- assegno bancario

check book ή cheque book
- βιβλιάριο επιταγών.
- Scheckheft
- carnet de chèques; chéquier
- libretto assegni

check digit
- ψηφίο, αριθμός ελέγχου.
- Kontrollziffer
- digit de contrôle
- cifra di controllo

check card
- είδος κάρτας, που δίδεται από
μία τράπεζα σε πελάτες της
που έχουν λογαριασμό σ' αυτή.
Η τράπεζα αναλαμβάνει την
υποχρέωση να εξαργυρώνει
επιταγές του κατόχου της

κάρτας, με την προϋπόθεση ότι ο αριθμός λογαριασμού και η υπογραφή θα είναι τα ίδια και τα δύο (πρβλ. Eurocheque).
- Checkkarte
- carte chèque
- carta assegni

check made out to cash
- επιταγή εκδιδόμενη από κάτοχο λογαριασμού για την άμεση είσπραξη χρημάτων.
- Barcheck
- chèque non barré
- assegno ordinario

check payable to bearer ή cheque payable to bearer
- επιταγή πληρωτέα στον κομιστή.
- Inhaberscheck
- chèque payable au porteur
- assegno al portatore

checking account
- λογαριασμός κινούμενος δι' επιταγών.
- checkrechnung
- compte chèques
- conto assegni

checking account ή current account
- λογαριασμός κινούμενος δι' επιταγών.
- Kontokorrent
- compte courant
- conto corrente

cheque book ή check book
- βιβλιάριο επιταγών.
- Scheckheft

- carnet de chèques
- libretto assegni

chief accountant
- αρχιλογιστής, προϊστάμενος λογιστηρίου
- Oberbuchhalter
- chef comptable
- ragioniere capo

chief executive
- γενικός διευθυντής, προϊστάμενος όλων των εκτελεστικών οργάνων της εταιρείας.
- Geschäftsführer
- directeur général
- direttore generale

circular letter of credit
- ταξιδιωτική πιστωτική επιστολή, ταξιδιωτική επιταγή.
- Zirkularkreditbrief
- lettre de crédit circulaire
- lettera di credito circolare

civil servant ή government employee
- δημόσιος υπάλληλος.
- Beamte(r)
- fonctionnaire
- impiegato statale

claim
- απαίτηση, τίτλος, δικαίωμα, αξίωση, διεκδίκηση.
- Forderung
- créance
- diritto; credito

classified advertisement
- διαφήμιση σε μικρές αγγελίες εφημερίδος.
- Kleinanzeige

- petite annonce
- piccola pubblicità

clause
- ρήτρα.
- Klausel
- clause
- clausola

clean bill of lading (clean B/L)
- φορτωτική χωρίς επιφυλάξεις ως προς την κατάσταση των εμπορευμάτων ή τη συσκευασία τους.
- Konnossement, reines
- connaissement net
- polizza di carico pulita

clearing
- κλίρινγκ, συμψηφισμός, εκκαθάριση (και στις τέσσερες γλώσσες).
clearing agreement
- διακρατική συμφωνία συμψηφισμού.
- Clearingabkommen
- accord de clearing
- accordo di clearing

clearing-bank
- τράπεζα συμψηφισμού.
- Girobank
- banque de virement
- banca associata alla stanza di compensazione

clearing house
- γραφείο συμψηφισμού επιταγών.
- Verrechnungsstelle
- chambre de compensation
- stanza di compensazione

clearing offices
- γραφεία συμψηφισμού επιταγών.
- Abrechnungsstellen
- chambres de compensation
- stanze di compensazione

clearing system for settling transactions in securities
- σύστημα συμψηφισμού αγοραπωλησιών χρεωγράφων.
- Effektengiroverkehr
- clearing de titres
- bancogiro di titoli

clear through customs
- εκτελωνίζω.
- verzollen
- dédouaner
- sdoganare

clerk
- υπάλληλος γραφείου ή δικηγόρου.
- Angestellte(r)
- commis
- impiegato

client
- πελάτης (ελευθέρου επαγγελματίου, δικηγόρου κλπ.).
- Kunde
- client
- cliente

closed-end investment trust
- ίδρυμα επενδύσεων το οποίον δεν εκδίδει πλέον επιπρόσθετες μετοχές.
- geschlossener Anlagefonds
- fonds de placement fermé
- fondo d'investimento a capitale fisso

closed market
- κλειστή αγορά.
- **gesperrter Markt**
- **marché fermé**
- **mercato chiuso**

closing accounts
- λογαριασμός στον οποίο μετα-
φέρονται τα υπόλοιπα άλλων
λογαριασμών για ενιαία εμφά-
νισή τους.
- **Abschluss**
- **bouclement**
- **chiusura**

closing date
- η τελευταία ημέρα, προθεσμία,
κατά την οποία γίνεται αποδε-
κτό κάτι, όπως προσφορές σε
δημοπρασία.
- **Schlusstermin**
- **dernier jour**
- **ultima data**

closing price
- τιμή κλεισίματος χρηματιστη-
ρίου.
- **Schlusskurs**
- **cours de clôture**
- **corso di chiusura**

Club of Ten
- όρος που αναφέρεται σε ομά-
δα δέκα κρατών (τώρα περισ-
σοτέρων), που έχουν υπογρά-
ψει τη Σύμβαση Δανεισμού
του 1962. (General Arrange-
ment to Borrow).
- **Zehnerclub**
- **Club des Dix**
- **Club dei Dieci**

code
- κώδικας.

- Code
- code
- codice

code (telegraphic)
- τηλεγραφικός κώδικας.
- **Schlüssel**
- **clef**
- **codice**

coin
- κέρμα.
- **Münze**
- **pièce (de monnaie)**
- **moneta**

coinage prerogative
- δικαίωμα κοπής νομισμάτων.
- **Münzregal**
- **régale des monnaies**
- **regalia delle monete**

collaborate
- συμπράττω, συνεργάζομαι.
- **mitarbeiten**
- **collaborer**
- **collaborare**

collateral
- παράλληλος, παράπλευρος,
πλάγιος, βοηθητικός, δευτε-
ρεύων, συμπληρωματικός.
- **Deckung**
- **couverture**
- **copertura**

collateral bill
- συμπληρωματική, επιβοηθητι-
κή εγγυήσεως (δανείου) υπό
μορφήν γραμματίου ή ομολό-
γου.
- **Kautionswechsel**
- **effet de garantie**
- **cambiale data in cauzione**

collateral security margin
- η διαφορά μεταξύ της τιμής στην αγορά μιάς συμπληρωματικής εγγυήσεως και της πιστώσεως, που εδόθη και την οποία απαιτεί η τράπεζα για την περίπτωση υποτιμήσεως της αξίας της συμπληρωματικής εγγυήσεως.
- **Sicherheitsmarge**
- **marge de garantie**
- **margine di garanzia**

collect a debt
- εισπράττω οφειλή, χρέος.
- **Schulden eintreiben**
- **recouvrer une créance**
- **incassare un credito**

collection
- είσπραξη
- **Inkasso**
- **encaissement**
- **incasso**

collection charges
- τέλη εισπράξεως, εισπρακτικά τέλη.
- **Einzugskosten**
- **frais d'encaissement**
- **spese di riscossione**

collective bargaining
- συλλογικές διαπραγματεύσεις μεταξύ εργατικού σωματείου και εργοδοτών για θέματα εργασίας, μισθών κλπ.
- **Tarifvertragsverhandlung**
- **négociations de conventions collectives**
- **contrattazione collettiva**

collective custody
- συλλογική παρακατάθεση, η

διαφύλαξη χρεωγράφων σε κεντρική τράπεζα κατά κατηγορίας.
- **Sammelverwahrung**
- **dépôt global**
- **deposito globale**

collective order
- η ενοποίηση διαφόρων εντολών πληρωμής σε μία.
- **Sammelauftrag**
- **ordre global**
- **ordine globale**

collocation plan (creditor ranking)
- σχέδιο διαβαθμίσεως των πιστωτών σε περίπτωση πτωχεύσεως.
- **Kollokationsplan**
- **état de collocation**
- **graduatoria**

commerce
- εμπόριο.
- **Handel**
- **commerce**
- **commercio**

commercial invoice
- εμπορικό τιμολόγιο.
- **Geschäftsfaktur**
- **facture commerciale**
- **fattura commerciale**

commercial register
- κατάλογος εμπορικών εταιρειών (τηρούμενος από το εμπορικό επιμελητήριο ή άλλο όργανο).
- **Handelsregister**
- **registre du commerce**
- **registro di commercio**

commercial traveller ή salesman
- ταξιδεύων εμπορικός αντιπρό-
σωπος.
- **Handelsvertreter; Geschäfts-
reisende(r)**
- **commis-voyageur**
- **viaggiatore di commercio**

commercial vehicle
- εμπορικό όχημα, αυτοκίνητο
κλπ.
- **Nutsfahrzeug**
- **véhicule commerciale**
- **veicolo commerciale**

commission
- προμήθεια
- **Provision**
- **commission**
- **provvigione**

commission agent
- πράκτορας εργαζόμενος με
προμήθεια.
- **Kommissionär**
- **commissionnaire en mar-
chandises**
- **commissionario**

commitment
- υποχρέωση, δέσμευση.
- **Engagement**
- **engagement**
- **impegno**

committee
- επιτροπή.
- **Kommission; Ausschuss**
- **comité**
- **comitato**

commodity
- αγαθόν, προϊόν, εμπόρευμα.

- **Gut; Ware**
- **marchandise; produit**
- **merce; prodotto**

commodity broker
- μεσίτης, μεσάζων, πράκτορας
προϊόντων.
- **Makler für Verbrauchsgüter**
- **courtier en marchandises**
- **sensale di merci**

commodity fund
- επενδυτικό ίδρυμα που κυρίως
επενδύει τα κεφάλαιά του σε
ομόλογα κλπ. εμπορευμάτων
όπως π.χ. συμβάσεις αγοράς
σίτου κλπ.
- **Warenfonds**
- **fonds spécialisé dans les
contrats sur marchandises**
- **fondo d'investimento in mer-
ci**

commodity market
- αγορά πρώτων υλών, χρηματι-
στήριο εμπορευμάτων.
- **Rohstoffmarkt**
- **marché de matières premiè-
res**
- **mercato di materie prime**

Common Agricultural Policy
- Κοινή Αγροτική Πολιτική.
- **gemeinsame Agrarpolitik**
- **politique agricole commune**
- **politica agricola comune**

Common Commercial Policy
- Κοινή Εμπορική Πολιτική.
- **gemeinsame Handelspolitik**
- **politique commerciale com-
mune**
- **politica commerciale com-
une**

common external tariff
- κοινό, δημόσιο εξωτερικό δασμολόγιο.
- gemeinsamer Aussentariff
- tarif extérieur commun
- tariffa estera comune

Common Fisheries Policy
- Κοινή Αλιευτική Πολιτική.
- gemeinsame Fischereipolitik
- politique commune de la pêche
- politica comune della pesca

Common Market
- Κοινή Αγορά.
- gemeinsamer Markt
- marché commun
- mercato comune

communication
- επικοινωνία, ανακοίνωση, γνωστοποίηση.
- Benachrichtigung
- communication
- comunicazione

community
- κοινότης.
- Gemeinschaft
- communauté
- comunità

company
- εταιρεία.
- Gesellschaft
- société; entreprise
- società

compensate
- αποζημιώνω.
- vergüten
- compenser
- compensare

compete
- συναγωνίζομαι.
- Konkurrenz machen
- concurrencer
- competere

competition
- συναγωνισμός.
- Wettbewerb
- concurrence
- concorrenza

competitive
- συναγωνιστικός.
- wetteifernd
- compétitif
- in concorrenza

completed period
- περίοδος τρεχούμενου λογαριασμού ή ετησίου λογαριασμού, η οποία έχει ήδη συμπληρωθεί.
- alte Rechnung
- compte ancien
- conto vecchio

compound interest
- ανατοκισμός, τόκος ανατοκιζόμενος.
- Zinseszins
- intérêts composés
- interesse composto

comprehensive
- περιεκτικός, περιληπτικός.
- umfassend
- exhaustif; complet
- comprensivo

comprehensive insurance
- ασφάλεια καλύπτουσα μεγάλο αριθμό κινδύνων.

- kombinierte Versicherung
- assurance combinée
- assicurazione mista

comptroller
- διαχειριστής περιουσίας.
- Rechnungsprüfer
- vérificateur des comptes
- controllore

compulsory
- υποχρεωτικός, αναγκαστικός.
- verbindlich
- obligatoire
- obbligatorio

compulsory purchase
- απαλλοτρίωση, υποχρεωτική αγορά.
- Enteignung
- expropriation
- espropriazione

compulsory stockpile bill
- ομόλογα ή γραμμάτια, που μπορούν να προεξοφληθούν από την Κεντρική Τράπεζα και τα οποία εκδίδονται από τράπεζες, που από το νόμο υποχρεούνται να έχουν σε άμεσο διάθεση ορισμένες πρώτες ύλες. Τα εν λόγω χρεώγραφα προεξοφλούνται με προνομιακούς όρους.
- Pflichtlagerwechsel
- effet de stocks obligatoires
- effetto per il finanziamento di scorte obbligatorie

compulsory stockpile credit
- τραπεζιτικές πιστώσεις για τη χρηματοδότηση των πιό πάνω ομολόγων κλπ.

- Pflichtlagerkredit
- crédit pour stocks obligatoires
- credito per scorte obbligatorie

compulsory winding-up ή **forced liquidation**
- εκκαθάριση εταιρείας, αναγκαστική διάλυση.
- Zwangsliquidation
- liquidation forcée
- liquidazione forzata

computer
- αυτός που υπολογίζει, ο υπολογιστής, ο κομπιούτερ.
- Rechner; Computer
- ordinateur
- elaboratore; calcolatore

computer language
- γλώσσα του υπολογιστή.
- Rechnersprache
- langage-machine
- linguaggio macchina

computer printout
- εκτύπωση με εκτυπωτή υπολογιστού.
- Ausgabedruck
- sortie sur imprimante
- stampato d'uscita dell'elaboratore

computer program
- πρόγραμμα του υπολογιστού.
- Computer programm
- programme d'ordinateur
- programma di elaboratore

condition
- όρος, προϋπόθεση, αίρεση.

- **Bedingung**
- **condition**
- **condizione**

conditional
- εξαρτώμενος, υπό αίρεσιν, υπό όρους.
- **bedingt**
- **conditionnel**
- **condizionale**

condition precedent
- εξέχων όρος, προϋποτιθεμένου του όρου, εξέχουσα προϋπόθεση.
- **aufschiebende Bedingung**
- **condition suspensive**
- **condizione sospensiva**

conference
- διάσκεψη, συνδιάσκεψη, συνέδριο.
- **Kongress**
- **conférence**
- **conferenza**

confidence trick ή **confidence game**
- (άτιμο) παιχνίδι εμπιστοσύνης, τέχνασμα απάτης.
- **Schwindlertrick**
- **escroquerie**
- **truffa all'americana**

confirm
- επιβεβαιώ, επιτηρώ.
- **bestätigen**
- **confirmer**
- **confermare**

confirmation
- επιβεβαίωση, επικύρωση.
- **Bestätigung**

- **confirmation**
- **conferma**

confirmed letter of credit
- επιβεβαιωμένη πιστωτική επιστολή.
- **bestätigter Kreditbrief**
- **lettre de crédit confirmée**
- **lettera di credito confermata**

confirmed irrevocable letter of credit
- επιβεβαιωμένη αμετάκλητη πιστωτική επιστολή.
- **bestätigter unwiderruflicher kreditbrief**
- **lettre de crédit irrévocable confirmée**
- **lettera di credito confermata e irrevocabile**

confirm in writing
- επιβεβαιώ γραπτώς.
- **schriftlich bestätigen**
- **confirmer par écrit**
- **confermare per iscritto**

conflict
- σύγκρουση, διαμάχη, πάλη, αγών, ανταγωνισμός, αντίθεση.
- **Konflikt**
- **conflit**
- **conflitto**

conflict of interest
- σύγκρουση συμφερόντων.
- **widerstreitende Interessen**
- **opposition d'intérêts**
- **conflitto d'interessi**

consequential damages
- επακολουθούσαι ζημίαι.

- immaterieller Schaden
- dommages indirects
- danni indiretti

consequential loss
- επακολουθούσα απώλεια.
- Folgeschaden
- perte indirect
- perdita indiretta

conservative estimate
- συντηρητική εκτίμηση, προσε-
κτικός υπολογισμός κατ' εκτί-
μησιν.
- vorsichtige Schätzung
- évaluation prudente
- valutazione prudente

consignee
- ο παραλήπτης εμπορευμάτων.
- Empfänger
- destinataire
- consegnatario

consignment
- παράδοση εμπορευμάτων επί
παρακαταθήκη, αποστολή
εμπορευμάτων.
- Versendung
- envoi; expédition
- consegna; spedizione

consignment note
- δελτίο αποστολής.
- Frachtbrief
- lettre de voiture
- nota di spedizione

consignor ή consigner
- αποστολέας εμπορευμάτων.
- Absender
- expéditeur
- speditore

consolidated
- ενοποιημένος, πάγιος, συγκεν-
τρωτικός, συγχωνευμένος.
- konsolidiert
- consolidé
- consolidato

consolidated accounts
- ενοποιημένοι λογαριασμοί.
- konsolidierter Kontenab-
schluss
- comptes consolidés
- conti consolidati

consolidated balance sheet
- ομαδικός ισολογισμός.
- konsolidierte Bilanz
- bilan consolidé
- bilancio consolidato

consolidated debt
- μακροπρόθεσμο δημόσιο χρέ-
ος σε αντίθεση με το floating
debt.
- feste Schuld
- dette consolidée
- debito consolidato

consolidation
- συγχώνευση.
- Konsolidierung
- consolidation
- consolidamento

consortium
- κοινοπραξία, ένωση, κονσόρ-
τιουμ, συνδικάτο.
- Konsortium
- consortium
- consorzio

consortium of the Swiss Banks
- μόνιμη κοινοπραξία Ελβετικών

τραπεζών δια την εγγύηση
χρεωγράφων κλπ.
– Emissionskonsortium
schweizerischer Banken
– Consortium d'émission de
banques suisses
– Consorzio d'emissione di
banche svizzere

constant annual principal and
interest payment
– τοκοχρεωλύσιο.
– Annuität
– annuité
– annuità

construction loan
– κατασκευαστικό δάνειο για
την ανοικοδόμηση ή συντήρη-
ση κτιρίων.
– Baukredit
– crédit de construction
– credito edilizio

consular invoice
– προξενικό τιμολόγιο, τιμολό-
γιο που θεωρείται από το προ-
ξενείο της χώρας προορισμού
των εμπορευμάτων.
– konsulatsfaktura
– facture consulaire
– fattura consolare

consulate
– προξενείο.
– Konsulat
– consulat
– consolato

consultant
– σύμβουλος, εμπειρογνώμων.
– Berater
– conseil
– consulente

consumer
– καταναλωτής.
– Verbraucher; Konsument
– consommateur
– consumatore

consumer durables
– διαρκή καταναλωτικά αγαθά.
– dauerhafte Konsumgüter
– biens de consommation
durables
– beni di consumo durabili

consumer goods
– καταναλωτικά αγαθά.
– Konsumgüter
– biens de consommation
– beni di consumo

consumer group
– καταναλωτική ομάδα
– Abnehmerverein
– groupe consommateur
– gruppo di consumatori

consumer loan
– καταναλωτικό δάνειο (χορη-
γούμενο σε υπαλλήλους κλπ.
για την αγορά καταναλωτικών
αγαθών και την πληρωμή του
με δόσεις πρβλ. personal loan
ή installment loan).
– Konsumkredit; kleinkredit
– prêt personnel
– piccolo credito

consumer non-durables
– μη διαρκή καταναλωτικά αγα-
θά.
– nicht-dauerhafte Verbrauchs-
güter
– biens de consommation non-
durables
– beni di consumo non durevoli

consumption
- κατανάλωση.
- **Verbrauch**
- **consommation**
- **consumo**

container ship
- πλοίον μεταφοράς τυποποιημένων εμπορευματοκιβωτίων (κοντέϊνερς).
- **Containerschiff**
- **navire porte-containers**
- **nave da contenitori**

contango
- διεθνής χρηματιστηριακός όρος, ρεπόρ, προθεσμιακή πράξη κατά την οποία ο αγοραστής καταβάλλει τόκο στο χρηματομεσίτη για την αναβολή παραλαβής και εξοφλήσεως χρεωγράφων.

contra account
- αντιθετικός λογαριασμός.
- **Gegenkonto**
- **compte contrepartie**
- **conto d'ordine**

contents
- περιεχόμενο, περιεχόμενα, πίνακας περιεχομένων.
- **Inhalt**
- **contenu**
- **contenuto**

contingency
- το ενδεχόμενο, η δυνατότητα να συμβεί κάτι, το απρόοπτο.
- **Eventualität**
- **contingence**
- **contingenza**

contingent liability
- ενδεχομένη ευθύνη, υπαιτιότητα, ενοχή, οφειλή.
- **Eventualverpflichtung**
- **engagement conditionnel**
- **impegno eventuale**

contingent order
- έκφραση χρησιμοποιούμενη στο εμπόριο χρεωγράφων, κατά την οποία τα χρήματα από την πώληση ορισμένων αξιών θα πρέπει να χρησιμοποιηθούν για την αγορά άλλων χρεωγράφων. Και στις δύο περιπτώσεις καθορίζονται περιοριστικές τιμές (πρβλ. contingent ενδεχόμενος, τυχών, τυχαίος, πιθανός, απρόοπτος.).
- **Ordre lié**
- **ordre lié**
- **ordine legato**

contingency reserve
- αποθέματα για κάθε ενδεχόμενο.
- **Rückstellung für Eventualverbindlichkeiten**
- **réserve de prévoyance**
- **riserva di previdenza**

contomat
- διεθνής όρος για την αυτόματη μηχανή αναλήψεως χρημάτων από τράπεζα με βάση ειδική κάρτα και κωδικό αριθμό.

contraband
- λαθρεμπόριο.
- **Schmuggelware**
- **contrebande**
- **contrabbando**

contract
- σύμβαση, συμβόλαιο.
- **Vertrag**
- **contrat**
- **contratto**

contractor
- το συμβαλλόμενο μέρος, εργολάβος, εργολήπτης, προμηθευτής, ανάδοχος.
- **Unternehmer**
- **entrepreneur**
- **impresario**

contractor loan
- δάνειο κατασκευαστικό σε ανάδοχο έργου για τις ανάγκες κεφαλαίου κινήσεως, επιστρεφόμενο από τους ιδιοκτήτες του έργου.
- **Unternehmerkredit**
- **crédit d'entreprise**
- **credito imprenditoriale**

contractual
- συμβατικός, που προέρχεται από τη σύμβαση.
- **vertraglich**
- **contractuel**
- **contrattuale**

contribute
- συνεισφέρω, καταβάλλω, δίνω, προμηθεύω.
- **beitragen**
- **contribuer**
- **contribuire**

contribution
- συνεισφορά, συμβολή, εταιρική κατάθεση.
- **Beitrag**
- **contribution**
- **contributo**

contributory pension
- σχήμα παροχής συντάξεων, στο οποίο συνεισφέρει και ο ασφαλιζόμενος.
- **Kassenpension**
- **retraite de régime à cotisations**
- **pensione a contributi**

controller
- διαχειριστής, ελεγκτής, ελέγχων, ο αρμόδιος για τη λειτουργία του λογιστηρίου.
- **Kontrolleur**
- **contrôleur**
- **controllore**

controlling company
- εταιρία με ρυθμιστικό δικαίωμα, που ασκεί έλεγχο.
- **Gesellschaft mit Kontrollbefugnis**
- **société directrice**
- **società dirretrice**

controlling interest
- ρυθμιστικό ενδιαφέρον.
- **Mehrheitsbeteiligung**
- **participation donnant le contrôle**
- **interesse della parte maggioritaria**

convention
- σύμβαση, συνθήκη.
- **Konvention; Vereinbarung**
- **convention**
- **convenzione**

conversion
- αναγωγή νομίσματος, μετατροπή συναλλάγματος σε τοπι-

κό νόμισμα, ομολογιών σε με-
τοχές κλπ., ιδιοποίηση, οικειο-
ποίηση, σφετερισμός.
- **Konversion**
- **conversion**
- **conversione**

conversion factor
- παράγων μετατροπής.
- **Umrechnungskoeffizient**
- **facteur de conversion**
- **fattore di conversion**

conversion premium
- η διαφορά μεταξύ της τιμής
μετατροπής π.χ. μιάς μετοχής
σε ομολογία και της πραγματι-
κής τιμής αυτής.
- **Wandelprämie**
- **prime de conversion**
- **premio di conversione**

conversion price
- η τιμη στην οποία μια μετατρέ-
ψιμη ομολογία μπορεί να
ανταλλαγεί με μετοχές.
- **Wandelpreis**
- **prix de conversion**
- **prezzo di conversione**

conversion right
- ο οφειλέτης δίδει το δικαίωμα
στο δανειστή να απαιτήσει σε
μια ορισμένη περίοδο τη μετα-
τροπή των ομολογιών ή του
δανείου σε μετοχές ή άλλες
κοινές μετοχές ανωνύμων
εταιρειών.
- **Wandelrecht**
- **droit de conversion**
- **diritto di conversione**

convert
- μετατρέπω.
- **konvertieren**
- **convertir**
- **convertire**

convertible
- μετατρέψιμος.
- **konvertierbar**
- **convertible**
- **convertibile**

convertible bonds; convertibles
- μετετρέψιμα ομόλογα σε με-
τοχές της εταιρείας.
- **Wandelobligationen**
- **obligations convertibles**
- **obligazione convertibile**

convertibility
- η μετατρεψιμότητα, η δυνατό-
τητα μετατροπής συναλλάγμα-
τος σε άλλο ή σε χρυσό.
- **Konvertibilität**
- **convertibilité**
- **convertibilità**

conveyance of property
- μεταβίβαση, εκχώρηση πε-
ριουσίας.
- **Übertragung**
- **transmission de biens**
- **trasferimento di beni**

conveyer ή **carrier**
- μεταφορέας, μεταφέρων, κο-
μιστής.
- **Spediteur**
- **expéditeur**
- **vettore**

cooperation
- συνεργασία, σύμπραξη.
- **Zusammenarbeit**

- coopération
- cooperazione

cooperative
- συνεργατική, συνεταιρισμός.
  - Genossenschaft
  - societé coopérative
  - cooperativa

co-opt
- προσδέχομαι, εισδέχομαι, εκλέγω μέλος με τη ψήφο των ήδη μελών.
  - hinzuwählen
  - coopter
  - cooptare

coordination
- συντονισμός.
  - Gleichordnung
  - coordination
  - coordinamento

co-ownership
- συγκυριότητα, συνιδιοκτησία.
  - Miteigentum
  - copropriété
  - comproprietà

copyright
- πνευματική ιδιοκτησία.
  - Urheberrecht
  - droit d'auteur
  - diritto d'autore

copywriter
- κειμενογράφος (διαφημίσεων).
  - Textverfasser
  - concepteur-rédacteur
  - redattore publicitario

corner a market
- κερδοσκοπική μονοπώλησις είδους, μονοπωλιακός έλεγ-

χος αγοράς, κόρνερ.
  - den Markt beherrschen
  - accaparer le marché
  - accaparrare il mercato

corporate
- ενσωματωμένοι, συγκεκροτημένοι σε σώμα, σύλλογος ή σωματείο, συλλογικός, συνεταιριστικός.
  - körperschaftlich
  - corporatif
  - corporativo

corporate officer ή executive director
- εκτελεστικός διευθυντής, γενικός διευθυντής.
  - geschäftsführender Direktor
  - administrateur dirigeant
  - amministratore dirigente

corporation
- εταιρεία, συντεχνία, νομικό πρόσωπο, σωματείο, σύλλογος, ανώνυμος ή μετοχική εταιρεία.
  - Körperschaft
  - corporation
  - corporazione

corporation tax
- φόρος ανωνύμου ή μετοχικής εταιρείας.
  - Körperschaftsteuer
  - impôt sur le revenu des sociétés
  - imposta sui proventi delle società

correct
- διορθώνω.
  - korrigieren

- corriger
- corregere

correction
- διόρθωσις.
- Berichtigung
- correction
- correzione

correspondence
- αλληλογραφία.
- Briefwechsel
- correspondance
- corrispondenza

correspondence check
- επιταγή με ξεχωριστό χώρο για την αναγραφή ειδικών μηνυμάτων προς τον δικαιούχο.
- Korrespondenzcheck
- chèque correspondance
- assegno per corrispondenza

correspondent bank
- τράπεζα ανταποκριτής ενεργούσα ως πρακτορείο.
- Korrespondenzbank, Korrespondent
- banque correspondante
- banca corrispondente

cost
- κόστος, δαπάνη.
- Kosten
- coût
- costo

cost
- τιμώμαι, στοιχίζω.
- kosten
- coûter
- costare

cost accountant
- κοστολόγος λογιστής.
- Kalkulator
- comptable de prix de revient
- contabile dei costi di produzione

cost analysis
- ανάλυσις κόστους.
- Kostenanalyse
- analyse des coûts
- analisi dei costi

cost and freight
- κόστος και ναύλος.
- Kosten und Fracht
- coût et fret
- costo e nolo

cost-effectiveness
- κοστολογική αποτελεσματικότητα.
- Wirtschaftlichkeit
- coût et efficacité
- redimento della spesa

cost, insurance, and freight
- κόστος, ασφάλεια, ναύλος.
- Kosten, Versicherung, Fracht
- coût, assurance, fret,
- costo, assicurazione, nolo

cost of labour
- εργατικό κόστος, κόστος εργασίας.
- Lohnkosten
- coût de la main-d' œuvre
- costo di mano d'opera

cost of living
- κόστος ζωής.
- Lebenshaltungskosten

- coût de la vie
- costo della vita

cost-plus contract
- σύμβαση εκτελέσεως έργου απολογιστικώς, ήτοι έξοδα και ποσοστό κέρδους κατά μονάδα.
- Kosten und Vertrag
- contrat en régie
- contratto in economia

cost price
- τιμή κόστους.
- Einstandspreis
- prix de revient
- prezzo di costo

counsel
- νομικός σύμβουλος, συνήγορος, δικηγόρος.
- Anwalt
- avocat
- avvocato

counterfeit
- κίβδηλος, ψεύτικος, πλαστός, χαλασμένος.
- falsch, verfälscht
- faux, contrefait
- falso, contraffato

counterfoil; stub
- στέλεχος επιταγών ή αποδείξεων.
- Souche
- souche
- matrice

countersign
- επικυρώνω, βεβαιώνω, προσυπογράφω.
- gegenzeichnen

- contresigner
- controfirmare

country
- χώρα.
- Land
- pays
- paese

country of origin
- χώρα προελεύσεως προϊόντος.
- Herkunftsland
- pays de provenance
- paese di origine

country risk
- διαβάθμιση επενδυτικών κινδύνων μιάς χώρας με βάση τα πολιτικά, οικονομικά, νομικά και κοινωνικά δεδομένα και παράγοντες.
- Länderrisiko
- risque politique
- rischio-paese

coupon
- τοκομερίδιο, κουπόνι, μέρισμα, απόδειξη.
- Coupon
- coupon
- cedola

coupon sheet
- ειδικό φύλλο με τοκομερίδια ή μερίσματα.
- Couponsbogen
- feuille de coupons
- foglio cedole

court of appeal
- εφετείο.
- Berufungsgericht

- cour d'appel
- corte d'appelo

court of arbitration
- διαιτητικό δικαστήριο.
- Schiedsgericht
- cour d'arbitrage
- corte arbitrale

court of law
- δικαστήριο.
- Gericht
- tribunal
- tribunale

covenant
- συμβόλαιο, συμφωνητικό, συμφωνώ, συνομολογώ.
- Abkommen
- convention
- convenzione

cover
- κάλυμμα, κάλυψις.
- Deckung
- couverture
- copertura

cover note
- συνοδευτική νότα, σημείωμα, επιστολή αναφερόμενη στην κάλυψη, ασφαλιστική ή άλλη.
- Deckungszusage
- lettre de couverture
- nota di copertura

cover ratio
- η σχέση του κεφαλαίου μιάς εταιρείας προς το παθητικό.
- Deckungsverhältnis
- cœfficient de couverture
- cœfficiente di copertuta

covering purchase
- αγορά χρεωγράφων για άμεση παράδοση σε περίπτωση που θα δημιουργηθεί έλλειψη στο χρηματιστήριο.
- Deckungskauf
- achat de couverture
- acquisto di copertura

covering transaction
- επικαλυπτική συναλλαγή, δοσοληψία, εμπορική πράξη, εκπλήρωση υποχρεώσεως με την ανάληψη κάποιας άλλης, βίαια διευθέτηση μιας δοσοληψίας χρεωγράφων σε περίπτωση που το άλλο μέρος δεν τηρήσει τις υποχρεώσεις του.
- Deckungsgeschäft
- couverture de position
- operazione de copertura

credit
- πίστωση.
- Kredit
- crédit
- credito

credit agreement
- σύμβαση χορηγήσεως πιστώσεως.
- Kreditvertrag
- contrat de crédit
- contratto di credito

credit balance
- πιστωτικό υπόλοιπο.
- Kreditsaldo
- solde créditeur
- saldo creditore

credit card
- πιστωτική κάρτα όπως Ameri-

can Express, Diner's Club, Master Card κ.λ.π.
- **Kreditkarte**
- **carte di crédit**
- **carta di credito**

credit commission
- προμήθεια για την παροχή πιστώσεως, πέραν του τόκου.
- **Kreditkommission**
- **commission de crédit**
- **commissione di credito**

credit for an unlimited period
- πίστωση διαρκείας αορίστου χρόνου υποκείμενη σε ανάκληση οιαδήποτε στιγμή.
- **unbefristeter Kredit**
- **crédit de durée illimitée**
- **credito a tempo indeterminato**

credit insurance
- ασφαλιστική κάλυψη πιστώσεως.
- **Kreditversicherung**
- **assurance crédit**
- **assicurazione credito**

credit interest
- πιστωτικός τόκος, τόκος δια το χορηγηθέν δάνειο, για τη χορηγηθείσα πίστωση.
- **Habenzinsen**
- **intérêts créditeurs (payés par la banque)**
- **interessi creditori**

credit line; credit limit
- πιστωτικό πλαφόν, καθορισμός ανώτατου ορίου παροχής πιστώσεως.
- **Kreditlimite**

- **limite de crédit**
- **linea di credito**

credit memorandum
- πιστωτικό σημείωμα για την αξία επιστραφέντων ή ελαττωματικών εμπορευμάτων.
- **Kreditprotokoll**
- **protocole de crédit**
- **verbale di credito**

credit note
- πιστωτικό σημείωμα.
- **Gutshriftanzeige**
- **avis de crédit**
- **nota di credito**

credit rating
- υπολογισμός της φερεγγυότητος μιας επιχειρήσεως.
- **Kreditwürdigkeit**
- **degré de solvabilité**
- **stima del credito**

creditor
- πιστωτής.
- **Gläubiger**
- **créancier**
- **creditore**

credit overdrawing
- υπέρβαση των πιστωτικών ορίων.
- **Kreditüberziehung**
- **dépassement de crédit**
- **sorpasso di credito**

credit secured by collateral
- πίστωση ασφαλιζόμενη δια της παροχής παραλλήλου, συμπληρωματικής εγγυήσεως.
- **Realkredit**
- **crédit garanti**
- **credito garantito**

credit squeeze
- περιορισμός των πιστώσεων.
- Kreditklemme
- resserrement de crédit
- restrizione di credito

creditworthiness; credit solvency
- το αξιόχρεον, το πιστωτικό αξιόχρεον.
- Bonität
- solvabilité
- solvibilità

creditworthiness; credit standing; credit rating
- τα στοιχεία, που συνιστούν το αξιόχρεον ενός πελάτου προς δανεισμόν του, το φερέγγυον, η φερεγγυότητα.
- Kreditwürdigkeit
- honorabilité
- affidamento

crew
- πλήρωμα.
- Mannschaft
- équipage
- equipaggio

critical path analysis
- ανάλυσις της κριτικής της επικινδύνου διαδρομής (δηλ. μέθοδος σχεδιασμού ενος πολυπλόκου έργου δια της αναλύσεως αυτού εις τα επί μέρους στοιχεία και της παραστάσεώς του υπό μορφήν διαγράμματος προς επίτευξιν συγκρίσεων και συντονισμού).
- Netzplantechnik
- analyse du chemin critique
- analisi della linea critica

crossed check
- δίγραμμη επιταγή.
- gekreuzter Check
- chèque barré
- assegno sbarrato

cum dividend
- μετα μερίσματος, με μέρισμα.
- mit Dividende
- droit attaché
- con dividendo

cumulative
- συσσωρευτικός.
- kumulativ
- cumulatif
- cumulativo

cumulative preferred (or preference) share
- τύπος προνομιούχων μετοχών, των οποίων μη καταβληθέντα μερίσματα συσσωρεύονται μέχρι που να γίνει δυνατή η πληρωμή τους.
- kumulative Vorzugsaktie
- action privilégiée cumulative
- azione privilegiata cumulativa

currency
- νόμισμα, χρήμα, συνάλλαγμα.
- Währung, Valuta
- monnaie
- moneta

currency area
- περιοχή οικονομικής επιρροής ενος νομίσματος ως δολλαρίου, στερλίνας κ.λ.π.
- Währungsgebiet
- zone monétaire
- zona monetaria

currency control ή exchange control
- συναλλαγματικός έλεγχος.
- Devisenkontrolle
- contrôle des changes
- controllo sui cambi

currency option
- προνόμιο, δικαίωμα (οψιόν) αποκτήσεως ορισμένων ξένων νομισμάτων.
- Devisenbezugsrecht, Devisenoption
- droit d'achat de devises
- diritto di acquisto di divise

(currency) parity
- συναλλαγματική ισοτιμία.
- Währungsparität
- parité de change
- parità monetaria

current
- τρέχων, που κυκλοφορεί.
- laufend
- courant, en cours
- corrente

current account
- τρεχούμενος λογαριασμός.
- Kontokorrent
- compte courant
- conto corrente

current assets
- κυκλοφορούν ενεργητικό όπως π.χ. χρήματα, εμπορεύματα, γραμμάτια, χρεώστες, πρώτες ύλες κ.λ.π.
- Umlaufsvermögen
- actif courant
- attivo liquido

current liabilities
- ληξιπρόθεσμες υποχρεώσεις.
- laufende Verbindlichkeiten
- passif exigible
- passività esigibili

current year
- τρέχον οικονομικό έτος.
- laufendes Jahr
- année en cours
- anno in corso

custodian (bank)
- τράπεζα στην οποία φυλάσσονται χρεώγραφα επενδυτικών ιδρυμάτων.
- Depotbank
- banque dépositaire
- banka depositaria

custody account custodianship account (USA)
- λογαριασμός φυλάξεως χρεωγράφων κ.λ.π. σε μορφή κλειστού φακέλλου εφόσον πρόκειται π.χ. περί τιμαλφών, τα οποία δεν χρειάζονται ειδική διαχείριση ή παρακαταθέσεως σε περίπτωση που η διαχείρησις είναι αναγκαία, όπως π.χ. μετοχών κ.λ.π. (Πρβλ. safekeeping accounts).
- Depot
- dépôt
- deposito

custody account analysis
- ανάλυση λογαριασμού φυλάξεως και διαχειρίσεως χρεωγράφων, βάσει της τρέχουσας αγοραστικής αξίας αυτών, εισοδήματος τους από τόκους κ.λ.π.
- Depot analyse; Depotbewertung

- analyse de portefeuille
- analisi di portafoglio

custody account bookeeping
- η λογιστική καταγραφή όλων των χρεωγράφων κ.λ.π. των λογαριασμών φυλάξεως αξιών.
- Depotbuchhaltung
- comptabilité titres
- contabilità titoli

custody accounts charges
- τα τραπεζιτικά τέλη για το λογαριασμό φυλάξεως χρεωγράφων κ.λ.π.
- Depotgebühr
- droit de garde
- diritti di custodia

custom
- πελατεία.
- Kundschaft
- clientèle
- clientela

customer
- πελάτης.
- Kunde
- client
- cliente

custom of the trade
- συνήθεια, έθιμο που καθιερώθηκε στις εμπορικές συναλλαγές.
- Handelsgebrauch
- usage commercial
- uso commerciale

customs
- τελωνείο.
- Zoll
- douane
- dogana

customs barrier
- τελωνειακοί περιορισμοί, απαγορεύσεις.
- Zollschranke
- barrière douanière
- barriera doganale

customs clearance
- εκτελωνισμός.
- Zollabfertigung
- dédouanement
- sdoganamento

customs declaration
- τελωνιακή διασάφηση.
- Zollerklärung
- déclaration en douane
- dichiarazione doganale

customs duty
- δασμός.
- Zoll
- droit de douane
- diritto doganale

customs examination
- τελωνιακή εξέταση, έλεγχος.
- zollamtliche Untersuchung
- visite douanière
- visita doganala

customs union
- τελωνιακή ένωση μεταξύ χωρών για τον καθορισμό κοινής δασμολογικής πολιτικής.
- Zollunion
- union douanière
- unione doganale

cybernetics
- κυβερνητική.
- Kybernetik
- cybernétique
- cibernetica

D

Daily balance interest calcula-
tion
- καθημερινός υπολογισμός τό-
  κου επί του πιστωτικού υπο-
  λοίπου τρέχοντος λογαρια-
  σμού.
- **Staffelmethode**
- **méthode par échelles; mé-
  thode hambourgeoise**
- **metodo scalare**

damage
- βλάβη, ζημία.
- **Beschädigung; Schaden**
- **dommage**
- **danno**

damaged goods
- κατεστραμμένα εμπορεύματα.
- **beschädigte Waren**
- **marchandises avariées**
- **merce avariata**

damages
- αποζημίωση,   επανόρθωση
  ζημίας.
- **Schadenersatz**
- **dommages-intérêts**
- **danni**

danger money
- επικίνδυνα χρήματα, επισφα-
  λή.
- **Gefahrenzulage**
- **prime de risque**
- **compenso per il rischio**

dangerous goods
- επικίνδυνα εμπορεύματα, που
  δυνατόν να προκαλέσουν ζη-
  μιά σε άλλα παρακείμενα
  εμπορεύματα.
- **gefährliche Waren**
- **marchandises dangereuses**
- **merce pericolosa**

data
- δεδομένα στοιχεία.
- **Daten**
- **données**
- **dati**

data capture
- σύλληψη, συλλογή δεδομένων
  στοιχείων.
- **Datenerfassung**
- **saisie des données**
- **raccolta dati**

data processing
- επεξεργασία   συγκεντρωθέ-
  ντων στοιχείων (συνήθως με
  ηλεκτρονικό υπολογιστή).
- **Datenverarbeitung**
- **traitement d'informatique**
- **elaborazione dei dati**

date
- ημερομηνία.
- **Datum**
- **date**
- **data**

date of maturity
- ημερομηνία λήξεως.
- Fälligkeitstag
- date d'echéance
- data di scadenza

date-stamp
- σφραγίς ημερομηνίας.
- Tagesstempel
- dateur
- timbro a data

day
- ημέρα.
- Tag
- jour
- giorno

90-day deposits
- καταθέσεις τριών μηνών.
- Dreimon ntsgelder
- dépôts à 3 mois
- deposito o 3 mesi

day after tomorrow
- μεθαύριο.
- übermorgen
- après demain
- dopodomani

day before yesterday
- προχθές.
- vorgestern
- avant-hier
- avantieri

day-book
- βιβλίο καταγραφών εμπορικών πράξεων της ημέρας, συνήθως πρόχειρο, για τη μεταγραφή τους στο επίσημο ημερολόγιο.
- Tagebuch

- journal
- giornale

day off
- ημέρα αργίας, αναπαύσεως.
- dienstfreier Tag
- jour de congé
- giorno di riposo

day-shift
- πρωινή βάρδια εργατών σε εργοστάσιο.
- Tagschicht
- équipe du jour
- turno di giorno

days of grace
- ημέρες χάριτος (π.χ. δύο ή τρείς ημέρες πριν από τη λήψη της συναλλαγματικής).
- Nachfrist
- délai suplémentaire
- giorni di grazia

day-to-day
- καθημερινώς, κάθε μέρα.
- täglich
- au jour le jour
- di giorno in giorno

deadline
- διορία, τελευταία προθεσμία, χρονικό όριο.
- Verfalltermin
- date limite
- ultima data o ora possibile

deadweight
- νεκρό βάρος, νεκρό φορτίο.
- Tragfähigkeit
- port en lourd
- peso morto

deal
- εμπορική ή άλλη συμφωνία.
- **Abschluss**
- **affaire**
- **affare**

dear money
- ακριβό χρήμα, χρήμα με υψηλό επιτόκιο ή χρήμα μεγάλης αγοραστικής αξίας, λόγω πτώσεως των τιμών.
- **teueres Geld**
- **argent cher**
- **denaro ad alto interesse**

death
- θάνατος.
- **Tod**
- **mort**
- **morte**

death certificate
- πιστοποιητικό θανάτου.
- **Totenschein**
- **extrait d'acte de décès**
- **certificato di morte**

death duties ή **estate taxes**
- φόρος κληρονομίας.
- **Erbschftssteuern**
- **droits de succession**
- **diritti di successione**

death rate
- ποσοστό θανάτων.
- **Sterblichkeitsziffer**
- **taux de mortalité**
- **tasso di mortalità**

debenture
- ομόλογο δάνειο, ομολογία ιδιωτικής εταιρείας (από τα λατινικά που σημαίνει «καθετί που κατάσχεται»).

- **Obligation**
- **obligation**
- **obbligazione**

debenture holder
- κάτοχος ομολόγου δανείου, ομολογίας ιδιωτικής εταιρείας κ.λ.π.
- **Obligationsinhaber**
- **porteur d'obligatiions; obligataire**
- **obbligazionista**

debit
- παθητικό, δούναι, χρεωστική εγγραφή, χρέωση.
- **Debet, Soll**
- **doit, débit**
- **debito, dare**

debit balance
- χρεωστικό υπόλοιπο λογαριασμού.
- **Sollsaldo**
- **solde débiteur**
- **saldo debitore**

debit charge procedure
- διαδικασία αναγραφής και διαχειρίσεως της χρεωστικής πλευράς λογαριασμού.
- **Lastschriftenverfahren**
- **recouvrement direct**
- **sistema di addebitamento diretto**

debit interest
- τόκος χρεωστικού υπολοίπου λογαριασμού.
- **Sollzinsen**
- **intérêts débiteurs**
- **interessi debitori**

debit note
- ειδοποίηση χρεώσεως λογαριασμού.
- **Lastschrift**
- **avis de débit**
- **nota di addebito**

debt
- χρέος, οφειλή.
- **Schuld**
- **créance**
- **debito**

debt collection for realization of pledged property
- είσπραξη χρεών βάσει υποθηκών ή άλλων παραλλήλων εγγυήσεων.
- **Betreibung auf Pfandverwertung**
- **poursuite en réalisation de gage**
- **esecuzione in via di realizzasione del pegno**

debt collection under bankruptcy proceedings
- είσπραξη χρεών βάσει της διαδικασίας πτωχεύσεως.
- **Betreibung auf Konkurs**
- **poursuite par voie de faillite**
- **esecuzione in via di fallimento**

debt collector
- εισπράκτορας χρεών.
- **Inkassobeauftragte(r)**
- **agent de recouvrement**
- **agente di ricupero crediti**

debt rescheduling
- αναπρογραμματισμός χρέους.
- **Umschuldung**

- **rééchelonnement de dettes**
- **ristrutturazione del debito**

debtor
- χρεώστης, οφειλέτης.
- **Schuldner**
- **débiteur**
- **debitore**

debtor warrant
- γραπτή υπόσχεση χρεώστου για την πληρωμή μεγαλυτέρου ποσού χρημάτων, σε περίπτωση καλυτερεύσεως των συνθηκών.
- **Besserungsschein**
- **bon de récupération**
- **buono di ricupero**

decentralize
- αποκεντρώνω.
- **dezentralisieren**
- **décentraliser**
- **decentralizzare**

decide
- αποφασίζω.
- **entscheiden**
- **décider**
- **decidere**

decimal
- δεκαδικός.
- **dezimal**
- **décimal**
- **decimale**

decision
- απόφαση.
- **Entscheidung**
- **décision**
- **decisione**

decision theory
- θεωρία της αποφάσεως, το αποφασίζειν.
- Entscheidungslehre
- théorie de la décision
- teoria della decisione

deck
- κατάστρωμα πλοίου.
- Deck
- pont
- coperta, ponte

deck cargo
- φορτίο μεταφερόμενο στο κατάστρωμα όπως οχήματα, ξυλεία κ.λ.π.
- Deckladung
- cargaison de pont
- carico in coperta

declaration
- διακύρηξη, δήλωση.
- Erklärung
- déclaration
- dichiarazione

declaration of indemnity
- δήλωση αποζημιώσεως, γραπτή εγγύηση εναντίον ζημίας από λήπτορα αποζημιώσεως για την απώλεια χρεωγράφων κ.λ.π. ότι, αυτός θα αποζημιώσει την τράπεζα ή την εταιρεία σε περίπτωση αναρμόστου χρήσεως των απωλεσθέντων αξιών κ.λ.π. π.χ. μερίσματα αποδείξεων.
- Schadloserklärung
- revers
- dichiarazione di manleva

declaration of intent
- διακήρυξη, δήλωση προθέσεως.
- Willenserklärung
- déclaration d'intention
- dichiarazione d'intenzione

declaration of shipment
- δήλωση αποστολής, φορτώσεως.
- Absendungserklärung
- déclaration d'expédition
- dichiarazione d'imbarco

declare
- δηλώνω, ανακηρύττω.
- erklären
- déclarer
- dichiarare

declared (published, disclosed) reserves
- δημοσίως δηλωθέντα αποθεματικά στον ισολογισμό μιας εταιρείας (Πρβλ. το αντίθετο: undisclosed reserves).
- offene Reserven
- réserves ouvertes
- riserve palesi

declared value
- δηλωθείσα αξία εμπορεύματος για φορολογική ή τελωνιακή χρήση.
- angegebener Zollwert
- valeur déclarée
- valore dichiarato

deduct
- αφαιρώ.
- abziehen
- déduire
- dedurre

deed
- έγγραφο, τίτλος, συμβόλαιο, συμβολαιογραφική πράξη.
- **Urkunde**
- **acte, titre**
- **atto**

deed of arrangement
- πράξη συμβιβασμού.
- **Vergleichsabkommen**
- **contrat d'arrangement**
- **atto di accordo**

deed of assignment
- πράξη παραχωρήσεως, παραιτήσεως, αποχωρήσεως, εκχωρήσεως.
- **Abtretungsvertrag**
- **acte attributi**
- **atto di cessione**

deed of composition
- πράξη συμφωνίας, συμφωνητικό.
- **Vergleichsabkommen**
- **concordat**
- **atto di concordato**

deed of covenant
- πράξη συμφωνίας.
- **Pakt**
- **pacte**
- **patto**

default
- αθέτηση, παράλειψη εκπληρώσεως υποχρεώσεων.
- **Nichteinhaltung**
- **défaillance, défaut**
- **mancanza**

default interest
- τόκος επιβαλλόμενος σε μη

εξοφληθέν χρέος, από την ημέρα καθυστερήσεως μέχρι την ημέρα της εξοφλήσεώς του.
- **Verzugszins**
- **intérêts moratoires**
- **interesse di mora**

defect
- ελάττωμα, ατέλεια, έλλειψη.
- **Mangel**
- **défaut**
- **difetto**

defective delivery
- ελαττωματική παράδοση, παράδοση ελαττωματικών εμπορευμάτων ή χρεωγράφων σε κακή κατάσταση ή χωρίς τις πρέπουσες υπογραφές.
- **schlechte Lieferung**
- **de mauvaise livraison**
- **cattiva consegna**

defer
- αναβάλλω.
- **zurückstellen**
- **différer, ajourner**
- **differire**

deferred annuity
- ετήσιο εισόδημα υπό την αίρεση του θανάτου ή την αναβλητική αίρεση.
- **Anwartschaft auf Leibrente**
- **annuité différée**
- **rendita vitalizia differita**

deferred liabilities
- αναβληθείσες, μετατεθείσες υποχρεώσεις, χρέος, οφειλές.
- **aufgeschobene Schulden**
- **passif différé**
- **passivita differite**

deferred payment
- πληρωμή με δόσεις, προθεσμιακή πληρωμή.
- **gestundete Zahlung**
- **paiement différé**
- **pagamento differito**

deferred shares
- είδος ιδρυτικών μετοχών μετεχουσών στην καταβολή μερίσματος μετά τις προνομιούχες ή απλές μετοχές.
- **Nachzugsaktien**
- **actions différées**
- **azioni postergate**

deferred taxation
- λανθάνουσα φορολογική υποχρέωση.
- **latente Steuerpflicht**
- **imposition différée**
- **tassazione differita**

deficiency
- ανεπάρκεια, έλλειψη.
- **Mangel Fehlbetrag**
- **manque, insuffisance**
- **ammanco insufficienza**

deflation
- αντιπληθωρισμός, αποπληθωρισμός.
- **Deflation**
- **déflation**
- **deflazione**

defunct company
- εταιρεία που δεν λειτουργεί λόγω πτωχεύσεως ή αποτυχίας.
- **erloschene Gesellschaft**
- **société liquidée**
- **societa estinta**

delay
- καθυστέρηση.
- **Verzug**
- **retard; délai**
- **ritardo**

del credere agent
- αντιπρόσωπος λαμβάνων ειδική επιπλέον προμήθεια (del credere commission) από τον αντιπροσωπευόμενο ανέξαρτητα από την απ' αυτόν είσπραξη των διά του αντιπροσώπου προιόντων.
- **Delkredereverteter**
- **agent ducroire**
- **agente con del credere**

delegate
- απεσταλμένος με ειδική δικαιοδοσία και αποστολή, εντολοδόχος.
- **Delegierte(r)**
- **délégué**
- **delegato**

delegation
- αντιπροσωπεία, αποστολή, επιτροπή, εξουσιοδότηση.
- **Delegierung**
- **délégation**
- **delegazione**

delete
- διαγράφω.
- **streichen**
- **rayer, effacer**
- **cancellare**

delivered price
- τιμή παραδόσεως.
- **Lieferpreis**
- **prix livraison inclus**
- **prezzo incluso consegna**

delivery
- παράδοση.
- **Lieferung**
- **livraison**
- **consegna**

delivery date
- ημερομηνία παραδόσεως.
- **Liefertermin**
- **date de livraison**
- **data di consegna**

delivery free
- παράδοση ελευθέρα ναύλου.
- **portofreie Lieferung**
- **livré franco**
- **consegna franco**

delivery note
- δελτίο παραδόσεως.
- **Lieferschein**
- **bordereau de livraison**
- **nota di consegna**

demand curve
- καμπύλη ζητήσεως αγαθών (σε αντίθεση προς την supply curve καμπύλη προσφοράς).
- **Nachfragekurve**
- **courbe de la demande**
- **curva della domanda**

demand deposits; sight deposits
- καταθέσεις όψεως, που μπορούν να αποδοθούν σε πρώτη ζήτηση.
- **Kreditoren auf Sicht**
- **créanciers à vue**
- **creditori a vista**

demand funds; sight funds
- ποσά κατατεθειμένα που μπορούν να αποδοθούν σε πρώτη ζήτηση.

- **Sichtgelder, Sichtguthaben**
- **dépôt à vue**
- **deposito a vista**

demarcation dispute
- διένεξη, διαφωνία καθορισμού, διαχωρισμού, χαράξεων ορίων ικανότητας π.χ. εργασίας μεταξύ αριθμού εργατών κ.λ.π.
- **Fähigkeitsstreitigkeit**
- **contestation syndicale des compéntences**
- **disputa di competenza**

demurrage
- επισταλία, υπερημερία πλοίου, αποζημίωση αναμονής, έξοδα αποθηκεύσεως για την έγκαιρη παραλαβή εμπορευμάτων.
- **Überliegezeit**
- **surestarie**
- **controstallia**

denomination
- ονομασία, τάξη, κατηγορία, όπως π.χ. χαρτονομίσματα των 50, 100, 500, 1000 και 5000 δρχ. ή των 1, 2, 5, 10, 20, 50, 100 και 1000 δολλαρίων.
- **Stückelung**
- **coupure**
- **taglio**

denomination unit
- μονάδες ονομαστικής αξίας μετοχών όπως π.χ. των 10.000 δρχ. κ.λ.π.
- **Abschnitt**
- **coupure**
- **taglio**

department
- τμήμα, κλάδος, υπηρεσία, το-
  μέας δραστηριότητας.
- Abteilung
- département
- dipartimento

department store
- μεγάλο κατάστημα με διάφορα
  τμήματα πωλήσεων.
- Warenhaus
- grand magasin
- grande magazzino

depleting assets ή wasting as-
sets
- ελαττούμενα, μειωνόμενα πε-
  ριουσιακά στοιχεία.
- kurzlebige Aktiva
- actifs défectibles
- attività in esaurimento

deposit
- καταθέτω χρήματα ή αξιόγρα-
  φα στην τράπεζα για φύλαξη.
- deponieren
- déposer
- depositare

deposit (in bank)
- κατάθεση χρημάτων.
- Depot
- dépôt
- deposito

deposit (first payment)
- αρραβώνας, καπάρο, πρώτη
  δόση πληρωμής.
- Anzahlung
- arrhes
- caparra

deposit account
- λογαριασμός καταθέσεων.

- Depositenkonto
- compte de dépôt
- conto di deposito

deposit book
- βιβλιάριο καταθέσεων.
- Depositenheft, Einlageheft
- carnet de dépôt
- libretto di deposito

deposit money
- υπόλοιπα τραπεζικών λογαρια-
  σμών κινουμένων δι' επιταγών
  διαθέσιμα ανά πάσα στιγμή δια
  τη μετατροπή τους σε μετρη-
  τά.
- Giralgeld
- monnaie scripturale
- moneta scritturale

deposit receipt
· - απόδειξη καταθέσεως.
- Depositenschein
- récépissé de dépôt
- certificato di deposito

deposit slip
- απόδειξη καταθέσεως χρημά-
  των κ.λ.π.
- Depotschein
- récépissé de dépôt
- certificato di deposito

depositary
- παρακαταθέτων, θεματοφύλα-
  κας.
- Depotstelle
- dépositaire, office de dépôt
- depositario

deposited funds
- κατατεθειμένα ποσά σε λογα-
  ριασμούς καταθέσεων.

- Depositen
- dépôts
- depositi

depositor
- καταθέτης.
- Einzahler
- déposant
- depositante

deposits
- καταθέσεις.
- Kreditoren
- (comptes) créanciers
- conti creditori

deposits and borrowed funds
- καταθέσεις και δανεισθέντα ποσά.
- Fremdgelder, fremde Mittel
- fonds de tiers
- fondi di terzi

depreciate
- αποσβένω, μειώνω την αξία.
- entwerten
- déprécier
- deprezzare

depreciation
- απόσβεση, μείωση της αξίας.
- Abschreibung
- amortissement
- ammortamento economico

depreciation allowance
- πρόβλεψη αποσβέσεως.
- abschreibung für Abnützung
- provision pour amortissement
- quota di ammortamento

depreciation of money
- υποτίμηση των χρημάτων.
- Geldabwertung
- dépréciation de la monnaie
- svalutazione della moneta

depression
- ύφεση, οικονομική κάμψη
- Wirtschaftskrise
- crise économique
- crisi

description
- περιγραφή
- Beschreibung
- description
- descrizione

design
- σχέδιο
- Zeichnung
- dessein
- disegno

designer
- σχεδιαστής
- Zeichner
- dessinateur
- disegnatore

destination
- προορισμός
- Bestimmungsort
- destination
- destinazione

determination clause
- ρήτρα υπαναχωρήσεως
- Rücktrittsklausel
- clause résolutoire
- clausola risolutiva

determination of a contract
- λήση συμβάσεως
- Vertrasbeendigung
- résolution d'un contrat
- risoluzione di un contrato

devaluation
- υποτίμηση
- Abwertung
- dévaluation
- svalutazione

developing country
- χώρα σε ανάπτυξη, αναπτυσ-
σόμενη χώρα
- Entwicklungsland
- pays en voie de développe-
ment
- paese in via di sviluppo

development area
- περιοχή αναπτύξεως
- Ortsplanungsgebiet
- zone de développement
- zona di sviluppo

development company
- εταιρεία αναπτύξεως
- Erschliessungsgesellschaft
- société d'exploitation
- società d'imprese

diagram
- διάγραμμα
- graphische Darstellung
- diatramme
- diagramma

dictaphone operator ή audio ty-
pist
- δακτυλογράφος που χειρίζε-
ται ειδικό μαγνητόφωνο υπα-
γορεύσεως

- Audio-typistin
- dictaphoniste
- dittafonista

dictate
- υπαγορεύω
- diktieren
- dicter
- dettare

dictating machine
- ειδικό μαγνητόφωνο υπαγο-
ρεύσεων
- Diktaphon
- machine à dictée
- dittafono

dictation
- υπαγόρευση
- Diktat
- dictée
- dettato, dettatura

difference
- διαφορά
- Unterschied
- différence
- differenza

difference in price
- διαφορά στην τιμή
- Preisunterschied
- écart de prix
- differenza di prezzo

differencial
- διαφορά ύψους μεταξύ μι-
σθών, τελών, κομίστρων κ.λ.π.
- Differenz
- différentiel
- differenziale

diminishing
- φθίνων, μειούμενος.

- abnehmend
- décroissant
- decrescente

diminishing returns
- φθίνουσα απόδοση, νόμος της μη αναλόγου αποδόσεως.
- abnehmender Ertrag
- rendements décroissants
- proventi decrescenti

direct cost
- άμεσο κόστος, ως κόστος υπολογίζονται μόνο τα άμεσα έξοδα (π.χ. πρώτες ύλες, εργατικά κ.λ.π.).
- direkte Kosten
- prix direct de revient
- costo diretto

direct current
- συνεχές ρεύμα.
- Gleichstrom
- courant continu
- corrente continua

direct debit
- άμεση χρέωση, χρεωστική εγγραφή.
- direkte Belastung
- débit direct
- debito diretto

direct expenses
- άμεσα έξοδα.
- Einzelkosten
- frais directs
- spese dirette

directions for use
- οδηγίες χρήσεως.
- Gebrauchsanweisung
- mode d'emploi
- instruzioni per l'uso

direct labour
- άμεση εργασία (χωρίς τη μεσολάβηση εργολάβου).
- produktive Arbeitskräfte
- travail en régie
- lavoro in economia

direct mail
- άμεση διαφήμιση δι' απευθείας αποστολής διαφημιστικών εντύπων διά του ταχυδρομείου.
- Postversandwerbung
- publicité directe
- pubblicità diretta

direct mortgage, loan
- δάνειο με άμεση αναγραφή, εγγραφή υποθήκης.
- direkter Hypothekarkredit
- crédit hypothécaire direct
- credito ipotecario diretto

director
- διευθυντής, μέλος διοικητικού συμβουλίου εταιρείας, διοικητής.
- Verwaltungsrat, Direktor
- directeur, administrateur
- direttore, amministratore

directors' emoluments
- διευθυντικές απολαβές, μισθός και απολαβές πάσης φύσεως των διευθυντών.
- Direktorenbezüge
- émoluments des administrateurs
- emolumenti degli amministratori

directors' report
- απολογισμός, έκθεση του διοικητικού συμβουλίου.

- Vorstandsbericht
- rapport des administrateurs
- relazione degli amministratori

directory
- βιβλίο διευθύνσεων.
- Adressbuch
- répertoire
- guida

direct selling
- άμεση πώληση απ' ευθείας στους πελάτες, στα καταστήματα λιανικής πωλήσεως ή στους καταναλωτές και όχι με τη μεσολάβηση χονδρεμπόρου.
- Direktverkauf
- vente directe
- vendita diretta

direct taxation
- άμεση φορολογία.
- direkte Steuern
- contributions directes
- imposte dirette

disagio
- η διαφορά της ονομαστικής αξίας ενός νομίσματος, συναλλάγματος κυρίως του εξωτερικού, και της τελικής τιμής που καταβάλλεται λόγω υποτιμήσεως ή φθοράς αυτού.
- Disagio; Einschlag
- disagio; déport
- disaggio.

disagree
- διαφωνώ.
- nicht übereinstimmen
- être en désaccord
- essere in disaccordo

disbursement
- δαπάνες, έξοδα, τέλη πληρωτέα.
- Auszahlung
- déboursement
- esborso

discharge a debt
- πληρωμή χρέους, απαλλαγή από υποχρέωση.
- eine Schuld begleichen
- acquitter une dette
- estinguere un debito

discharge an employee ή fire an employee
- απολύω εργαζόμενο.
- einen Arbeitnehmer entlassen
- congédier un employé
- licenziare un impiegato

discharged bankrupt
- αποκατάσταση πτωχεύσαντος.
- entlasteter Gemeinschludner
- faili réhabilité
- fallito riabilitato

· disclaimer
- παραίτηση, αποκήρυξη δικαιώματος, τίτλου, απαιτήσεως, δήλωση αποποιήσεως, διάψευση, άρνηση, αποκήρυξη.
- Ablehnung
- déni
- rinunzia

disclosure
- αποκάλυψη, φανέρωση (μυστικών κ.λ.π.).
- Offenlegung
- révélation, divulgation
- revelazione

discount
- έκπτωση στην τιμή, προεξό-φληση (γραμματίου).
- **Skonto**
- **escompte**
- **sconto**

discount credit
- πίστωση με βάση προεξόφλη-ση (γραμματίων κ.λ.π.).
- **Diskontkredit**
- **crédit d'escompte**
- **credito di sconto**

discount house
- τραπεζιτικό ίδρυμα προεξο-φλήσεων.
- **Diskontbank**
- **maison d'escompte**
- **banca di sconto**

discount in advance
- προκαταβολική εξίσωση σε σχέση με την υπερτίμηση ή υποτίμηση μιας επενδύσεως (π.χ. η αναγγελία αυξήσεως μερίσματος εξισούται, απορ-ροφάται από την αύξηση στην αγορά της τιμής της αντιστοί-χου μετοχής).
- **eskomptieren**
- **escompter**
- **scontare**

discount market
- προεξοφλητική αγορά, αγορά προεξοφλήσεων.
- **Diskontmarkt**
- **marché de l'escompte**
- **mercato di sconto**

discounted cash flow (d.c.f.)
- μέθοδος υπολογισμού της

αποδοτικότητας ενος νέου ερ-γοστασίου.
- **diskontiertes Cash-flow**
- **flux monétaire actualisé**
- **flusso di cassa scontato**

discount rate
- επιτόκιο προεξοφλήσεων.
- **Diskontsatz**
- **taux d'escompte**
- **tasso di sconto**

discount without recourse
- έκπτωση στην τιμή κ.λ.π. χωρίς την προσφυγή σε ένδικο μέ-σον.
- **Diskont à forfait**
- **escompte à forfait**
- **sconto forfettario**

discriminatory
- διακριτικός, μεροληπτικός, αυτός που κάνει διακρίσεις ιδιαίτερα άδικες.
- **unterschiedlich**
- **discriminatoire**
- **discriminatorio**

discrepancy
- ασυμφωνία, διαφορά, αντίφα-ση, ανακολουθία.
- **Abweichung**
- **écart**
- **divergenza**

discretionary trust
- μεταβίβαση περιουσίας χωρίς περιορισμούς και όρους, του λαμβάνοντος δυναμένου να τη διαχειρισθή κατα την κρίση του.
- **unumschränkte Treuhand**
- **fidéicommis à appréciation**
- **fondo fiduciario discrezionale**

discriminating tariff
- μεροληπτικοί δασμοί, διαφοροποιούμενοι για τα ίδια προϊόντα από άλλες χώρες (προς τα κάτω ή προς τα επάνω).
- **diskriminierender Tarif**
- **tarif discriminatoire**
- **tariffa discriminante**

dishonest
- άτιμος, άνέντιμος, δόλιος, κακοήθης, ανειλικρινής.
- **unehrlich**
- **malhonnête**
- **disonesto**

dishonour a bill
- αρνούμαι να πληρώσω επιταγή ή συναλλαγματική, αρνούμαι πληρωμή χρεών.
- **einen Wechsel nicht akzeptieren**
- **ne pas honorer un effet**
- **non onorare un effetto**

dismiss ή **fire**
- απολύω, παύω.
- **entlassen**
- **congédier**
- **congedare**

dismissal ή **firing**
- απόλυση, παύση.
- **Entlassung**
- **congédiement**
- **licenziamento**

dispatch
- στέλνω, εξαποστέλλω, διεκπεραιώνω.
- **absenden**
- **expédier**
- **spedire**

dispatch
- αποστολή, διεκπεραίωση.
- **Versand**
- **envoi**
- **spedizione; dispaccio**

dispatch note
- δελτίο αποστολής.
- **Versandschein**
- **bordereau d'expedition**
- **bolletino di spedizione**

displacement
- εκτόπισμα.
- **Tonnengehalt**
- **déplacement**
- **dislocamento**

displacement-ton
- εκτόπισμα.
- **Verdrängungstonne**
- **tonneau de déplacement**
- **tonnellata di dislocamento**

display
- έκθεση, επίδειξη.
- **Schaustellung**
- **présentation**
- **mostra**

display unit
- μονάδα επιδείξεως.
- **Schaukasten**
- **présentoir**
- **mostra**

disposable income
- καθαρό προσωπικό εισόδημα μετά την αφαίρεση των φόρων κ.λ.π. για άμεσο διάθεση.
- **verfügbares Einkommen**
- **revenu disponible**
- **reddito disponibile**

disposal
- – διάθεση.
- – **Verfügung**
- – **disposition**
- – **disposiozione**

dispute
- – διένεξη, αντίρρηση, διαφωνία.
- – **Streit**
- – **contestation**
- – **disputa**

dissenting
- – διαφωνών, διιστάμενος.
- – **abweichend**
- – **dissident**
- – **dissidente**

dissolution
- – διάλυση.
- – **Auflösung**
- – **dissolution**
- – **scioglimento**

distillery
- – οινοπνευματοποιΐα, ποτοποιΐα, διυλιστήριο.
- – **Brennerei**
- – **distillerie**
- – **distilleria**

distressed area
- – πληγείσα περιοχή.
- – **Notstandsgebiet**
- – **région deprimée**
- – **area indigente**

distressed goods
- – κατασχεθέντα εμπορεύματα.
- – **gepfänderte Güter**
- – **biens saisis**
- – **merce sequestrata**

distribute
- – διανέμω κέρδη, μερίσματα κ.λ.π.
- – **verteilen**
- – **répartir**
- – **repartire**

distribute
- – διανέμω εμπορεύματα, προϊόντα κ.λ.π.
- – **vertreiben**
- – **distribuer**
- – **distribuire**

distribution
- – διανομή μερίσματος.
- – **Ausschüttung**
- – **répartition, distribution**
- – **ripartizione**

diversification
- – διαφοροποιήση, ποικιλία.
- – **Vervielfältigung der Produkte**
- – **diversification**
- – **diversificazione**

dividend
- – μέρισμα.
- – **Dividende**
- – **dividende**
- – **dividendo**

dividend-bearing securities
- – χρεώγραφα με δικαίωμα μερίσματος.
- – **Dividendenwerte**
- – **valeurs à revenu variable**
- – **titoli a reditto variabile**

dividend coupon
- – μερισματαπόδειξη.
- – **Dividendencoupon**

- coupon de dividende
- cedola di dividendo

dividend limitation
- περιορισμός, μπλοκάρισμα των μερισμάτων.
- Dividendenstop
- blocage des dividendes
- blocco dei dividendi

dividend warrant
- ένταλμα πληρωμής μερίσματος.
- Gewinnanteilschein
- dividende-warrant
- cedola di dividendo

division
- διαίρεση, κατανομή, διανομή, καταμερισμός
- Teilung, Abteilung
- division
- divisione

division of labour
- καταμερισμός εργασίας
- Arbeitsteilung
- division du travail
- divisione del lavoro

dock dues
- τέλη αποβάθρας
- Dockgebühr
- droits de dock
- diritti di dock

docker ή longshoreman
- λιμενεργάτης, φορτοεκφορτωτής
- Hafenarbeiter
- docker ή longshoreman
- lavoratore del porto

dock receipt
- απόδειξη δεξαμενισμού
- Dockempfangsschein
- quittance de dock
- quietanza di darsena

dock strike
- απεργία λιμενεργατών
- Hafenarbeiterstreik
- grève des dockers
- sciopero portuale

dockyard
- ναυπηγείο, νεώριο, ναύσταθμος
- Schiffswerft
- chantier de construction de navires
- cantiere

document
- έγγραφο, τεκμήριο, ντοκουμέντο, χαρτί
- Urkunde
- document
- documento

document of title
- τίτλος κυριότητας
- Eigentumstitel
- titre de propriété
- titolo di proprietà

documentary acceptance credit
- πίστωση, που δίνεται από τράπεζα με την αποδοχή συναλλαγματικής ή άλλου χρεωστικού τίτλου πληρωτέου σ' αυτόν που χορηγείται η πίστωση. Η πίστωση αυτή αποσκοπεί στη χρηματοδότηση εισαγωγών-εξαγωγών και διασφαλίζεται από μια αμετάκλητη «docu-

mentary credit». (βλ. πιο κάτω)
- **Rembourskredit**
- **crédit de remboursement**
- **credito di rimborso**

documentary collection
- η είσπραξη ενος οφειλόμενου ποσού από τράπεζα έναντι παραδόσεως ορισμένων εγγράφων
- **Dokumentarinkasso**
- **encaissement documentaire**
- **incasso documentario**

documentary credit
- η πλέον κοινή μορφή εμπορικού εγγράφου, ενέγγυος πίστωση που ανοίγεται από μια επιχείρηση υπέρ μιας άλλης μέσω τραπέζης, η οποία εκτελείται με την προσκόμιση στην τράπεζα από το δικαιούχο των φορτωτικών εγγράφων, που αναφέρονται σε αυτή συνήθως: φορτωτική, ασφάλεια, τιμολόγιο με προξενική θεώρηση, πιστοποιητικό προελεύσεως κ.λ.π.
- **Dokumentenakkreditiv; Dokumentarakkreditiv**
- **crédit documentaire**
- **credito documentario**

documentary draft
- γραμμάτιο ή συναλλαγματική εκδιδομένη από τον πωλητή σε αποδοχή του αγοραστού σε συνδυασμό με ορισμένα έγγραφα. Αν το γραμμάτιο φέρει το χαρακτηρισμό d/a (documents against acceptance) τα έγγραφα (φορτωτική κ.λ.π.) παραδίδονται κατά την αποδο-

χή του γραμματίου. Αν φέρει το χαρακτηρισμό d/p (documents against payment) τα έγγραφα παραδίδονται μόνο μετά την καταβολή του ποσού (βλέπε πιο κάτω)
- **Dokumentartratte**
- **traite documentaire**
- **tratta documentaria**

documentary evidence
- μαρτυρία στηριζόμενη σε στοιχεία, αποδεικτική μαρτυρία
- **Urkundenbeweis**
- **preuve écrite**
- **prova scritta**

documents against acceptance
- d/a παράδοση εγγράφων κατά την αποδοχή του γραμματίου (βλέπε πιο πάνω)
- **Dokumente gegen Akzept**
- **documents contre acceptation**
- **documenti contro accettazione**

documents against payment
- παράδοση εγγράφων έναντι πληρωμής (βλέπε πιο πάνω)
- **Dokumente gegen Einlösung**
- **documents contre paiement**
- **documenti contro pagamento**

domestic bond issue
- έκδοση ομολογίας σε δημοσία εγγραφή δια το εσωτερικό μιας χώρας (όπου η κατοικία του εκδότου), (το αντίθετο foreign bond issue)
- **Inlandanleihe**
- **emprunt intérieur**
- **prestito interno**

domestic sales ή **home trade**
- πωλήσεις στην εσωτερική αγορά, το εσωτερικό μιας χώρας
- **Binnenhandel**
- **commerce intérieur**
- **commercio interno**

domiciled bill
- συναλλαγματική ή άλλο έγγραφο οφειλής το οποίο περιέχει ρήτρα κατοικίας, το μέρος δηλαδή που θα πρέπει να εξοφληθεί, συνήθως την τράπεζα του αποδέκτου
- **Domizilwechsel**
- **effet domicilié**
- **cambiale domiciliata**

door-to-door selling
- πωλήσεις με επίσκεψη από πόρτα σε πόρτα
- **Haus-zu-Hausverkauf**
- **vente à domicile**
- **vendita a domicilio**

double entry book-keeping
- τήρηση βιβλίων με το διπλογραφικό σύστημα
- **doppelte Buchführung**
- **partie double**
- **partita doppia**

double receipt
- απόδειξη έχουσα διπλή ιδιότητα είτε εκείνη του voucher, δηλ. της προκαταβολής δαπανών ή δικαιολογητικού δαπανών είτε της αναγνωρίσεως πληρωμής. Η απόδειξη αυτή φέρει την ένδειξη «valid two for one»
- **Doppelquittung**
- **double pour quittance**
- **ricevuta doppia**

double taxation
- διπλή φορολογία
- **Doppelbesteuerung**
- **double imposition**
- **doppia imposizione**

double taxation agreement (or treaty)
- συμφωνία μεταξύ κρατών για την αποφυγή διπλής φορολογίας
- **Doppelbesteuerungsabkommen**
- **convention contre la double imposition**
- **convezione per evitare la doppia imposizione**

double taxation relief
- εξαίρεση, απαλλαγή από τη διπλή φορολογία
- **Doppelbesteuerungserleichterung**
- **dégrèvement de charges fiscales doubles**
- **sgravio per doppia tassazione**

doubtful debt
- επισφαλής απαίτηση
- **zweifelhafte Forderung**
- **créance douteuse**
- **credito dubbio**

Dow Jones index
- δείκτης, πίνακας αυξομειώσεων των τιμών του χρηματιστηρίου της Ν. Υόρκης, βασιζόμενος στην κίνηση των μετοχών των τριάντα πρώτων βιομηχανιών. (Στην Αγγλία υπάρχει ο Financial Times Industries Ordinary Index)

- Dow-Jones-Index
- indice Dow Jones
- indice Dow Jones

down-payment
- προκαταβολή, πρώτη δόση, μερική καταβολή
- Sofortzahlung
- acompte
- acconto

downturn; slump
- γενική και σοβαρή πτώση στις τιμές των μετοχών (το αντίθετο boom)
- Baisse
- baisse
- ribasso

D/P
- σύντμηση για documents against payment (βλέπε πιο πάνω)

draft
- τραβηκτική, τραπεζιτική επιταγή, γραμμάτιο (συνήθως συναλλαγματική προ της αποδοχής της)
- Tratte
- traite
- tratta

draft
- προσχέδιο
- Konzept
- projet
- bozza

draft agreement
- το προσχέδιο μιάς συμφωνίας, το αρχικό σχέδιο
- Entwurf eines Übereinkommens

- projet de convention
- schema di contratto

draft contract
- το διάγραμμα ενος συμβολαίου, το αρχικό σχέδιο
- Vertragsentwurf
- projet de contrat
- progetto di contratto

draught
- βύθισμα σκάφους
- Tiefgang
- tirant d'eau
- pescaggio

draw a cheque
- γράφω επιταγή
- einen Scheck ausstellen
- tirer un chèque
- emettere un assegno

drawback
- επιστροφή δασμών κατά την επανεξαγωγή των εμπορευμάτων μετά την κατεργασία τους
- Zollrückvergütung
- remboursement des droits d'importation
- rimborso d'esportazione

draw by lot
- ανάσυρω λαχνό, τραβάω κλήρο
- Auslosung
- tirage au sort
- estrazione di titoli

drawee
- αποδέκτης επιταγής, πληρωτής συναλλαγματικής
- Bezogener, Trassat
- tiré
- trattario

drawer
- εκδότης επιταγής ή συναλλαγματικής
- **Aussteller, Trassant**
- **tireur**
- **emittente**

drawing account
- λογαριασμός κινούμενος δι' επιταγών
- **Scheckkonto**
- **compte courant**
- **conto corrente**

draw on reserves
- χρησιμοποιώ, καταφεύγω στο αποθεματικό
- **die Reserven angreifen**
- **prélever sur les réserves**
- **prevelare dalle riserve**

draw up a contract
- γράφω, κάνω το διάγραμμα ενός συμβολαίου, διατυπώνω ένα συμβόλαιο
- **einen Vertrag formulieren**
- **rédiger un contrat**
- **redigere un contratto**

drive-in bank
- τράπεζα στην οποία εξυπηρετείται ο πελάτης από παράθυρο σε παράθυρο, παραμένοντας στο αυτοκίνητό του
- **Autobank; Autoschalter**
- **guichet auto; autobanque**
- **autobanca**

dry dock
- δεξαμενή επισκευής πλοίων
- **Trockendock**
- **cale sèche**
- **bacino di carenaggio**

dual currency loan
- δάνειο του οποίου οι τόκοι πληρώνονται σε διαφορετικό νόμισμα από εκείνο του δανείου
- **Doppelwährungsanleihe**
- **emprunt à deux monnaies**
- **prestito in valuta doppia**

due date ή **maturity date**
- ημερομηνία λήξεως, πληρωμής οφειλής
- **Fälligkeistag**
- **échéance**
- **data di scadenza**

due date ή **settlement day**
- ημέρα εκκαθαρίσεως
- **Abrechnungstag**
- **jour de règlement**
- **giorno della liquidazione**

due from banks on demand
- πιστωτικά ποσά τοποθετούμενα από μία τράπεζα σε άλλη (συνήθως την ανταποκρίτρια correspondent bank) για δύο ημέρες το πολύ ή και απαιτητά μόλις ζητηθούν
- **Bankendebitoren auf Sicht**
- **avoirs en banque à vue**
- **crediti a vista presso banche**

due from banks on time
- πιστωτικό ποσό μιας τράπεζας σε μια άλλη για ορισμένο χρονικό διάστημα προερχόμενο από την αγοροπωλησία χρεωγράφων ή και ξένου συναλλάγματος
- **Bankendebitoren auf Zeit**
- **avoirs en banque à terme**
- **crediti a termine presso banche**

due to banks on demand
- χρεωστικά ποσά οφειλόμενα από μία τράπεζα σε μια άλλη καταβλητέα μόλις ζητηθούν (correspodent bank) εντός δύο ημερών το πολύ
- **Bankenkreditoren auf Sicht**
- **engagements en banque à vue**
- **debiti a vista presso banche**

due to banks on time
- οικονομικές υποχρεώσεις τραπέζης προς τράπεζες ορισμένου χρόνου
- **Bankenkreditoren auf Zeit**
- **engagements en banque à terme**
- **debiti a termine presso banche**

dumping
- ντάμπιγκ, η πώληση κάτω του κόστους παραγωγής σε ξένη αγορά
- **Dumping**
- **dumping**
- **dumping**

duplicate
- αντίγραφο, αντίτυπο
- **Duplikat**
- **double, duplicate**
- **duplicato**

durable goods
- διαρκή αγαθά (π.χ. μηχανήματα, αυτοκίνητα, επίπλωση κ.λ.π.)
- **langlebige Güter**
- **biens durables**
- **beni durevoli**

duration; term
- διάρκεια
- **Laufzeit; Dauer**
- **durée**
- **durata**

duress
- εξαναγκασμός, απειλή βίας, πίεση
- **Zwang**
- **contrainte**
- **costrizione**

dutiable
- φορολογητέος, υποκείμενος σε δασμό
- **abgabenpflichtig**
- **taxable**
- **tassabile**

duty
- δασμός, φόρος
- **Gebühr**
- **taxe; impôt**
- **tassa; imposta**

duty-free
- ελεύθερα δασμού
- **abgabenfrei**
- **exempt de douane**
- **esente da dazio**

duty-free admission
- εισαγωγή ελευθέρα δασμών
- **zollfreie Einfuhr**
- **admission en franchise**
- **ammissione in franchigia**

duty-paid
- δασμοί καταβληθέντες, εμπόρευμα εκτελωνισθέν καταβληθέντων των δασμών
- **verzollt**
- **acquitté**
- **dazio pagato**

E

earn
- κερδίζω, αποκτώ
- verdienen
- gagner
- guadagnare

earned income
- αποκτηθέν εισόδημα
- Arbeitseinkommen
- revenu du travail
- reddito di lavoro

earning power
- ικανότητα αποδόσεως κερδών ή εισοδημάτων
- Rentabilität
- rentabilité
- redditività

earnings
- απολαβές
- Lohn
- salaire
- guadagni

earnings per share
- κέρδη κατά μετοχήν
- Gewinn pro Aktie
- bénéfice par titre
- profitti per azione

easily marketable assets
- περιουσιακά στοιχεία, το ενεργητικό επιχειρήσεως για την εκποίηση του οποίου υπάρχει αγορά ανά πάσα στιγμή
- leicht verwertbare Aktiven

- actifs facilement réalisables
- attivi facilmente realizzabili

economic
- οικονομικός (πρβλ. economical φειδωλός, οικονομικός που κάνει οικονομίες)
- wirtschaftlich
- économique
- economico

economic growth
- οικονομική ανάπτυξη
- Wirtschaftswachstum
- croissance économique
- sviluppo economico

economics
- οικονομική επιστήμη, θεωρητική οικονομική, πολιτική οικονομία
- Volkswirtschaftslehre
- économie
- economia

economic sanctions
- οικονομικές κυρώσεις
- wirtschaftliche Sanktionen
- sanctions économiques
- sanzioni economiche

economies of scale
- σύστημα υποβιβαζόμενου κόστους
- System der degressiven Kosten
- économies de grande échelle

- economie in funzione della grandezza

economy
- οικονομία
- Wirtschaft
- économie
- economia

ECU European Currency Unit
- Ευρωπαϊκή νομισματική μονάδα

effectiveness
- αποτελεσματικότητα
- Wirksamkeit
- efficacité
- efficacia

effects
- είδη, αντικείμενα, υπάρχοντα, το σύνολο των περιουσιακών στοιχείων, η περιουσία
- Effekten; Habe
- effets; biens
- effetti; beni

efficiency
- αποδοτικότητα, αποτελεσματικότητα, ικανότητα
- Leistungsfähigkeit
- efficacité
- efficienza

embezzle
- καταχρώμαι χρήματα, υπεξαιρώ, σφετερίζομαι
- unterschlagen
- détourner
- appropriarsi indebitamente

embezzlement
- κατάχρηση χρημάτων

- Unterschlagung
- détournement de fonds
- appropriazione indebita

embezzler
- καταχραστής
- Veruntreuer
- détourneur
- malversatore

emolument
- μισθός, αμοιβή, αποζημίωση, κέρδος, απολαβή
- Bezüge
- émoluments
- emolumento

employ
- προσλαμβάνω, απασχολώ, δίνω εργασία
- beschäftigen
- employer
- impiegare

employee
- υπάλληλος, εργαζόμενος
- Angestellte(r); Arbeitnehmer
- employé
- impiegato

employment
- απασχόληση
- Beschäftigung
- emploi
- impiego

employment agency
- γραφείο, πρακτορείο ευρέσεως εργασίας
- Stellenvermittlungsbüro
- agence de placement
- agenzia di collocamento

employment exchange ή state
employment agency
- συνήθως κρατικό γραφείο ευ-
ρέσεως εργασίας
- Arbeitsnachweisstelle
- bureau de placement
- ufficio di collocamento

employment tax
- φόρος απασχολήσεως, φόρος
επί του εισοδήματος από απα-
σχόληση
- Lohnsummensteuer
- taxe sur l'emploi
- imposta sull'impiego

employer
- εργοδότης
- Arbeitgeber
- employeur
- datore di lavoro

employer's liability
- ευθύνη, υποχρέωση του εργο-
δότου
- Haftpflicht des Arbeitgebers
- émoluments des administra-
teurs
- responsabililà patronale

en nom participation
- η κατ' όνομα μόνο συμμετοχή
σε δάνειο μιάς ομάδας χωρίς
την υπογραφή του δανειακού
συμβολαίου (en nom στα γαλ-
λικά σημαίνει εις το όνομα,
κατά όνομα)
- En-nom-Beteiligung
- participation en nom
- partecipazione en-nom

enclosed
- εσώκλειστο, συνημμένο

- beiliegend
- ci-joint; ci-inclus
- accluso

enclosure
- εσώκλειστο, συνημμένο
- Beilage
- annexe
- allegato

endorse
- οπισθογράφω επιταγή ή συ-
ναλλαγματική
- indossieren
- endosser
- girare

endorsee
- δικαιούχος εξ οπισθογραφή-
σεως, εκδοχεύς
- Indossatar
- endossataire
- giratario

endorsement
- οπισθογράφηση
- Indossament
- endossement
- girata

endorser
- οπισθογράφος
- Indossant
- endosseur
- girante

endow
- προικοδοτώ
- ausstatten
- doter
- dotare

endowment capital
- καταβληθέν κεφάλαιο, προι-

κοδοτηθέν κεφάλαιο από μια
χώρα, κράτος ή δημόσια αρχή,
προικοδότηση θυγατρικής ε-
ταιρείας από τη βασική εται-
ρεία
- **Dotationskapital**
- **capital de dotation**
- **capitale di dotazione**

endowment policy
- μικτή ασφάλεια θανάτου, ζωής
και αποταμιεύσεως
- **Erlebensversicherung**
- **assurance à terme fixe**
- **assicurazione dotale**

end-product
- τελικό προϊόν
- **Endprodukt**
- **produit final**
- **prodotto finale**

engage ή **hire**
- προσλαμβάνω
- **anstellen**
- **engager**
- **fissare**

enterprise
- επιχείρηση
- **Unternehmen**
- **entreprise**
- **impresa**

entertainment expenses
- έξοδα παραστάσεως, ψυχαγω-
γίας, διασκεδάσεως
- **Repräsentationskosten**
- **frais de représentation**
- **spese di rappresentanza**

entrance fee
- τέλη εισόδου

- **Eintrittsgebühr**
- **droit d'entrée**
- **tassa d'entrata**

entrepreneur
- επιχειρηματίας
- **Unternehmer**
- **entrepreneur**
- **intraprenditore**

entrust
- ανάθέτω, εμπιστεύομαι
- **anvertauen**
- **confier**
- **affidare**

entry
- είσοδος
- **Eintritt**
- **entrée**
- **entrata**

entry
- καταχώρηση, εγγραφή
- **Eintragung**
- **inscription**
- **registrazione**

equalization fund
- ποσόν εξισορροπήσεως
- **Ausgleichsfonds**
- **fonds de régularisation**
- **cassa di compensazione**

equilibrium
- ισορροπία
- **Gleichgewicht**
- **équilibre**
- **epuilibrio**

equipment
- εξοπλισμός
- **Ausrüstung**

- équipement
- equipaggiamento

equity warrant
- χρηματιστηριακό πιστοποιητικό με το οποίο αναγνωρίζεται το δικαίωμα στον κάτοχο του ή το προνόμιο στον κομιστή να αγοράσει χρεώγραφα υπό ορισμένους όρους
- Aktienoptionsrecht
- droit de souscription
- diritto di opzione su azioni

error
- λάθος, σφάλμα, παραδρομή, πλάνη
- Fehler
- erreur
- errore

escalator clause
- ρήτρα αυξήσεως της τιμής σε περίπτωση ανατιμήσεως των πρώτων υλών, μέχρι της παραδόσεως
- Gleitklausel
- échelle mobile
- scala mobile

escape clause
- ρήτρα διαφυγής, η οποία ορίζει τους όρους υπο τους οποίους είναι επιτρεπόμενη η μη τήρηση μιας υποχρεώσεως
- Rücktrittsklausel
- clause de réalisation
- clausola risolutiva

establish
- ιδρύω
- einrichten
- fonder; établir
- fondare; istituire

establish
- αποδεικνύω
- beweisen
- démontrer
- dimostrare; provare

estate
- περιουσία, περιουσιακά στοιχεία
- Vermögen
- bien; proprieté
- proprietà

estate
- κληρονομιά
- Nachlass
- succession
- patrimonio; successione

estate agency ή real estate agency
- μεσιτικό γραφείο ακινήτου περιουσίας
- Immobilienbüro
- agence immobilière
- agenzia immobiliare

estate duty ή estate tax
- φόρος κληρονομιάς ακινήτου περιουσίας
- Nachlasssteuer
- droits de succession
- diritti di successione

estimate
- υπολογίζω, εκτιμώ
- einschätzen
- estimer
- stimare

estimate
- υπολογισμός, εκτίμηση
- Voranschlag

- devis
- preventivo

estimated value; appraised value
- υπολογισθείσα ή εκτιμηθείσα αξία ακινήτου περιουσίας με βάση την ανάλυση των ειδικών εκτιμητών
- Schatzungswert
- valeur d'estimation
- valore di stima

EUA European Unit of Account
- Ευρωπαϊκή Λογιστική Μονάδα

Eurobonds
- ομόλογα εκδιδόμενα στην Ευρωπαϊκή Αγορά (Eurobond Market) σε ένα από τα Ευρωπαϊκά νομίσματα (Eurodollar, Euro-D-mark, Eurofrank κ.λ.π.)
- Eurobonds
- euro-obligations
- eurobbligazioni

Eurocapital market
- το τμήμα της ευρωπαϊκής αγοράς ομολόγων, στο οποίο γίνονται αγοραπωλησίες Ευρωπαϊκών ομολόγων (Eurobonds βλ. πιο πάνω) βραχείας διαρκείας
- Eurokapitalmarkt
- euromarché des capitaux
- euromercato dei capitali

Eurocard
- πιστωτική ευρωπαϊκή κάρτα εκδιδομένη από την ομώνυμη εταιρεία του Βελγίου, ή το κατά χώραν υποκατάστημα της

eurocheque
- διεθνής πιστωτική κάρτα σε περισσότερες από 50 χώρες. Η τράπεζα, στην οποία έχει κανείς λογαριασμό και συμμετέχει στο σύστημα, εκδίδει για τον πελάτη της ειδική πλαστική κάρτα και κάθε φορά ειδικές τυποποιημένες ονομαστικές (ταξιδιωτικές) επιταγές, στις οποίες δεν ανάγράφεται το ποσόν, το οποίο όμως δεν υπερβαίνει τις 100 λίρες Αγγλίας ή 300 Ελβετικά φράγκα κ.λ.π. κατά επιταγή. Ο αριθμός και το όνομα της κάρτας πρέπει να συμπίπτει ακριβώς με τα αντίστοιχα της κάθε μιάς επιταγής, η οποία και εξαργυρώνεται χωρίς την εξασφάλιση της «προβλέψεως» που χρειάζεται για τις κοινές επιταγές. Στην Ελλάδα η εξαργύρωση γίνεται από τα Ταχυδρομικά γραφεία.

Euro-Clear (Euroclear)
- διεθνές σύστημα εκκαθαρίσεως συναλλαγών σε χρεώγραφα μεταξύ τραπεζών, συνήθως των γνωστών Eurobonds (βλ. πιο πάνω)

Eurocredit
- διεθνής τραπεζική πίστωση αναφερόμενη σε ένα από τα Ευρωπαϊκά νομίσματα
- Eurokredit
- eurocrédit
- eurocredito

Eurocurrency
- ευρωπαϊκό νόμισμα χρησιμοποιούμενο στην ευρωπαϊκή αγορά όπως τα Eurofrank,

Euro-FF, Euro-DM, Euro κ.λ.π.
Αξιοσημείωτη είναι και η
χρησιμοποίηση της Ευρωπαϊ-
κής χρηματικής μονάδας (Eu-
ropean Currency Unit, βλέπε
πιο πάνω) στην Ευρωπαϊκή
αγορά.
- Eurowährung
- eurodevise
- eurodivisa

Eurodollars
- Ευρωδολλάρια δηλ. δολλάρια,
που χρησιμοποιούνται (εκτός
των ΗΠΑ) στην ευρωπαϊκή
αγορά από την Euromarket
- Eurodollars
- eurodollars
- eurodollari

Euromarket
- διεθνής χρηματοδοτική αγορά
αποτελουμένη από επι μέρους
ειδικές αγορές στις οποίες η
αγοραπωλησία χρεωγράφων
κ.λ.π. γίνεται σε Eurocurren-
cies (βλ. πιο πάνω), όχι μόνο
στην Ευρώπη αλλά και εκτός
αυτής
- Euromarkt
- euromarché
- euromercato

Euromoney market
- το τμήμα της Euromarket (βλ.
πιο πάνω), στο οποίο η αγορα-
πωλησία χρεωγράφων και
ομολόγων βραχείας διαρ-
κείας, μέχρι δεκαοκτώ μηνών,
διενεργείται υπο μορφή κατα-
θέσεων επί προθεσμία
- Eurogeldmarkt
- euromarché de l'argent
- euromercato monetario

European Atomic Energy
Community
- Ευρωπαϊκή Επιτροπή Ατομικής
Ενεργείας
- Europäische Atomgemein-
schaft
- Communauté Européenne de
l'Energie Atomique
- Comunità Europea dell'Ener-
gia Atomica

European Commission
- Ευρωπαϊκή Επιτροπή (της Κοι-
νής Αγοράς με εξουσιοδότηση
για την εκτέλεση ορισμένων
πράξεων ή υπηρεσιών)
- Europäische Kommission
- Commission des Communau-
tés Européennes
- Commissione Europea

European Currency Unit (ECU)
- Ευρωπαϊκή «συναλλαγματική»
μονάδα, δηλ. το σύνολο των
νομισμάτων των χωρών, κρα-
τών μελών της Ευρωπαϊκής
κοινότητας, το οποίο χρησιμο-
ποιείται ως αναφορά αξίας για
το μηχανισμό της συναλλαγ-
ματικής τιμής και των αντιστοί-
χων λογιστικών πράξεων σε
πιστωτικές λειτουργίες εντός
του European Monetary Sy-
stem
- Europäische Währungsein-
heit
- unité monétaire européenne
- unità monetaria europea

European Economic Community
- Ευρωπαϊκή Οικονομική Κοινό-
της
- Europäische Wirtschaftsge-
meinschaft

- Communauté Economique Européenne
- Comunità Economica Europea

European Free Trade Area
- Ευρωπαϊκή περιοχή Ελευθέρου εμπορίου, γνωστή ως EFTA (ουδεμία σχέση έχει με τον αριθμό επτά)
- **Europäische Freihandelszone**
- **Zone Européenne de Libre Echange**
- **Zona Europea di Libero Scambio**

European Fund
- Ευρωπαϊκό Ταμείο
- **Europäischer Fonds**
- **Fonds Européen**
- **Fondo Europeo**

European Fund for Monetary Cooperation
- κοινό ταμείο, που αποσκοπεί στη χρηματοδότηση μέτρων στον τομέα της συναλλαγματικής στρατηγικής εντός του Ευρωπαϊκού Νομισματικού Συστήματος (European Monetary System ή E.M.S. βλ. πιο κάτω)
- **Europäischer Fonds für währungspolitische Zusammenarbeit**
- **Fonds européen de coopération monétaire**
- **Fondo europeo di cooperazione monetaria**

European Investment Bank
- Ευρωπαϊκή Τράπεζα Επενδύσεων

- Europäische Investitionsbank
- Banque Européenne d'Investissement
- Banca Europea d'Investimenti

European Monetary Agreement
- Ευρωπαϊκή Νομισματική Συμφωνία
- **Europäisches Währungsabkommen (EWA)**
- **Accord Monétaire Européen (AME)**
- **Accordo Monetario Europeo (AME)**

European Monetary System (EMS)
- Ευρωπαϊκό Νομισματικό Σύστημα βασικό στοιχείο του οποίου είναι η European Currency Unit, ήτις και είναι αποφασιστική για τον καθορισμό των συναλλαγματικών ισοτιμιών με παρεμβατικά περιθώρια μέχρι και έξι τοις εκατόν
- **Europäisches Währungssystem (EWS)**
- **Système Monétaire Européen (SME)**
- **Sistema Monetario Europeo (SME)-**

evaluate
- αξιολογώ
- **bewerten**
- **évaluer**
- **valutare**

evict a tenant
- εξώνω, εκδιώκω, αποβάλλω ένοικο, μισθωτή, νομέα, επικαρπωτή

- einen Mieter entfernen
- expulser un locataire
- sfrattare un locatario

evidence
- μαρτυρία, πειστήριον
- **Beweis**
- **preuve**
- **prova**

ex bond
- εκτελωνισμένο με πληρωμένους τους δασμούς
- **verzollt**
- **à l'acquitté**
- **sdoganato**

excess capacity
- επιπλέον, υπερβάλλουσα ικανότης (για αποθήκευση)
- **übrige Ladefähigkeit**
- **capacité excédentaire**
- **capacità in eccesso**

excessive
- υπερβολικός, υπερμέτρος
- **übermässig**
- **excessif**
- **eccessivo**

excess profits tax
- φόρος υπερβολικών κερδών
- **Übergewinnsteuer**
- **impôts sur les superbénéfices**
- **imposta sui sopraprofitti**

excess weight
- υπερβάλλον βάρος
- **Übergewicht**
- **excédent de poids**
- **eccedenza di peso**

exchange
- χρηματιστήριο (μετοχών, ομολογιών, ομολόγων και ξένου συναλλάγματος, χρυσού κ.λ.π. ως και εμπορευμάτων κατ' είδος)
- **Börse**
- **bourse**
- **borsa**

exchange
- εναλλαγή, ανταλλαγή, συναλλαγή
- **Tausch**
- **échange**
- **cambio**

exchange control ή **currency control**
- συναλλαγματικός έλεγχος
- **Devisenkontrolle**
- **contrôle des changes**
- **controllo sui cambi**

exchange equalization account
- λογαριασμός συναλλαγματικής εξισορροπήσεως
- **Währungsausgleichsfonds**
- **fonds de stabilisation des changes**
- **conto per la stabilizzazione dei cambi**

exchange of data carriers
- ανταλλαγή φορέων πληροφοριών (επί μαγνητικών δίσκων μεταξύ των τραπεζών και των πελατών τους)
- **Datenträgeraustausch**
- **échange de supports de données**
- **scambio dei supporti di dati**

exchange office
- γραφείο συναλλάγματος, τμήμα ανταλλαγής ξένων χαρτονομισμάτων
- **Wechselstube**
- **bureau de change**
- **ufficio cambi**

exchange rate
- τιμή συναλλάγματος
- **Wechselkurs**
- **taux de change**
- **corso del cambio**

exchequer ή **treasury**
- υπουργείο οικονομικών της Αγγλίας, το Θησαυροφυλάκιο. Στην Αμερική Department of the Treasury
- **Schatzamt**
- **trésorerie**
- **tesoro**

exchequer bond ή **treasury bond**
- κρατικά ομόλογα
- **Schatzwechsel**
- **bon du trésor**
- **buono del tesoro**

excise
- έμμεσος (όπως excise tax επί της πωλήσεως ορισμένων προϊόντων ή υπηρεσιών)
- **indirekte Steuern**
- **contributions indirectes**
- **imposte indirette**

excise duty
- φόρος καταναλώσεως
- **Verbrauchsabgabe**
- **droit sur la consommation**
- **imposta sul consumo**

exclude
- αποκλείω
- **ausschliessen**
- **exclure**
- **escludere**

excluding tax
- εξαιρούμενου του φόρου, εκτός φόρου
- **ausser Steuer**
- **hors taxe**
- **tassa esclusa**

exclusion
- αποκλεισμός
- **Ausschluss**
- **exclusion**
- **esclusione**

exclusive market
- αποκλειστική αγορά
- **ausschliesslicher Markt**
- **marché exclusif**
- **mercato esclusivo**

ex coupon
- χωρίς τοκομερίδιο
- **ohne coupon**
- **ex-coupon**
- **senza cedola**

ex dividend
- χωρίς μερισματαπόδειξη, χωρίς μέρισμα, του μερίσματος αφαιρουμένου από την τιμή της μετοχής και παρακρατουμένου από τον πωλητή
- **ex Dividende**
- **ex dividende**
- **ex dividendo**

execute
- εκτελώ

- vollstrecken
- exécuter
- eseguire

execute a deed
- υπογράφω ένα τίτλο, έγγρα-
  φο, συμβολαιογραφική πράξη
- **eine Urkunde unterzeichnen**
- **passer un acte**
- **perfezionare un atto**

execute a power of attorney
- παρέχω πληρεξούσιο, πληρε-
  ξουσιοδοτώ
- **eine Vollmacht erteilen**
- **conférer des pleins pouvoirs**
- **conferire una procura**

execute a will
- εκτελώ διαθήκη
- **ein Testament vollstrecken**
- **exécuter un testament**
- **eseguire un testamento**

execution for debt
- αναγκαστική εκτέλεση
- **Betreibung**
- **poursuite**
- **esecuzione**

executive
- εκτελεστικό στέλεχος επιχει-
  ρήσεως
- **Geschäftsleiter**
- **dirigeant**
- **dirigente**

executive director ή **corporate officer**
- εκτελεστικός διευθυντής
- **geschäftsführender Direktor**
- **administrateur dirigeant**
- **amministratore dirigente**

executor
- εκτελεστής (διαθήκης)
- **Vollstrecker**
- **exécuteur**
- **esecutore**

exhibition
- έκθεση
- **Ausstelung**
- **exposition**
- **esposizione**

exhibitor
- εκθέτης, που λαμβάνει μέρος
  σε έκθεση προϊόντων κ.λ.π.
- **Aussteller**
- **exposant**
- **espositore**

exorbitant
- υπερβολικός, υπέρμετρος, ε-
  ξωφρενικός
- **unmässig**
- **exorbitant**
- **esorbitante**

expenditure
- δαπάνη (πρβλ. actual expen-
  diture πραγματικές δαπάνες)
- **Ausgaben**
- **frais**
- **spesa**

expense
- δαπάνη
- **Kosten**
- **frais**
- **spesa**

expensive
- δαπανηρός, ακριβός
- **teuer; kostspielig**
- **cher**
- **caro**

expert
- πραγματογνώμων, εμπειρο-
γνώμων, εξπέρ
- **Sachkundige(r); Sachver-
ständige(r)**
- **expert**
- **esperto; perito**

expert's report
- έκθεση εμπειρογνώμονος
- **Sachverständigengutachten**
- **expertise**
- **perizia**

expired
- λήξας, που έχει εκπνεύσει,
που έχει λήξει
- **verfallen**
- **expiré**
- **scaduto**

expiry
- λήξη, εκπνοή
- **Ablauf**
- **expiration**
- **termine**

exploit
- εκμεταλλεύομαι
- **ausbeuten**
- **exploiter**
- **sfruttare**

exponential
- εκθετικός (στα μαθηματικά)
- **Exponential**
- **exponentiel**
- **esponenziale**

export
- εξάγω (εμπορεύματα)
- **ausführen**
- **exporter**
- **esportare**

export credit
- χορήγηση πιστώσεως για τη
διευκόλυνση εξαγωγών, εξα-
γωγική πίστωση
- **Exportkredit**
- **crédit à l'exportation**
- **credito all'esportazione**

export financing
- χρηματοδότηση για τη διευκό-
λυνση των εξαγωγών
- **Exportfinanzierung**
- **finacement des exportations**
- **finanziamento delle esporta-
zioni**

export financing credit
- πίστωση για τη χρηματοδότη-
ση του εξαγωγικού εμπορίου
- **Exportfinanzkredit**
- **crédit financier à l' exporta-
tion**
- **credito finanziario all'espor-
tazione**

export risk guarantee
- εγγύηση για κάλυψη των κιν-
δύνων του εξαγωγικού εμπο-
ρίου
- **Exportrisikogarantie**
- **garantie contre les risques à
l'exportation**
- **garanzia contro i rischi delle
esportazioni**

export bonus
- εξαγωγικό πρίμ, βραβείο,
δώρο
- **Ausfuhrprämie**
- **prime à l'exportation**
- **premio d'esportazione**

exporter
- εξαγωγέας
- Exporteur
- exportateur
- esportatore

export incentive
- εξαγωγικό έναυσμα, κίνητρο, ελατήριο
- Ausfuhranreiz
- motif d'exportation
- incentivo alla esportazione

export manager
- διευθυντής εξαγωγών
- Exportabteilungsleiter
- chef du service exportation
- direttore esportazione

export order
- παραγγελία για εξαγωγή
- Exportauftrag
- commande d'exportation
- ordine per esportazione

export permit
- άδεια εξαγωγής
- Ausfuhrgenehmigung
- autorisation d'exporter
- permesso d'esportazione

export rebate
- επιστροφή ποσού για την πραγματοποίηση εξαγωγής
- Ausführsonderrabatt
- remise sur les exports
- sconto d'esportazione

export sales
- εξαγωγικές πωλήσεις, πωλήσεις από εξαγωγές
- Ausfuhrverkäufe
- ventes d'exportation
- vendite per esportazione

expropriation
- αναγκαστική απαλλοτρίωση
- Enteignung
- expropriation
- espropriazione

ex quay
- εμπορεύματα ελεύθερα επί της αποβάθρας
- ab Kai
- à prendre sur quai
- sulla banchina

ex right
- πώληση μετοχής «χωρίς δικαίωμα» δηλ. χωρίς την παραχώρηση του δικαιώματος για αγορά νέων μετοχών σε χαμηλότερη τιμή (το δικαίωμα αυτό συνήθως εκφράζεται με ειδικά κουπόνια, τα οποία είναι διαπραγματεύσιμα στο χρηματιστήριο ξεχωριστά)
- ex Anrecht
- ex droit
- ex diritto d' opzione

ex rights
- χωρίς δικαιώματα (πώληση μιάς μετοχής άνευ της παραχωρήσεως του δικαιώματος για αγορά νέων μετοχών σε χαμηλότερη τιμή)
- ohne Bezugsrechte
- ex-droits
- senza diritti

ex ship
- επί του πλοίου
- ab Schiff
- ex ship
- ex ship

extension of credit
- παράταση πιστώσεως
- Verlängerung eines Kredites
- prolongation d'un crédit
- proroga di credito

extension of payment time
- παράταση του χρόνου πληρω-
  μής-
- Verlängerungszeitraum
- délai de paiement
- proroga di pagamento

external account ή foreign currency account
- λογαριασμός σε ξένο συνάλ-
  λαγμα
- Auslandskonto
- compte transférable
- conto estero

external loan
- δάνειο από το εξωτερικό
- Auslandsanleihe
- emprunt extérieur
- prestito esterno

extra
- έξτρα, πρόσθετος, επιπρόσθε-
  τος, υπερβάλλων, συμπληρω-
  ματικός
- Sonder
- supplémentaire
- extra

extra dividend
- έκτακτο, επιπρόσθετο, επί πλέον
  μέρισμα
- Bonus; Zusatzdividende
- bonus; superdividende
- dividendo supplementare

extra charge
- επί πλέον επιβάρυνση, επί
  πλέον τέλος
- Zuschlagsgebühr
- supplément
- spesa supplementare

extraordinary general meeting
- έκτακτη γενική συνέλευση
- ausserordentliche General-
  versammlung
- assemblée générale extraor-
  dinaire
- assemblea generale straordi-
  naria

extraordinary resolution
- έκτακτος απόφαση
- Sonderentschluss
- résolution extraordinaire
- deliberazione straordinaria

extrapolate
- παρεκτείνω, συνάγω, εικάζω
  με βάση τα δεδομένα
- extrapolieren
- extrapoler
- estrapolare

ex warehouse
- εμπορεύματα παραδοτέα
  ελεύθερα στην αποθήκη του
  πωλητού
- an Zollfreilager
- à prendre en entrepôt
- franco magazzino

ex works
- εμπορεύματα παραδοτέα στο
  εργοστάσιο του πωλητού
- ab Werk
- prise usine
- franco fabbrica

F

face value
- ονομαστική αξία
- Nennwert
- valeur nominale
- valore nominale

facilities
- διευκολύνσεις, εγκαταστάσεις, μέσα
- Einrichtungen
- facilités
- facilitazione

fact
- γεγονός, στοιχείο, η πράξη, το αδίκημα
- Tatsache
- fait
- fatto

factoring
- είδος χρηματοδοτήσεως πωλήσεων εκ μέρους θυγατρικής εταιρείας τραπέζης (factor ή factoring company) κατά το οποίο αυτή αγοράζει τα εμπορικά χρέη των πελατών της με έκπτωση και τα εισπράττει δια λογαριασμό της στην ονομαστική τους αξία, της διαφοράς επιστρεφομένης στους πελάτες μετά την είσπραξη και την αφαίρεση της τραπεζικής προμήθειας
- Factoring
- affacturage
- factoring

factory
- εργοστάσιο
- Fabrik
- fabrique; usine
- fabbrica

factory inspector
- ελεγκτής, επιθεωρητής εργοστασίου
- Gewerbeaufsichtsbeamte(r)
- inspecteur du travail
- ispettore di fabbrica

factory worker
- εργάτης σε εργοστάσιο
- Gewerbearbeiter; Fabrikarbeiter
- ouvrier
- operaio

fail
- αποτυγχάνω
- versagen; durchfallen
- échouer; failir
- mancare; fallire

failure ή bankrupty
- αποτυχία, πτώχευση, φαλίρισμα, χρεωκοπία
- Bankrott
- faillite
- fallimento

failure to pay
- αδυναμία, παράλειψη πληρωμής
- Nichtzahlung

-113-

- défaut de paiement
- mancato pagamento

fair
- εμπορική έκθεσις, εμποροπανήγυρις
- Messe
- foire
- fiera

fair
- σωστός, τίμιος, λογικός
- recht und bilig
- équitable
- equo

fair average quality (faq)
- μέση καλή ποιότητα
- gute Durchschnittsqualität
- qualité commerciale moyenne
- buona qualità media

fair deal
- έντιμη συμφωνία
- anständige Abmachung
- affaire équitable
- affare giusto

fair play
- τίμιο παιχνίδι
- anständige Handlungsweise
- traitement juste
- condotta leale

fair price
- σωστή, λογική, δίκαια τιμή
- angemessener Preis
- prix raisonnable
- prezzo equo

fair return
- λογικό ποσό αποδόσεως κεφαλαίου

- angemessener Ertrag
- rendement équitable
- discreto proffito

fair wear and tear
- κανονική, σωστή, φυσιολογική χρήση και φθορά περιουσιακού στοιχείου π.χ. μισθίου κ.λ.π.
- übliche Abnützung
- usure normale
- usura normale
- étude probatoire
- studio delle possibilità

fake
- πλαστός, απομίμηση, πλαστογραφημένο
- gefälscht
- truqué
- falso

fall
- πτώση
- Sturz
- baisse; chute
- caduta; ribasso

fall
- πέφτω
- stürzen
- baisser; tomber
- cadere; ribassare

fall due
- λήγω, λήξη
- fällig sein
- échoir; venir à échéance
- scadere; essere pagabile

falling market
- αγορά με πτωτικές τάσεις
- Markt mit Baissetendenz

- marché orienté à la baisse
- mercato in declino

fall off
- μειούμαι
- nachlassen
- ralentir; baisser de valeur
- diminuire

false
- πλαστός, ψεύτικος, ψευδής
- falsch
- faux
- falso
- Durchführbarkeitanalyse

fancy goods
- είδη πολυτελείας
- Modeartikel
- nouveautés
- articoli fantasia

fare
- ναύλος, το αντίτιμο εισιτηρίου
- Fahrgeld
- prix du voyage
- prezzo di viaggio

faulty
- ελαττωματικός
- fehlerhaft
- défectuex
- difettoso

feasibility
- το πραγματοποιήσιμο, το εφαρμόσιμο, το εφικτό
- Durchführbarkeit
- practicabilité
- fattibilità

feasibility study
- μελέτη για τις δυνατότητες πραγματοποιήσεως μιας επι-

χειρήσεως ως προς την αποδοτικότητά της

feature
- το χαρακτηριστικό, το γνώρισμα, η ιδιομορφία
- Merkmal
- particularité
- caratteristica

federal funds
- ομοσπονδιακό ταμείο, ομοσπονδιακά κεφάλαια των δώδεκα κεντρικών ομοσπονδιακών--κρατικών τραπεζών των ΗΠΑ (Federal Reserve) στη διάθεση των ιδιωτικών τραπεζών των ΗΠΑ χωρίς μεγάλη χρονική προειδοποίηση, για να μπορούν οι ιδιωτικές τράπεζες αυτές να έχουν ανα πάσα στιγμή τα αποθεματικά κεφάλαια που επιβάλλει ο νόμος
- Federal Funds
- fonds fédéraux
- fondi federali

Federal Reserve System
- το κεντρικό, κρατικό ομοσπονδιακό σύστημα των ΗΠΑ αποτελούμενο από 12 τράπεζες (Federal Reserve Banks) ανά μία σε ειδική περιοχή (Federal Reserve District). Οι τράπεζες αυτές επιβλέπουν κυρίως τον έλεγχο των ιδιωτικών τραπεζών, οι οποίες και καταθέτουν τμήμα των αποθεμάτων τους σε αυτές
- Federal Reserve System
- Système de réserve fédérale
- sistema della riserva federale

fee
- αμοιβή, τέλος, δικαίωμα
- **Gebühr**
- **redevance; honoraires**
- **onorario; diritto**

feedback
- παλίνδρομος τροφοδότηση, ανασύζευξη, ανατροφοδότηση
- **Rückkoppelung**
- **rétroaction**
- **retroazione**

fee schedule for bill collection
- κατάλογος τελών, ταρίφα των ελβετικών κυρίως τραπεζών για την είσπραξη επιταγών κ.λ.π.
- **Wechselinkasso-Tarif**
- **tarif d'encaissement des effets**
- **cambiale all'incasso**

fictitious
- εικονικός, πλαστός, φανταστικός, πλασματικός
- **unecht; Schein**
- **fictif**
- **fittizio**

fidelity
- πίστη, πιστότητα, αφοσίωση
- **Treue**
- **fidélité**
- **fedeltà**

fiduciary
- πιστωτικός, καταπιστευματικός
- **treuhänderisch**
- **fiduciaire**
- **fiduciario**

fiduciary deposit
- καταπιστευματικές καταθέσεις, πιστωτικά αποθέματα (βλ. fiduciary transactions πιο κάτω)
- **Treuhandanlage**
- **placement fiduciaire**
- **investimento fiduciario**

fiduciary issue
- έκδοση χαρτονομισμάτων χωρίς κάλυψη
- **ungedecktes Geld**
- **émission fiduciaire**
- **emissione fiduciaria**

fiduciary transactions
- δοσοληψίες, συναλλαγές, εμπορικές πράξεις κατα τις οποίες έμπιστο πρόσωπο και εν προκειμένω η τράπεζα ενεργεί επ' ονόματι της, αλλά βάσει των οδηγιών και με κίνδυνο των πελατών της (στις πράξεις αυτές υπάγονται: η άσκηση λογιστικών ελέγχων, γνωματεύσεις ειδικών, αναδιοργάνωση επιχειρήσεων, φορολογικά προβλήματα, εκκαθαρίσεις κ.λ.π.)
- **Treuhandgeschäfte**
- **opérations fiduciaires**
- **operazione fiduciaria**

field study
- έρευνα των πραγμάτων επί τόπου, διασκόπηση, επισκόπηση
- **Stellenüberblick**
- **enquête sur les lieux**
- **studio sul terreno**

figure
- αριθμός
- **Zahl**

file
- ντοσιέ, κλασέρ, φάκελλος τα-
  ξινομήσεως εγγράφων
- Akte
- dossier
- archivio

file
- καταθέτω, υποβάλλω έγγραφη
  αίτηση κ.λ.π.
- einlegen
- déposer
- depositare

file
- ταξινομώ σε φάκελλο, αρχει-
  θετώ, βάζω στο αρχείο
- aufreihen
- classer
- archiviare

final balance
- τελικό ισοζύγιο
- Schlussbilanz
- solde net
- saldo finale

final discharge
- κλείσιμο του λογαριασμού, τε-
  λική αποδέσμευση
- Rechnungsentlastung
- quitus
- quietanza finale

final dividend
- τελικό (ετήσιο) μέρισμα συμ-
  ψηφιζομένων των καταβληθέ-
  ντων επί μέρους μερισμάτων
  κατά τη διάρκεια του έτους,
  ως συνήθως γίνεται στις ΗΠΑ

- Schlussdividende
- dividende final
- dividendo finale

final instalment
- τελική, τελευταία δόση
- letzte Rate
- dernier versement
- ultima rata

final invoice
- τελικό τιμολόγιο
- Endrechnung
- facture finale
- fattura finale

finance
- χρηματοδοτώ
- finanzieren
- financer
- finanziare

finance
- οικονομική κατάσταση, οικονο-
  μικά, χρηματοπιστωτικά μέσα
- Finanz
- finance
- finanza

finance bill
- συναλλαγματική που δεν έχει
  σχέση με κάποια εμπορική
  πράξη, συνήθως παίρνει τη
  μορφή γραμματίου (promisso-
  ry note). (Στην κατηγορία αυτή
  υπάγονται τα treasury notes)
- Finanzwechsel
- effet financier
- cambiale finanziaria

finance company
- εταιρεία χρηματοδοτήσεων
- Finanzierungsgesellschaft

- société de financement
- società finanziaria

financial
- οικονομικός
- finanziell
- financier; fiscal
- finanziario

financial loan; medium term financing
- τραπεζιτικό δάνειο, που δίνεται σε εγχωρίους ή ξένους δανειστές για ορισμένο ποσό και χρόνο χωρίς να σχετίζεται με ορισμένη εμπορική πράξη (βλ. πιο πάνω export financing credit)
- Finanzkredit
- crédit financier
- credito finanziario

financial statement
- οικονομική έκθεση, κατάσταση, απολογισμός
- Finanzausweis
- état de finances
- relazione finanziaria

financial year
- οικονομικό έτος
- Geschäftsjahr
- exercice
- esercizio

financing
- χρηματοδότηση
- Finanzierung
- financement
- finanziamento

fine
- χρηματική ποινή

- Geldstrafe
- amende
- multa

fineness
- η καθαρότης, ο βαθμός καθαρότητας του μετάλλου
- Feingehalt
- titre
- finezza

fire insurance
- πυρασφάλιση, ασφάλεια πυρός
- Feuerversicherung
- assurance incendie
- assicurazione incendio

fire insurance policy
- πυρασφαλιστήριο, συμβόλαιο ασφάλειας πυρός
- Feuerversicherungsschein
- police incendie
- polizza d'assicurazione incendio

firing
- απόλυση
- Entlassung
- congédiement
- licenziamento

firm
- χρηματιστηριακός όρος, που σημαίνει ότι οι τιμές στο χρηματιστήριο τείνουν να ανεβούν ή παραμένουν σε υψηλά επίπεδα
- fest
- ferme
- fermo

firm ή company
- επιχείρηση ή εταιρεία

- Firma
- firme; maison
- ditta

firm and not subject to alteration
- σταθερό και μη υποκείμενο σε αλλαγή ή τροποποίηση
- fest und unveränderlich
- ferme et non révisable
- fermo e non modificabile

firm offer
- τελική, δεσμευτική προσφορά
- festes Angebot
- offre ferme
- offerta ferma

firm underwriting ή direct underwriting
- η σταθερή ανάληψη αγοράς όλων των μετοχών, η οποία γίνεται από μια τράπεζα ή consortium τραπεζών και η οποία τράπεζα θέτει στη συνέχεια όλες τις μετοχές σε δημόσια εγγραφή με δικό της κίνδυνο
- Festübernahme
- prise ferme
- assunzione a fermo

first of exchange
- πρωτότυπο συναλλαγματικής η οποία εξεδόθη σε πολλαπλούν (second of exhange κ.λ.π.). Άμα πληρωθεί το ένα, οποιοδήποτε, τα άλλα είναι άκυρα
- Primawechsel
- première de change
- prima di cambio

first mortgage
- πρώτη υποθήκη

- Hypothek,erste
- hypothèque en premier rang
- ipoteca di primo grado

fiscal
- οικονομικός, δημοσιονομικός, φορολογικός
- Finanz
- fiscal
- fiscale

fiscal year
- οικονομικό έτος
- Steuerjahr
- exercice budgétaire
- anno fiscale

fixed
- σταθερός, πάγιος, που δεν υπόκειται σε διακυμάνσεις
- fest
- fixe; fixé
- fisso; fissato

fixed advance
- δάνειο ορισμένου ποσού πληρωτέο βραχυπροθέσμως ή όταν ζητηθεί
- fester Vorschuss; Festkredit
- avance à terme fixe
- anticipazione fissa

fixed assets
- πάγιο ενεργητικό
- Anlagevermögen
- capital investi
- immobilizzazioni

fixed capital
- πάγιο κεφάλαιο
- feste Kapitalangen
- capital fixe
- capitale fisso

fixed-date bill
- συναλλαγματική, που λήγει ο-
  ρισμένο χρόνο μετά την έκδο-
  ση της γνωστής και ως after-
  sight bill
- Datowechsel
- effet à un certain delai de vue
- cambiale a certo tempo data

fixed deposit
- κατάθεση με προθεσμία
- Depositeneinlage
- dépôt à terme (fixe)
- deposito a termine fisso

fixed exchange rate
- σταθερές τιμές ανταλλαγής
  συναλλάγματος
- fester Wechselkurs
- taux de change fixe
- cambio fisso

fixed-interst securities
- χρεώγραφα σταθερού τόκου
- festverzinsliche Werte
- valeur à revenu fixe
- valori a reddito fisso

fixed parity
- σταθερή ισοτιμία
- feste Parität
- parité fixe
- parità fissa

fixed rate lending
- δανεισμός με σταθερό επιτό-
  κιο σε αντίθεση με το διακυ-
  μαινόμενο (fluctuation rate)
- fester Zinssatz
- taux d'intérêt fixe
- tasso d'interesse fisso

flag
- σημαία
- Flagge
- pavillon; drapeau
- bandiera

flag of convenience
- σημαία ευκαιρίας
- billige Flagge
- enseigne de convenance
- bandiera di convenienza

flat ή apartment
- διαμέρισμα πολυκατοικίας
- Etagenwohnung
- appartement
- appartamento

flat
- επίπεδο, σε αγοραπωλησία
  χρεωγράφου σημαίνει χωρίς
  τόκο
- flach
- plat; uniforme
- piatto

**flat property (GB); condominium
ownership of an apartment (USA)**
- οριζόντιος ιδιοκτησία
- Stockwerkeigentum
- propriété par étages
- proprietà per piani

flat rate
- ενιαία ομοιόμορφη τιμή ή πο-
  σοστό
- Einheitssatz
- tarif uniforme
- tariffa uniforme

fleet
- στόλος
- Flotte

- flotte
- flotta

flight
- πτήση
- Flucht
- vol
- volo

flight capital
- κεφάλαιο φυγαδευόμενο στο εξωτερικό κατά παράβαση των νόμων περί εξαγωγής κεφαλαίων, γνωστό και ως hot money
- Fluchtgeld; Fluchtkapital
- capitaux erratiques
- capitali in fuga

float a company
- ιδρύω εταιρεία
- eine Gesellschaft gründen
- lancer une entreprise
- lanciare una società

float a loan ή raise a loan
- εκδίδω δάνειο, κυκλοφορώ δάνειο
- eine Anleihe begeben
- émettre un emprunt
- lanciare un prestito

floating
- πλωτός, επιπλέων, κινητός, που δεν είναι προσαρμοσμένος σταθερά σε ένα σημείο. Ελευθέρα ευέλικτη ανάπτυξη των συναλλαγματικών κ.λ.π. τιμών, βάσει του νόμου της προσφοράς και ζητήσεως, χωρίς την ανάγκη παρεμβάσεως από την κεντρική-κρατική τράπεζα μιάς χώρας δια τον έλεγχο των συναλλαγματικών τιμών της χώρας. (Η παρέμβαση αυτή είναι γνωστή ως dirty floating)
- Floating
- flottement
- fluttuazione

floating debt
- κυμαινόμενο χρέος, συνήθως μιάς δημοσίας επιχειρήσεως ή του δημοσίου, που δεν αντιπροσωπεύεται από ομολογίες γνωστό ως short-term floating debt (το αντίθετο consolidated debt = ενοποιημένο χρέος)
- schwebende Schuld
- dette flottante
- debito fluttuante

floating (flexible) exchange rate
- ελεύθερος καθορισμός των συναλλαγματικών τιμών βάσει της προσφοράς και ζητήσεως (γνωστός ως clean floating, βλ. πιο πάνω floating)
- flexibler Wechselkurs
- taux de change flottant
- cambio flessibile

floating policy
- συνεχές ασφαλιστήριο θαλασσίων μεταφορών με οποιαδήποτε πλοία, αλλά μεταξύ καθορισμένων λιμανιών ή ασφαλιστήριο για εμπορεύματα τρίτων που έχει π.χ. ένας εμπορικός αντιπρόσωπος στην αποθήκη του
- laufende Polizze
- police flottante
- polizza flottante

floor space
- χώρος επιφανείας γραφείων, κτιρίων κ.λ.π.
- Bodenfläche
- surface de plancher
- superficie di pavimento

flow
- ροή, ρεύμα, πλούσια παροχή
- Strom
- flux
- flusso

flow chart
- γραφική παράσταση της ροής του χρήματος, των προιόντων, των πιστώσεων κ.λ.π. μιάς εταιρείας, της επιστροφής των κεφαλαίων και της ανακυκλήσεως αυτών
- Flussplan
- ordinogramme
- diagramma di flusso

fluctuate
- κυμαίνομαι, κυμαίνω, παίζω, αυξομειούμαι
- schwanken
- fluctuer
- fluttuare

fluctuating
- κυμαινόμενος
- schwankend
- fluctuant
- fluttuante

fluctuating rate
- κυμαινόμενη τιμή
- schwankender Kurs
- taux variable
- tasso variabile

fluctuation
- διακύμανση, άνοδος ή πτώση των τιμών
- Schwankung
- fluctuation
- fluttuazione

fluidity
- ρευστότητα, αστάθεια, το ευμετάβλητο
- Flüssigkeit
- fluidité
- fluidità

F.O.B. destination ή carriage free
- (free on board ελεύθερο επί του πλοίου ή άλλου μεταφορικού μέσου). Εδώ σημαίνει με πληρωμένα τα μεταφορικά μέχρι το λιμάνι προορισμού
- frachtfrei
- franco
- porto franco

F.O.B. shipping point ή carriage forward
- ελεύθερο επί του πλοίου φορτώσεως, τα μεταφορικά θα πληρωθούν από τον αγοραστή ή τον παραλήπτη
- Portonachnahme
- en port dû
- porto assegnato

folder
- φάκελλος, ντοσιέ, κλασέρ, αναδιπλούμενο ή διαφημιστικό έντυπο
- Mappe
- chemise
- cartella

footnote
- υποσημείωση
- **Fussnote**
- **apostille**
- **postilla**

force
- δύναμη, ισχύς, βία, καταναγκασμός
- **Gewalt**
- **force**
- **forza**

forced
- αναγκαστικός, υποχρεωτικός
- **Zwangs**
- **forcé**
- **forzato**

forced liquidation ή **compulsory winding-up**
- αναγκαστική ρευστοποίηση
- **Zwangsliquidation**
- **liquidation forcée**
- **liquidazione forzata**

forced sale
- αναγκαστική εκποίηση για την απόκτηση ρευστών ή την πληρωμή πιεστικών πιστωτών
- **Zwangsverkauf**
- **vente forcée**
- **vendita sforzosa**

forced sale of collaterals
- αναγκαστική εκποίηση χρεωγράφων, ομολογιών, γραμματίων κ.λ.π. χωρίς τη συγκατάθεση του οφειλέτου ως π.χ. με δικαστική απόφαση, γνωστή και ως execution (εκτέλεση)
- **Execution**
- **exécution**
- **realizzazione forzata**

forced saving
- αναγκαστική αποταμίευση δια τον περιορισμό εκ μέρους του κράτους των καταναλωτικών δαπανών δηλ. επιβολή φόρου επί της καταναλώσεως ή πληρωμή υποχρεωτικού ασφαλίστρου σε ασφαλιστικούς οργανισμούς συντάξεων γήρατος
- **Zwangssparen**
- **épargne forcée**
- **risparmio forzoso**

for deposit only
- σημείωση επί μιάς επιταγής (στο μπροστινό μέρος), που σημαίνει ότι το ποσόν θα πρέπει να πιστωθεί σε λογαριασμό και να μην πληρωθεί σε μετρητά
- **nur zur Verrechnung**
- **à porter en compte**
- **da accreditare**

forecast
- προϋπολογίζω, προβλέπω, προεκτιμώ, προλέγω
- **vorhersehen**
- **prévoir**
- **pronosticare**

forecasting
- πρόβλεψη, πρόγνωση, υπολογισμός
- **Voraussagen**
- **prévision**
- **previsione**

foreclosure
- αγωγή κατασχέσεως
- **Zwangsvollstreckung**
- **vente de l'immeuble hypothéqué**

- vendita per giudizio ipotecario

foreign
- αλλοδαπός, ξένος, εξωτερικός, αλλοεθνής
- ausländisch; fremd
- étranger
- straniero; estero

foreign assets
- περιουσιακά στοιχεία εις το εξωτερικό, το ενεργητικό του εξωτερικού, συνήθως δάνεια από τράπεζα σε πελάτη του εξωτερικού, η κατοχή μετοχών ξένων επιχειρήσεων κ.λ.π. (το αντίθετο foreign liabilities βλ. πιό κάτω)
- Auslandaktiven
- créances sur l'étranger
- attività sull'estero

foreign bill
- συναλλαγματική εξωτερικού, που θα πληρωθεί σε άλλη χώρα σε συνάλλαγμα και η οποία εκδίδεται σε περισσότερα από ένα αντίγραφα για να μή χαθεί (βλ. external bill)
- Auslandswechsel
- lettre de change sur l'etranger
- cambiale sull'estero

foreign bond issue
- ομολογίες διατιθέμενες στο εξωτερικό σε συνάλλαγμα της χώρας κυκλοφορίας (το αντίθετο βλ. domestic issue)
- Auslandanleihe
- emprunt étranger
- prestito estero

foreign currency account
- λογαριασμός σε συνάλλαγμα του εξωτερικού (βλ. external account)
- Fremdwährungskonto
- compte en monnaie étrangère
- conto in moneta estera

foreign currency
- ξένο συνάλλαγμα
- Devisen
- devises
- valuta estera

foreign currency clause
- ρήτρα, που αποσκοπεί στην αντιμετώπιση του κινδύνου υποτιμήσεως ορισμένου συναλλάγματος σχετικά με μία απαίτηση καθορίζουσα σταθερή τιμή ανταλλαγής ή αναλογία μεταξύ του εντοπίου και του ξένου νομίσματος
- Valutaklausel; Währungsklausel
- clause monétaire
- clausola monetaria

foreign exchange
- εξωτερικό, ξένο συνάλλαγμα
- Devisen
- devises
- divise

foreign exchange controls
- συναλλαγματικοί έλεγχοι επιβαλλόμενοι από μία χώρα με διάφορα μέσα, για τον έλεγχο της μετατρεψιμότητας του νομίσματος της χώρας σε σχέση με ξένο συνάλλαγμα και τον περιορισμό της διαρροής συ-

ναλλάγματος στο εξωτερικό
- Devisen-kontrolle
- contrôle des changes
- controllo dei cambi

foreign exchange rates
- τιμές ανταλλαγής συναλλάγ-
ματος
- Devisenkurs
- cours des changes
- corso dei cambi

foreign labour
- αλλοδαποί εργάτες εργαζόμε-
νοι σε μία χώρα
- Fremdarbeiterschaft
- main-d'ouvre étrangère
- mano d'opera straniera

foreign liabilities
- οικονομικές υποχρεώσεις
πρός ξένους πιστωτές. (Το
αντίθετο foreign assets βλ.
πιο πάνω)
- Auslandpassiven
- engagements envers l'éntra-
ger
- passività verso l'estero

foreign trade
- εξωτερικό εμπόριο
- Aussenhandel
- commerce extérieur
- commercio estero

foreman
- εργοδηγός
- Vorarbeiter
- contremaître,chef d'équipe
- capo operaio; capo squadra

forfeit clause
- ρήτρα εκπτώσεως απο δικαίω-

μα, στερήσεως ή απωλείας εκ
κατασχέσεως ή καταπτώσεως
εγγυήσεως
- Bussklausel
- clause de dédit
- clausola di penalità per inan-
dempienza

forfeiture of shares
- στέρηση μετοχών, το δικαίωμα
κατοχής ορισμένων μετοχών
μπορεί να χαθεί σε περίπτωση,
κατά την οποία ο κάτοχος δεν
μπορέσει να πληρώσει την
τιμή εγγραφής νέων μετοχών
ή μέρος του ποσού, σχετιζό-
μενο με τις μετοχές που κατέ-
χει. Οι εν λόγω μετοχές ακυ-
ρώνονται ή εκδίδονται νέες
αντ' αυτών
- Kaduzierung
- déclaration de déchéance
- dichiarazione di decadenza

forge
- πλαστογραφώ, παραχαράσσω
- fälschen
- contrefaire
- contraffare

forged cheque
- πλαστογραφημένη επιταγή
- gefälschter Scheck
- faux chèque
- assegno falsificato

forger
- παραχαράκτης, πλαστογρά-
φος
- Fälscher
- faux-monnayeur; faussaire
- falsificatore

forgery; falsification
- παραποίηση, πλαστογραφία
- Falsifikat
- falsification; contrefaçon
- falsificazione

form
- έντυπο για συμπλήρωση
- Formular
- formule
- modulo

form
- τύπος, μορφή
- Form
- forme
- forma

form
- διαμορφώνω, αποτελώ
- bilden
- constituer
- constituire

form
- ιδρύω, συνιστώ
- gründen
- former
- formare

formal
- τυπικός, επίσημος
- formell
- formel
- formale

formality
- (συνήθως στον πληθυντικό) διατυπώσεις (νομικές, τελωνειακές κ.λ.π.)
- Formalität
- formalité
- formalità

formal notice
- επίσημη προειδοποίηση, κοινοποίηση
- Inverzugsetzung
- mise en demeure
- intimazione

forthcoming
- προσδοκώμενος, προσεχής, που προσεγγίζει, που έρχεται, ερχόμενος
- bevorstehend
- prochain
- prossimo

forward
- αναφερομένος σε μελλοντικές δοσοληψίες
- Termin
- en avant; à terme
- a termine

forward
- προωθώ, αποστέλλω, διαβιβάζω, διεκπεραιώ
- expedieren; absenden
- envoyer; expédier
- spedire

forward dealings
- μελλοντικές δοσοληψίες
- Zeitgeschäfte
- opérations à terme
- operazioni a termine

forward delivery
- μελλοντική παράδοση
- Terminlieferung
- livraison à terme
- consegna a termine

forward dollars
- τραπεζιτικός όρος για την

πληρωμή ενός ποσού δολλα-
ρίων σε ορισμένη μελλοντική
ημερομηνία
- **Termindollars**
- **dollars à terme**
- **dollari a termine**

forward exchange
- αγορά συναλλάγματος διά την
εξόφληση μελλοντικής υπο-
χρεώσεως και τη διασφάλιση
έναντι τυχόν ανόδου της τιμής
του ή και την πώληση συναλ-
λάγματος έν όψει πτώσεως
της τιμής του
- **Termindevisen**
- **change à terme**
- **cambio a termine**

forwarding agent
- πράκτορας μεταφορών
- **Spediteur**
- **transitaire**
- **spedizioniere**

forward price
- μελλοντική τιμή
- **Terminnotierung**
- **cours à terme**
- **prezzo per futura consegna**

forward rate
- η τιμή με την οποία θα γίνουν
μελλοντικές αγοραπωλησίες
σε μελλοντικές αγορές. (Το
αντίθετο spot rate)
- **Terminkurs**
- **cours à terme**
- **corso a termine**

forwarder's receipt
- απόδειξη μεταφορέως επιβε-
βαιώνουσα την παραλαβή εμ-

πορευμάτων προς αποστολή,
απαραίτητη δια το άνοιγμα
ενέγγυου πιστώσεως (docu-
mentary credit) από μια επι-
χείρηση υπέρ άλλης μέσω
τραπέζης, προϋπόθεση της ο-
ποίας είναι η προσκόμιση στην
τράπεζα των φορτωτικών εγ-
γράφων και, εν προκειμένω,
της εν λόγω αποδείξεως
- **Spediteurempfangsshein**
- **récépissé du transporteur**
- **ricevuta di deposito**

foul (dirty) bill of lading
- φορτωτική γεμάτη από λάθη
και παραλείψεις, ιδιαίτερα ως
πρός την ποσότητα και την κα-
τάσταση του εμπορεύματος ή,
με κάποια επιφύλαξη, μη κα-
θαρή φορτωτική
- **einschränkendes Konnosse-
ment**
- **connaissement avec réserve**
- **polizza di carico con riserve**

found
- ιδρύω, βασίζω
- **gründen**
- **fonder**
- **fondare**

founder
- ιδρυτής
- **Gründer**
- **fondateur**
- **fondatore**

founder member
- ιδρυτικό μέλος
- **Gründermitglied**
- **membre fondateur**
- **socio fondatore**

founder's share
- ιδρυτικός τίτλος, μετοχή ή με-
τοχές, που παραχωρούνται
δωρεάν στους ιδρυτές μιάς
εταιρείας για υπηρεσίες για
τις οποίες δεν έχουν
πληρωθεί και οι οποίες μετο-
χές έχουν ορισμένα δικαιώμα-
τα όπως π.χ. δικαίωμα λήψεως
μέρους του μερίσματος ή των
προσόδων από τη ρευστοποίη-
ση ή εκκαθάριση της εται-
ρείας, στην Αγγλία είναι
γνωστές ως deferred shares
- **Gründeranteilschein**
- **part de fondateur**
- **parte di fondatore**

fraction; odd lot (USA)
- στις αγοραπωλησίες μετοχών
(ή εμπορευμάτων) μικρότερος
αριθμός μετοχών από τον
αριθμό των μετοχών, που συ-
νήθως διακινούνται σε αντίθε-
ση με τον όρο round lot, που
σημαίνει τον κανονικό αριθμό
διακινουμένων μετοχών
- **Fraktion**
- **fraction**
- **frazione**

fractional rights
- κλασματικά δικαιώματα για την
αγορά μιάς νέας μετοχής, τα
οποία συμπληρώνονται με την
αγορά επί πλέον κλασματικών
δικαιωμάτων ή και πωλούνται
στην τιμή των κλασματικών δι-
καιωμάτων
- **Spitze**
- **rompus**
- **spezzatura**

fragile
- εύθραυστος
- **zerbrechlich**
- **fragile**
- **fragile**

franchise
- παραχώρηση, προνόμιο, ατέ-
λεια, απαλλαγή, ποσοστό αβα-
ρίας κατά το οποίο ο ασφαλι-
στής δεν υπέχει ευθύνη
- **Konzession**
- **concession**
- **concessione**

franking machine
- μηχανή υποκαθιστώσα τα
γραμματόσημα, μηχανή ταχυ-
δρομικών τελών
- **Frankiermaschine**
- **machine à affranchir**
- **affrancatrice postale**

fraud
- απάτη, δόλος
- **Betrug**
- **fraude**
- **frode**

fraudulent
- δόλιος, απατηλός
- **betrügerisch**
- **frauduleux**
- **fraudolento**

free
- ελευθερώνω, απελευθερώνω,
απαλλάσσω, εξαιρώ, αποδε-
σμεύω
- **befreien**
- **libérer; affranchir**
- **liberare**

free
- ελεύθερος, απηλλαγμένος, α-δέσμευτος, διαθέσιμος, δωρε-άν, τζάμπα
- frei; franko
- libre; franco
- libero; franco

free alongside ship
- ελεύθερο παρά το πλευρό του πλοίου με πληρωμένα όλα τα έξοδα, μέχρι του σημείου αυτού, από τον πωλητή
- frei Schiffseite
- franco le long du bord
- franco lungobordo

free economy
- ελευθέρα οικονομία
- freie Marktwirtschaft
- système économique du marché libre
- economia di mercato libero

free enterprise
- ελευθερία οικονομικής δρα-στηριότητος
- freie Wirtschaft
- libre entreprise
- libertà d'iniziativa

free from mortgage
- ελεύθερο υποθήκης
- von Hypothek befreit
- déshypothéqué
- libero d'ipoteca

freehold
- πλήρης κυριότης ακινήτου, ακίνητο που ανήκει κατ' από-λυτη κυριότητα
- uneingeschränkter Grundbe-sitz

free
- propriété foncière perpetuel-le
- proprietà allodiale

freeholder
- ο κατέχων τίτλον κυριότητος ακινήτου
- uneingeschränkter Eigentü-mer
- propriétaire foncier
- proprietario allodiale

free of all averages
- όρος ασφαλιστηρίου συμβο-λαίου, κατά τον οποίον το ασφαλιστήριο δεν καλύπτει γενική ή μερική αβαρία αλλά ολική απώλεια του εμπορεύ-ματος ή ακόμη και αυτού του πλοίου
- ganz havariefrei
- franc de toutes avaries
- franco d'ogni avaria

free of commission
- ελεύθερο προμηθείας, χωρίς την καταβολή προμηθείας
- maklergebührenfrei
- franco courtage
- franco mediazione

free of particular average (fpa)
- ελεύθερο μερικής αβαρίας, δηλ. δὲν καλύπτεται η μερική αβαρία, αλλά μόνον η οφειλό-μενη σε ολοσχερή καταστρο-φή του πλοίου
- frei von besonderer Havarie
- franc d'avarie particulière
- franco di avaria particolare

free on board (fob)
- ελεύθερο επί του πλοίου ή άλ-

λου μεταφορικού μέσου
- **frei an Bord**
- **franco à bord**
- **franco a bordo**

free on quay (foq)
- ελεύθερο επί της αποβάθρας
- **frei Kai**
- **franco quai**
- **franco banchina**

free on rail (for)
- ελεύθερο στο σιδηροδρομικό σταθμό
- **frei Waggon**
- **franco wagon**
- **franco vagone**

free port
- λιμένας ελευθέρας ζώνης, ελευθέρα ζώνη γνωστή και ως free trade zone ή free zone
- **Freihafen**
- **port franc**
- **porto franco**

free sample
- ελεύθερο δείγμα, χωρίς επιβάρυνση
- **kostenlose Probe**
- **échantillon gratuit**
- **campione gratuito**

free ticket
- εισιτήριο δωρεάν
- **Freikarte**
- **billet de faveur**
- **biglietto gratuito**

free trade
- ελεύθερο εμπόριο
- **Freihandel**
- **libre-échange**
- **libero scambio**

free trial
- δοκιμή δωρεάν
- **kostenlose Probe**
- **essai gratuit**
- **prova gratuita**

freight
- φορτίο εμπορευμάτων για μεταφορά, ναύλος, έξοδα μεταφοράς
- **Fracht**
- **fret**
- **nolo**

freight charges paid
- τα έξοδα μεταφοράς πληρωμένα
- **franko**
- **port-payé**
- **franco di porto**

freight prepaid; postage paid; free (of charge)
- ναύλος προπληρωμένος
- **Franko**
- **franco; port payé**
- **franco**

freight ton
- τόννος γενικού φορτίου
- **Handelstonne**
- **tonneau de fret**
- **tonnellata di nolo**

freight train ή **goods train**
- εμπορική αμαξοστοιχία, εμπορικό τραίνο
- **Güterzug**
- **train de marchandises**
- **treno merci**

frequency
- συχνότητα

- Häufigkeit
- fréquence
- frequenza

frenquency distribution
- κατανομή κατά συχνότητες (στατιστικός όρος)
- Häufigkeitsverteilung
- distribution de fréquences
- distribuzione delle frequenze

fresh-water damage
- ζημία γλυκού νερού
- Süsswasserschaden
- dégâts d'eau douce
- danno d'aqua dolce

friendly society ή lodge
- αλληλοβοηθητικό σωματείο, ειδικό ταμείο αλληλοβοηθείας
- Versicherungsverein auf Gegenseitgkeit
- société de secours mutuel
- società di mutuo soccorso

fringe benefits
- πρόσθετες παροχές σε εργαζόμενους, πέραν των συμβατικών ορίων
- Sozialleistungen
- avantages accessoires
- vantaggi accessori

frontier
- σύνορο, μεθόριος, όριο
- Grenze
- frontière
- frontiera

frozen assets
- «παγωμένα» περιουσιακά στοιχεία μιάς επιχείρησης, που δεν μπορούν εύκολα να ρευστοποιηθούν

- eingefrorene Guthaben
- fonds bloqués
- attivo congelato

frozen credits
- παγωμένες πιστώσεις
- eingenfrorene Kredite
- crédits bloqués
- crediti bloccati

frustration
- αποτυχία, απογοήτευση, διάψευση ελπίδος
- Fortfall der Geschäftsgrundlage
- frustration
- frustrazione

fulfil
- πληρώ, εκπληρώ, ανταποκρίνομαι σε προσδοκία, τηρώ υπόσχεση
- erfüllen
- remplir
- adempiere

fulfilment
- εκπλήρωση υποχρεώσεως
- Erfüllung
- accomplissement
- adempimento

full
- πλήρης, γεμάτος
- voll
- plein
- pieno

full cover
- πλήρης (ασφαλιστική ή άλλη) κάλυψη
- Vollwertdeckung
- garantie totale
- garanzia totale

full employment
- πλήρης απασχόληση
- **Vollbeschäftigung**
- **plein emploi**
- **piena occupazione**

full legal tender coins
- κέρματα ως αναγνωρισμένο νόμισμα πληρωμών όπως π.χ. τα χρυσά κέρματα εις το παρελθόν
- **Kurantmünzen**
- **pièces courantes**
- **moneta corrente**

full-service bank
- τράπεζα, που κάνει όλες τις τραπεζιτικές εργασίες σε αντίθεση με εκείνες που κάνουν ορισμένες, όπως τράπεζα υποθηκών (mortgage bank) ή εμπορική τράπεζα (trade bank) κ.λ.π.
- **Universalbank**
- **banque universelle**
- **banca universale**

fully subscribed
- εξ ολοκλήρου προεγγραφέν, πλήρως καλυφθείσες προεγγραφές αγοράς χρεωγράφων κ.λ.π.
- **vollgezeichnet**
- **intégralement souscrit**
- **interamente sottoscritto**

function
- φυσική λειτουργία, αποστολή, σκοπός, λειτούργημα, συνάρτηση
- **Aufgabe**
- **fonction**
- **funzione**

functional
- λειτουργικός, συναρτησιακός
- **sachlich**
- **fonctionnel**
- **funzionale**

fund
- ταμείο, κεφάλαιο, κονδύλι, απόθεμα, κρατικά χρεώγραφα
- **Fonds**
- **fonds**
- **fondi**

fund investing in an individual country
- επενδύσεις, που γίνονται από εταιρεία επενδύσεων σε μετοχές μιας ορισμένης χώρας
- **Länderfonds**
- **fonds de placement dans un certain pays**
- **fondo d'investimento in un dato paese**

fund investing in an individual industry
- επενδύσεις, που γίνονται από εταιρεία επενδύσεων αποκλειστικά σε μετοχές μιάς ορισμένης βιομηχανίας ή βιομηχανικής ομάδας
- **Branchenfonds**
- **fonds de placement spécialisé dans une certaine branche**
- **fondo d'investimento settoriale**

fungible items; interchangeable items
- ανταλλάξιμες αξίες, εμπορεύματα ή προϊόντα (όμοια μεταξύ τους) που μπορούν να ανταλλαγούν μεταξύ τους χωρίς νο-

μικές συνέπειες όπως π.χ. με-
τοχές εις τον κομιστή (bearer
shares)
- **fungible Sachen**
- **biens fongibles**
- **beni fungibili**

further consideration
- περαιτέρω μελέτη, εξέταση
- **Weiterüberlegung**
- **examen plus attentif** .
- **esame più attento**

further information
- περαιτέρω πληροφορίες
- **weitere Auskunft**
- **renseignements complémen-
taires**
- **ulteriori informationi**

further particulars
- περαιτέρω επιμέρους στοι-
χεία, καθέκαστα, λεπτομερής
περιγραφή, στοιχεία ταυτότη-
τος
- **nähere Umstände**
- **plus amples renseignements**
- **ulteriori particolari**

further reason
- περαιτέρω αιτιολόγηση, στοι-
χεία, λόγοι
- **weitere Gründe**
- **raison supplémentaire**
- **ulteriori motivi**

future delivery
- μελλοντική παράδοση
- **zukünftige Lieferung**
- **livraison à terme**
- **consegna a termine**

future market
- αγορά εμπορευμάτων απο-
στελλομένων επί προθεσμία
- **Terminmarkt**
- **marché du terme**
- **mercato a termine**

**future transactions; forward
transactions**
- μελλοντικές συναλλαγές (βά-
σει συμβατικών υποχρεώσε-
ων). Το αντίθετο spot transa-
ctions (πώληση τοις μετρητοίς
με άμεσο παράδοση)
- **Termingeschäfte**
- **opérations à terme**
- **operazioni a termine**

G

gain
- κερδίζω, αυξάνω την τιμή
- anziehen
- hausser
- lievitare

gamble
- παίζω, ποντάρω σε τυχερό παιχνίδι
- um Geld spielen; spekulieren
- jouer de l'argent; spéculer
- speculare; arrischiare

gamble on the stock exchange
- παίζω στο χρηματιστήριο
- die Börse spielen
- jouer à la Bourse
- giocare in Borsa

General Agreement on Tariffs and Trade (GATT)
- Γενική Τελωνιακή και Εμπορική σύμβαση (GATT)
- Allegemeines Zoll-und Handelsabkommen
- Accord Général sur les Tarifs Douaniers et le Commerce
- Accordo Generale sulle Tariffe Doganali e sul Commercio

general average
- γενική αβαρία
- grosse Havarie
- avaries communes
- avaria generale

general expenses
- γενικά έξοδα
- allgemeine Unkosten
- frais généraux
- spese generali

general conditions of the banks
- οι αρχές, που καθορίζουν τις σχέσεις των τραπεζών με τους πελάτες τους, πέραν των συμβατικώς καθοριζομένων
- Allgemeine Geschäftsbedingungen der Banken
- conditions générales des banques
- condizioni generali delle banche

general ledger
- γενικό καθολικό
- allgemeines Hauptbuch
- journal général
- libro mastro generale

general lien
- δικαίωμα σε οποιοδήποτε περιουσιακό στοιχείο σε αντίθεση με το particular lien, που αναφέρεται σε συγκεκριμένο περιουσιακό στοιχείο, που διασφαλίζει την οφειλή
- allgemeines Pfandrecht
- privilège général
- privilegio generale

general meeting
- γενική συνέλευση

- Hauptversammlung
- assemblée générale
- assemblea generale

general public
- γενικό κοινό, το κοινό
- Öffentlichkeit
- grand public
- pubblico in genere

general strike
- γενική, καθολική απεργία
- Generalstreik
- grève générale
- sciopero generale

gentlement's agreement
- συμφωνία κυρίων

gift
- δώρο
- Geschenk
- don; cadeau
- dono; donazione

giro transfer advice
- (giro = σύστημα μεταφοράς
  ταχυδρομικών τρεχούμενων
  λογαριασμών) γραπτή επιβε-
  βαίωση για τη μεταβίβαση πο-
  σού από τον ένα ταχυδρομικό
  τρεχούμενο λογαριασμό σε
  άλλον
- Girozettel
- formule de giro
- cedola di girata

give and take
- δίνω και παίρνω, έχω δοσολη-
  ψίες, δοσοληψίες
- Geben und Nehmen
- concessions mutuelles
- concessione reciproca

give a week's notice
- δίνω προειδοποίηση μιάς
  εβδομάδας (συνήθως σε πα-
  ραίτηση ή απόλυση από εργα-
  σία)
- einwöchig kündigen
- donner ses huit jours
- dare una settimana di preav-
  viso

global
- συνολικός, παγκόσμιος, ολι-
  κός
- Global
- global
- globale

goal
- σκοπός, τέλος, τέρμα
- Ziel
- bout
- scopo; traguardo

go bail for
- παρέχω, δίνω εγγύηση για ...
- Haftkaution geben
- se porter garant de
- rendersi garante di

go bankrupt
- κηρύσσω πτώχευση, πτωχεύω,
  φαλιρίζω
- Konkurs anmelden
- faire faillite
- fallire

going concern
- επιχείρηση, που λειτουργεί
  κανονικά και αφήνει κέρδη
- gewinnbringendes Unterneh-
  men
- affaire qui marche
- azienda in piena attività

gold
- χρυσός
- **Gold**
- **or**
- **oro**

gold clause
- ρήτρα χρυσού
- **Goldklausel**
- **clause-or**
- **clausola oro**

gold coins
- χρυσά νομίσματα, που χρησιμοποιούνται ως κέρματα στην αγορά, όπως στη Νότιο Αφρική και τον Καναδά, τα οποία όμως δέχονται τελικά τις επιδράσεις του χρυσού
- **Goldmünzen**
- **pièces d'or**
- **moneta d'oro**

gold coverage
- κάλυψη χρυσού, σε χρυσό, του κυκλοφορούντος χαρτονομίσματος μιάς χώρας
- **Golddeckung**
- **couverture-or**
- **copertura aurea**

gold exchange standard
- χρυσούς κανόνας, τον οποίο χρησιμοποιεί μιά χώρα η οποία δεν έχει κάλυψη σε χρυσό, ούτε χρυσό για εξωτερική διακίνηση, αλλά κρατάει τα αποθεματικά της σε χαρτονόμισμα χώρας που έχει κάλυψη χρυσού (όπως π.χ. λίρες, στερλίνες ή δολλάρια)
- **Golddevisenwährung**
- **étalon de change or**
- **gold exchange standard**

gold fields
- χρυσωρυχεία, χρυσοφόρες περιοχές
- **Goldgrube**
- **régions orifères**
- **terreni auriferi**

gold parity
- ισοτιμία χρυσού, σε χρυσό
- **Goldparität**
- **parité-or**
- **parità aurea**

gold standard
- κανόνας χρυσού, χρυσούς κανόνας
- **Goldwährung**
- **étalon or**
- **gold standard**

golden rule of banking
- χρυσούς τραπεζιτικός κανόνας, κατά τον οποίο οι λήξεις γραμματίων ή συναλλαγματικών για χορηγηθέντα δάνεια θα πρέπει να συμπίπτουν με τις λήξεις των καταθέσεων, που εχρησιμοποιήθησαν για τη χρηματοδότηση των έν λόγω δανείων
- **goldene Bankregel**
- **règle d'or de la liquidité bancaire**
- **regola d'oro della liquidità bancaria**

good delivery
- χρεώγραφο παραδιδόμενο σε καλή κατάσταση και κανονικά υπογεγραμμένο, παράδοση που εκπληρώνει όλους τους τύπους
- **Lieferung, gute**

- de bonne livraison
- buona consegna

good offices
- καλές υπηρεσίες, μεσολάβηση
- Liebesdienste
- bons offices
- buoni uffici

goods
- εμπορεύματα, κινητή περιουσία, αγαθά, προϊόντα
- Güter
- marchandises
- merce

goods on approval
- εμπορεύματα αναμένοντα την έγκριση του αγοραστού, με δοκιμή
- Probegüter
- marchandises à condition
- merce soggetta ad approvazione

goods on consignment
- εμπορεύματα επί παρακαταθήκη
- Kommissionsgüter
- marchandises en consignation
- merce in conto deposito

goods train ή freight train
- εμπορική αμαξοστοιχία
- Güterzug
- train de marchandises
- treno merci

goodwill
- καλή θέληση, πελατεία, «αέρας επιχειρήσεως», καλό όνομα καταστήματος

- Geschäftswert
- bon vouloir
- avviamento

go-slow strike ή slow down
- απεργία καθυστερήσεως
- Bummelstreik
- grève perlée
- sciopero a singhizzo

government
- κυβέρνηση
- Regierung
- gouvernement
- governo

government bond
- κυβερνητικά, κρατικά ομόλογα
- Staatsobligation
- obligation d'Etat
- obbligazione dello Stato

government employee ή civil servant
- δημόσιος υπάλληλος
- Beamte(r)
- fonctionnaire
- impiegato statale

government loan
- κρατικό δάνειο
- Staatsanleihe
- emprunt public
- prestito pubblico

government securities
- κρατικά χρεώγραφα
- Regierungsschuldverschreibungen
- titres d'Etat
- titoli di Stato

government subsidy
- κρατική επιχορήγηση, επίδομα, βοήθημα
- Staatszuschuss
- subvention de l'Etat
- sovvenzione dello stato

grant (of a patent)
- αναγνώριση, χορήγηση ευρεσιτεχνίας, πατέντας
- Erteilung (eines Patentes)
- délivrance (d'un brevet)
- concessione (di brevetto)

grant
- βοήθεια σε χρήμα, παραχώρηση, δωρεά
- Unterstützung
- subvention
- sovvenzione

grant bail
- αποφυλακίζω προσωρινά κρατούμενο διά της παροχής εγγυήσεως (συνήθως χρηματικής)
- gegen Haftkaution freigeben
- admettre une caution
- concedere la libertà provvisoria su cauzione

graph
- γραφική παράσταση, διάγραμμα, γεωμετρική απεικόνιση
- graphische Darstellung
- graphique
- grafico

gratuity
- χρηματικό φιλοδώρημα για παρασχεθείσα υπηρεσία
- Gratifikation
- gratification
- gratifica

graving dock
- μόνιμη δεξαμενή καθαρισμού υφάλων πλοίου
- Trockendock
- bassin de radoub
- bacino di raddobbo

green pound
- πράσινη (αγροτική) λίρα
- grünes Pfund
- livre sterling verte
- sterlina verde

gross
- χονδρικός, συνολικός, μικτός, ακαθάριστος, ολικός
- brutto
- brut; gros
- lordo

gross amount
- ακαθάριστο, μικτό ποσό
- Bruttobetrag
- montant brut
- importo lordo

gross domestic product
- ακαθάριστο εσωτερικό εθνικό εισόδημα
- Bruttoinlandprodukt
- produit intérieur brut
- prodotto interno lordo

gross income
- ακαθάριστο εισόδημα
- Bruttoeinkommen
- rendement brut
- reddito lordo

gross interest
- μικτός τόκος καταβαλλόμενος πρό της αφαιρέσεως των φόρων στην πηγή τους κ.λ.π. Το

αντίθετο net interest καθαρός
τόκος
- **Bruttoverzinsung**
- **intérêts bruts**
- **interesse lordo**

gross margin
- ακαθάριστο περιθώριο κέρ-
δους εμπορικής επιχειρήσεως
- **Bruttoverdienstpanne**
- **marge brute de bénéfices**
- **margine lordo**

gross national product (GNP)
- ακαθάριστο εθνικό προϊόν, ει-
σόδημα
- **Bruttosozialprodukt**
- **produit national brut**
- **prodotto nazionale lordo**

gross profit
- μικτό κέρδος βιομηχανικής
επιχειρήσεως
- **Bruttogewinn**
- **bénéfice brut**
- **utile lordo**

gross tonnage
- ολική ή μικτή χωρητικότητα
πλοίου
- **Brutto-Tonnage**
- **tonnage brut**
- **tonnellagio lordo**

gross weight
- μικτό βάρος
- **Bruttogewicht**
- **poids brut**
- **peso lordo**

gross yield
- ακαθάριστο εισόδημα προερ-
χόμενο από επενδύσεις σε

χρεώγραφα ή ακίνητη περιου-
σία κ.λ.π. πρό της αφαιρέσεως
από αυτό των φόρων κ.λ.π. Το
αντίθετο net yield
- **Bruttorendite**
- **rendement brut**
- **rendimento lordo**

ground-landlord
- ιδιοκτήτης οικοπέδου
- **Grundbesitzer**
- **propriétaire foncier**
- **proprietario del terreno**

ground-rent
- ενοίκιο του οικοπέδου
- **Grundpacht**
- **rente foncière**
- **affitto di terreno**

group; concern
- ομάδα νομικώς ανεξαρτήτων
εταιρειών, που αποτελούν οι-
κονομική ενότητα υπό την
αυτή διοίκηση και με οικονομι-
κή συμμετοχή της μιάς στην
άλλη με σκοπό την ενίσχυση
της θέσεώς τους στην αγορά,
εν όψει ισχυρού ανταγωνισμού
- **Konzern**
- **groupe**
- **gruppo**

group balance sheet
- συγχωνευμένος ισολογισμός
ομάδος εταιριών (βλ. πιο πά-
νω)
- **Konzernbilanz**
- **bilan du groupe**
- **bilancio consolidato**

group insurance
- ομαδική ασφάλιση

- Gruppenversicherung
- assurance de groupe
- assicurazione di gruppo

Group of Ten
- ο όμιλος των δέκα, η ομάδα των δέκα
- Zehnerklub
- Groupe des Dix
- Gruppo dei Dieci

growth
- αύξηση
- Entwicklung
- croissance
- crescita; sviluppo

growth stock
- μετοχές, των οποίων η αξία προβλέπεται ότι θα αυξηθή, και ως εκ τούτου, αποτελούν επιτυχή μακροχρόνιο επένδυση
- Wuchsaktie
- action de croissance
- azioni de crescita

guarantee
- εγγύηση, ασφάλεια
- Bürgschaft,Kaution
- cautionnement
- fideiussione

guarantee credit
- πίστωση, κατά την οποία η τράπεζα δεν πληρώνει χρήματα, παρέχει την εγγύησή της υπέρ του οφειλέτου
- Verpflichtungskredit
- crédit par engagement
- credito di firma

guarantee credit
- πίστωση, κατά την οποία η τράπεζα αναλαμβάνει την ευθύνη έναντι τρίτου μέρους για τις υποχρεώσεις του πελάτου της μέχρις ορισμένου ποσού
- Kautionkredit
- crédit contre cautionnement
- credito cauzionale

guaranteed credit
- εγγυημένη πίστωση χορηγούμενη χωρίς επί τούτου παράλληλη εγγύηση, αλλά ασφαλισμένη από μιά άλλη εγγύηση. Οι τράπεζες όμως συνήθως απαιτούν πολλών ειδών κοινές εγγυήσεις προ της παροχής «εγγυημένης πιστώσεως»
- Bürgschaftskredit
- crédit de cautionnement
- credito contro fideiussione

guarantor
- εγγυητής
- Bürge
- garant; avaliste
- garante; avallante

H

haggle ή **bargain**
- παζαρεύω, διαπραγματεύομαι την τιμή
- feilschen
- marchander; chipoter
- mercanteggiare; cavillare

half
- μισό
- halb
- à moitié; demi
- mezzo

half-pay
- μισή πληρωμή, το 50%
- Halbsold
- demi-salaire
- mezza paga

half price
- μισή τιμή
- zum halben Preise
- à moitié prix
- meta prezzo

half-year
- μισός χρόνος, εξάμηνο
- Semester
- semestre
- semestre

half-yearly
- δύο φορές το χρόνο, ανά εξάμηνο
- halbjährlich
- semestriel
- semestrale

half-yearly dividend
- μέρισμα εξαμήνου
- halbjährliche Dividende
- dividende semestrielle
- dividendo semestrale

handle with care
- πιάστε το με προσοχή, εύθραστο
- Vorsicht
- fragile
- fragile

handling charges
- έξοδα διεκπεραιώσεως
- Manipulationsgebühr
- frais de manutention
- spese di gestione

harbour
- λιμάνι
- Hafen
- port
- porto

harbour dues
- λιμενικά τέλη
- Hafengebühren
- droits de port
- diritti portuali

harbour installations
- λιμενικές εγκαταστάσεις
- Hafenanlagen
- installations portuaires
- impianti portuali

harbour-master
- λιμενάρχης
- Hafenmeister
- capitaine de port
- capitano di porto

hard currency
- σκληρό νόμισμα, νόμισμα του οποίου η τιμή ανταλλαγής τείνει να ανέλθει, διότι η ζήτηση γι' αυτό είναι σχετικά μεγαλύτερη από τα αποθέματα. Το αντίθετο soft currency
- harte Währung
- devise forte
- valuta forte

hard sell
- τεχνική πωλήσεων δια επιμόνου διαφημίσεως
- aufdrängliches Verkaufen
- vente débrouillarde
- vendita facendo sforzo

hardware (ironmongery)
- σιδηρικά
- Eisenwaren
- quincaillerie
- ferramenta

hardware (computers)
- στους υπολογιστές: τεχνομηχανικός εξοπλισμός, το μηχανικό μέρος υπολογιστικού συστήματος (το μη μηχανικό software προγράμματα κ.λ.π.)
- Maschinenausrüstung; Hardware
- hardware
- componenti di macchina calcolatore; hardware

haulage ή trucking
- ρυμούλκηση, μεταφορά
- Transport
- camionnage; transport
- trasporto

haulage contractor ή trucking company
- εταιρεία μεταφορών, πράκτορας μεταφορών
- Transportunternehmer
- entrepreneur de camionnage
- imprenditore di trasporti

hazard
- ριψοκινδυνεύω, διακινδυνεύω, επιχειρώ, αποτολμώ
- wagen
- hasarder
- arrischiare

hazard
- κίνδυνος, διακινδύνευση
- Wagnis
- hasard; risque
- rischio

head buyer
- προϊστάμενος αγορών
- Haupteinkäufer
- chef du service des achats
- capo servizio acquisti

head foreman
- προϊστάμενος των εργοδηγών
- Werkmeister
- chef d'atelier
- capo officina

head of department
- προϊστάμενος του τμήματος
- Abteilungsleiter

- chef de service
- capo reparto

head office
- η έδρα της επιχειρήσεως
- Hauptanstalt
- siège; bureau principal
- sede; ufficio centrale

health insurance
- ασφάλεια υγείας
- Krankenversicherung
- assurance maladie
- assicurazione malattia

health service
- υγειονομική υπηρεσία
- Gesundheitsdienst
- service de la santé
- servizio sanitario

heavy
- βαρύς
- schwer
- lourd; fort
- pesante; forte

heavy charges
- βαριά δαπάνη, βαριά επιβάρυνση, δισβάστακτα έξοδα
- drückende Spesen
- charges lourdes
- forti spese

heavy fine
- βαρύ πρόστιμο, βαριά χρηματική ποινή
- schwere Busse
- forte amende
- forte multa

heavy industry
- βαριά βιομηχανία

- Schwerindustrie
- industrie lourde
- industria pesante

hedging
- εμπορική πράξη από αγοραστή ή πωλητή για προστασία της επιχειρήσεώς του, των περιουσιακών του στοιχείων και των συναλλαγών εν όψει διακυμάνσεων των τιμών. Πρόκειται για μέτρο ασφαλείας και όχι κερδοσκοπίας π.χ. μιά ελληνική εξαγωγική εταιρεία εξάγει και πωλεί στην Ιταλία εμπορεύματα πληρωτέα μετά τετράμηνο σε λιρέττες. Γιά να προστατεύσει τον εαυτό της από τον κίνδυνο της τότε τιμής της λιρέττας πωλεί το ποσό αυτό των λιρεττών στην τράπεζά του τέσσερεις μήνες πρό της παραδόσεως του
- Hedgegeschäft
- opération de couverture à terme
- hedging

hidden reserve
- λανθάνον, κρυφό αποθεματικό
- stille Reserve
- réserve cachée
- riserva occulta

hidden tax
- λανθάνων φόρος, αποκεκρυμμένος φόρος
- versteckte Belastung
- imposition latente
- tassa invisible

higher education
- ανώτατη εκπαίδευση

- Fortbildung
- enseignement supérieur
- insegnamento superiore

highest bidder
- πλειοδότης
- **Meistbietende(r)**
- **plus offrant enchérisseur**
- **miglior offerente**

high-grade
- ανωτέρας αποδόσεως ή ποιό-
τητος, χρεώγραφα μεγάλης
φερεγγυότητος και υψηλής
αποδόσεως
- **erstklassig**
- **à haute teneur**
- **di qualità superiore**

high-priced shares
- μετοχές με τιμή στο χρηματι-
στήριο πολύ πιό πάνω από το
κανονικό. (Το αντίθετο low-
priced shares)
- **schwere Papiere**
- **titres lourds**
- **titoli pesanti**

high-seas
- ανοικτή θάλασσα
- **hohe See**
- **hautes mers**
- **alto mare**

hindrance
- κώλυμα, εμπόδιο, παρεμπόδι-
ση
- **Hinderung**
- **empêchement**
- **impedimento**

hire (personnel)
- προσλαμβάνω προσωπικό

- **anstellen**
- **engager**
- **fissare**

hire
- ενοικιάζω, μισθώνω
- **mieten**
- **louer**
- **noleggiare; affitare**

hire-purchase
- αγορά μέ δόσεις
- **Ratenkauf**
- **location-vente; vente à tem-
perament**
- **vendita a rate**

hoarding
- συσσώρευση, αποθησαύριση,
απόκρυψη πολύτιμων μετάλ-
λων, τροφίμων, κρυφό απόθε-
μα χρημάτων κ.λ.π. για πώληση
σε περίοδο ελλείψεως και
ανόδου των τιμών
- **Hortung**
- **thésaurisation**
- **tesaurizzazione**

hold a meeting
- συγκαλώ σύσκεψη, συνάντηση
- **eine Versammlung abhalten**
- **tenir une assemblée**
- **tenere una riunione**

holder
- κάτοχος, δικαιούχος, κρατών,
φέρων βάσει νομίμου δικαιώ-
ματος
- **Inhaber**
- **détenteur**
- **titolare**

holder for value
- ο κομιστής ή κάτοχος τίτλου

-144-

οπισθογραφημένου υπέρ αυτού ή εις τον κομιστήν, αυτόν που κατέχει για είσπραξη οποιαδήποτε αξία, αυτόν που έχει καταβάλλει το αντάλλαγμα για αυτό που κατέχει
- entgeltigter Besitzer
- porteur à titre onéreux
- detentore legittimo

holder in due course
- κάτοχος καλή τη πίστει, πού δέχθηκε τίτλο πριν από τη λήξη του με καταβολή ανταλλάγματος
- gutgläubiger Besitzer
- porteur de bonne foi
- titolare in buona fede

holding company
- ελέγχουσα εταιρεία (λόγω του αριθμού των μετοχών της άλλης ή των άλλων εταιρειών τις οποίες κατέχει)
- Holdinggesellschaft;   Dachgesellschaft
- société holding
- società holding

hold in trust
- εμπιστεύομαι, δίνω ή κατέχω σε παρακαταθήκη για λογαριασμό άλλου
- zu treuen Händen halten
- tenir par fidéicommis
- tenere in fedecommesso

hold over
- αναβάλλω
- aufschieben
- différer
- differire

hold shares
- κατέχω, είμαι κάτοχος μετοχών
- beteiligt sein; Aktien besitzen
- détenir des actions
- tenere azioni

hold the line
- παραμένω στο ακουστικό, δεν κλείνω το τηλέφωνο, αναμένω
- am Apparat bleiben,bitte
- ne quittez pas
- resta in linea

holiday ή vacation
- εορτή, διακοπές, αργία
- Ferien; Urlaub
- vacances
- vacanza

holidays with pay
- διακοπές, άδεια με πληρωμένες τις απολαβές
- bezahlter Urlaub
- congés payés
- vacanze retribuite

home trade ή domestic sales
- πωλήσεις στο εσωτερικό
- Binnenhandel
- commerce intérieur
- commercio interno

honest
- έντιμος, τίμιος
- ehrlich
- honnête
- onesto

honorary
- επίτιμος, αυτός πού προσφέρει τις υπηρεσίες του χωρίς μισθό

- ehrenamtlich
- honoraire
- onorario

honour
- τιμή
- Ehre
- honneur
- onore

horizontal integration
- συνένωση επιχειρήσεων (του αυτού επιπέδου ή κλάδου)
- horizontaler Zusammenschluss
- intégration horizontale
- intergrazione orizzontale

horse-power (hp)
- ιπποδύναμη
- Pferdestärke (PS)
- cheval-vapeur (ch-v)
- cavallo

hotel
- ξενοδοχείο
- Hotel
- hôtel
- albergo

hotel financing
- χρηματοδότηση ξενοδοχείων
- Hotelfinanzierung
- financement hôtelier
- finanziamento alberghiero

hours of work
- ώρες εργασίας
- Arbeitszeit
- durée du travail
- ore lavorative

household
- οικογένεια, νοικοκυριό, σπιτικό
- Haushalt

- ménage; domesticité
- famiglia

household electrical goods
- ηλεκτρικές οικιακές συσκευές
- elektrische Haushaltsgüter
- electro-ménager
- elettrodomestici

household insurance
- ασφάλεια οικοσκευής
- Wohnungsversicherung
- assurance ménagère
- assicurazione domestica

householder
- ένοικος (ιδιοκτήτης ή ενοικιαστής), νοικοκύρης, οικογενειάρχης
- Hausherr
- chef de famille
- capo-famiglia

hull insurance
- ασφάλιση του πλοίου (και όχι του φορτίου)
- Kaskoversicherung
- assurance sur le corps
- assicurazione corpo

human relations
- ανθρώπινες σχέσεις
- zwischenmenschliche ziehungen
- relations humaines
- relazioni umane

hypothecate
- υποθηκεύω
- verpfänden
- hypothéquer
- ipotecare

hypothecation
- υποθήκευση
- Hypothek
- nantissement
- ipoteca

I

identify
- αναγνωρίζω
- **identifizieren**
- **identifier**
- **identificare**

identify card
- δελτίο ταυτότητος
- **Personalausweis**
- **carte d'identité**
- **carta d'identità**

idle money
- αδρανές χρήμα, αδρανές κεφάλαιο
- **totes Kapital**
- **capital oisif**
- **denaro inattivo**

idle time
- νεκρός χρόνος εργασίας, που δεν οφείλεται στην υπαιτιότητα των εργαζομένων
- **unbeschäftige Zeit**
- **temps improductif**
- **tempo passivo**

illegal
- παράνομος
- **ungesetzlich**
- **illégal**
- **illegale**

illiquidity
- η έλλειψη ρευστότητος (επί περιουσιακών στοιχείων), η αδυναμία αμέσου ρευστοποιή-

σεως περιουσιακών στοιχείων, πού οδηγεί στην αδυναμία πληρωμών (βλ. insolvency)
- **Illiquidität**
- **illiquidité**
- **illiquidità**

impartial
- αμερόληπτος
- **unparteiisch**
- **impartial**
- **imparziale**

impersonal account
- μη προσωπικός λογαριασμός, της εταιρείας
- **Firmenkonto**
- **compte impersonnel**
- **conto d'ordine**

implement
- θέτω εν ισχύι, πραγματοποιώ, εφαρμόζω, εκτελώ, εκπληρώ
- **bewerkstelligen; ausführen**
- **exécuter**
- **attuare; effetuare**

implicit
- υπονοούμενος, σιωπηρός, ανεπιφύλακτος
- **stillschweigend**
- **implicite**
- **implicito**

implied terms
- υπονοούμενος, σιωπηρός, εξυπακουόμενος, τεκμαρτός
- **stillschweigende Bedinungen**

- conditions implicites
- condizioni implicite

imply
- υποδηλώ, υποσημαίνω, υπο-
  νοώ, υπαινίσσομαι, συνεπάγο-
  μαι, αφήνω να εννοηθή, προϋ-
  ποθέτω
- andeuten
- impliquer
- implicare

import
- εισαγωγή, εισαγόμενο προιόν
- Einfuhr
- importation
- importazione

importation
- εισαγωγή, εισαγόμενο είδος
- Einfuhr
- importation
- importazione

import ban
- απαγόρευση εισαγωγής
- Einfuhrverbot
- prohibition d'entrée
- divieto d'importazione

import duty
- δασμός
- Einfuhrzoll
- droits d'entrée
- dazio d'importazione

importer
- εισαγωγέας
- Importeur
- importateur
- importatore

import licence
- άδεια εισαγωγής
- Importlizens; Einfuhrer-
  laubnis
- licence d'importation
- permesso d'importazione

import quota
- ανώτατο επιτρεπόμενο όριο
  εισαγωγών σε ποσότητα ή αξία
- Einfuhrkontingent
- contingent d'importation
- contingente d'importazione

import restrictions
- εισαγωγικοί περιορισμοί
- Einfuhrbeschränkungen
- restrictions d'importation
- restrizioni delle importazioni

impulse buying
- αγορά αγαθών όχι βάσει προ-
  γραμματισμού, αλλά από πα-
  ρόρμηση της στιγμής
- Impulskaufen
- achat sur l'entrainement du
  moment
- compra sullo stimolo del mo-
  mento

in abeyance
- σχολάζων, σε αναστολή, σε
  εκκρεμότητα
- in der Schwebe; unentschlos-
  sen
- en suspens
- in sospeso

in accordance with
- σύμφωνα με, συμφώνως πρός
- in Übereinstimmung mit
- conforme à
- in conformità con

in agreement with
- σε συμφωνία με, σύμφωνα με
- im Einvernehmen mit
- d'accord avec
- d'accordo con

in bond
- εμπορεύματα αποθηκευμένα σε ειδική κρατική αποθήκη υποκείμενα σε δασμούς
- unter Zollverschluss
- en entrepôt
- sotto vincolo doganale

in bulk
- χύμα, άνευ συσκευασίας, χονδρικώς, σε μεγάλη ποσότητα
- in grosser Menge
- en vrac
- alla rinfusa

in case of default
- σε περίπτωση μη εκπληρώσεως, αθετήσεως
- bei Nichterfüllung
- en cas de défaillance
- in caso di inadempienza

incentive
- έναυσμα, κίνητρο, ελατήριο
- Anreiz
- incitation; stimulant
- incentivo

incidental charges
- επιπρόσθετα, συμπτωματικά, επί πλέον τέλη, επιβαρύνσεις
- Nebenkosten
- charges annexes
- spese accessorie

incidental expenses
- επιπρόσθετες δαπάνες

- Nebenkosten
- faux frais
- spese impreviste

including packing
- συμπεριλαμβανομένων στην τιμή των εξόδων συσκευασίας
- Verpackung einbegriffen
- franco d'emballage
- imballaggio incluso

inclusive
- συμπεριλαμβανόμενος, συνιπολογισμένος
- einschliesslich
- inclus; compris
- incluso; compreso

income
- εισόδημα
- Einkommen
- revenu
- reddito

income and expenditure account
- λογαριασμός εισοδήματος και δαπανών
- Ausgaben und Ertragskonto
- compte de revenus et dépenses
- conto proventi e spese

income policy
- στρατηγική του εισοδήματος, πολιτική των μισθών κ.λ.π.
- Lohnpolitik
- politique des salaires
- politica dei redditi

income tax
- φόρος εισοδήματος
- Einkommensteuer
- impôt sur le revenu
- imposta sul reddito

income-tax return
- φορολογική δήλωση εισοδήματος
- Einkommensteuererklärung
- déclaration de revenu
- dichiarazione del reddito

icome-tax year
- φορολογικό έτος
- Einkommensteuerjahr
- exercice fiscal
- anno fiscale

incomplete
- ατελής, μη πλήρης
- unvollständig
- incomplet
- incompleto

incorporation
- σύσταση εταιρείας
- Eintragung (einer Gesellschaft)
- incorporation
- costituzione

increase
- αυξάνω
- steigen; zunehmen
- augmenter; hausser
- aumentare; crescere

increase
- αύξηση
- Steigen; Zunahme
- hausse; augmentation
- incremento; crescita

increased cost of living
- αυξημένο κόστος ζωής
- erhöhte Lebenshaltungskosten
- renchérissement du coût de la vie
- aumentato costo della vita

increased costs
- ηυξημένα έξοδα, ηυξημένο κόστος
- erhöhte kosten
- accroissement des côuts
- costi aumentanti

increase of capital
- αύξηση κεφαλαίου
- Kapitalerhöhung
- augmentation de capital
- aumento di capitale

increment
- προσαύξηση
- Wertzuwachs
- accroissement; plus value
- incremento

indebted
- οφειλέτης, χρεώστης, χρεωμένος, υπόχρεως
- verschuldet
- endetté
- indebitato

in demand
- σε ζήτηση, ζητούνται
- gefragt
- demandé
- ricercato

indemnify
- απαλλάσσω από ποινήν, αμνηστεύω, αποζημιώνω
- entschädigen
- dédommager; indemniser
- indennizzare; risarcire

indemnity
- αποζημίωση, εξασφάλιση, εγγύηση εναντίον ζημίας
- Entschädigung

- indemnité; garantie
- indennità; garanzia

independent
- ανεξάρτητος
- **selbständig**
- **indepedant**
- **indipendente**

index
- δείκτης, πίνακας περιεχομένων, τιμάριθμος, ευρετήριο, εκθέτης
- **Index**
- **indice**
- **indice**

index-linked bond issue
- έκδοση ομολογιών κ.λ.π. των οποίων η πληρωμή του κεφαλαίου και των τόκων διασυνδέεται με ορισμένο δείκτη, και τούτο χάριν της προστασίας των αγοραστών από τον πληθωρισμό
- **Indexanleihe**
- **emprunt indexé**
- **obbligazione indicizzata**

indirect costs
- έμμεσα έξοδα, πλάγια έξοδα
- **Gemeinkosten**
- **frais indirects**
- **costi indiretti**

indirect mortgage loan
- δάνειο με έμμεσο υποθήκη κατά το οποίο γραμμάτιο ασφαλιζόμενο δι' ενεχυριάσεως (mortgage note) κατατίθεται ως παράλληλος εγγύηση. Σε περίπτωση κατά την οποία ο οφειλέτης γίνει αναξιόχρε-

ως, η τράπεζα εκποιεί τα περιουσιακά στοιχεία, εφόσον αποκτήσει τίτλους κυριότητος αυτών
- **indirekter Hypothekar - Kredit**
- **crédit hypothécaire indirect**
- **credito ipotecario indiretto**

indirect taxation
- έμμεση φορολογία
- **indirekte Steuern**
- **contributions indirectes**
- **imposte indirette**

in duplicate
- εἰς διπλούν, σε δύο αντίγραφα
- **Duplikat; zweifach**
- **en double**
- **in duplice copia**

industrial
- βιομηχανικός
- **industriell; Gewerbe**
- **industriel**
- **industriale**

industrial accident
- βιομηχανικό ατύχημα
- **Arbeitsunfall**
- **accident du travail**
- **infortunio sul lavoro**

industrial dispute
- εργατική διένεξη, αντίρρηση, διαφωνία
- **Arbeitskonflikt**
- **conflit ouvrier**
- **vertenza operaia**

industrial espionage
- βιομηχανική κατασκοπεία
- **Wirtschaftsspionage**

- espionage industriel
- spionaggio industriale

industrial estate ή **industrial park**
- βιομηχανική περιοχή
- **industriegebiet**
- **domaine industriel**
- **centro industriale**

industrialist
- βιομήχανος
- **Industrielle(r)**
- **industriel**
- **industriale**

industrial park ή **industrial estate**
- βιομηχανική περιοχή
- **industriegebiet**
- **domaine industriel**
- **centro industriale**

industrial psychology
- εργατική βιομηχανική ψυχολογία, της εργασίας
- **Arbeitpsychologie**
- **psychotechnique**
- **psicologia industriale**

industry
- βιομηχανία
- **industrie; Gewerbe**
- **industrie**
- **industria**

inefficiency
- ανικανότητα, ανεπιτηδειότης, αδεξιότης
- **Unfähigkeit**
- **inefficacité**
- **inefficienza**

inexperience
- έλλειψη πείρας, απειρία

- **Unerfahrenheit**
- **manque de pratique**
- **inesperienza**

inflation
- πληθωρισμός
- **Inflation**
- **inflation**
- **inflazione**

inflationary spiral
- πληθωριστικός, πληθωρικός έλιξ, σπείρα, γραμμή πληθωριστικών τάσεων
- **Inflationsspirale**
- **spirale inflationniste**
- **inflazione a spirale**

in force
- εν ισχύι, έγκυρος, με όλες τις δυνάμεις
- **in Kraft**
- **en vigueur**
- **in vigore**

inform
- πληροφορώ
- **benachrichtigen**
- **informer; renseigner**
- **informare**

informal
- ανεπίσημος, ημιεπίσημος, χωρίς διατυπώσεις, φιλικός, μη τυπικός
- **formlos; nicht formell**
- **sans formalités**
- **senza formalità**

information
- πληροφορία
- **Auskunft**
- **information**
- **informazione**

information retrieval
- ανάκτηση πληροφοριών
- Informationswiedergewinnung
- récupération de données
- ricupero d'informazioni

infringement
- καταπάτηση δικαιωμάτων, πταίσμα
- Verletzung
- infraction
- infrazione

infringement of copyright
- καταπάτηση, παραβίαση των συγγραφικών δικαιωμάτων, της πνευματικής ιδιοκτησίας
- Urheberrechtsverletzung
- contrefaçon littéraire
- infrazione dei diritti d'autore

in good faith
- με καλή πίστη
- auf Treu und Glauben
- de bonne foi
- in buona fede

in good repair
- σε καλή κατάσταση
- in gutem Zustand
- en bon état
- in buono stato

ingot
- μέταλλο σε όγκο ή σε «χελώνα», με βάση το είδος του μετάλλου
- Barren
- lingot; barre
- lingotto

inheritance
- κληρονομιά, κληρονόμημα

- Erbschaft
- succession
- eredita

injunction
- διάταξη για τη λήψη προσωρινών μέτρων, δικαστική εντολή για τη μη εκτέλεση ή συνέχιση πράξεως πρός αποφυγήν μεγαλυτέρας ζημίας
- gerichtliche Verfügung
- injonction; arrêt de suspension
- ingiunzione

injured party
- ο υποστάς τη ζημία, φθορά ή βλάβη
- Verletzte(r)
- partie lésée
- parte lesa

injury
- βλάβη
- Schaden
- dommage; avarie
- danno

in kind
- σε είδος (όχι σε χρήμα)
- in Waren
- en nature
- in natura

innovation
- καινοτομία, ανανέωση
- Neuerung
- innovation
- innovazione

inquiry (for information etc.)
- ερώτηση, ζήτηση πληροφοριών, διερεύνηση

- Nachfrage
- demande
- domanda

inquiry (legal)
- ανάκριση, επίσημη εξέταση γεγονότων
- Untersuchung
- enquête
- inchiesta

insert
- παρεμβάλλω
- einsetzen
- insérer
- inserire

insider regulations
- διατάξεις που αφορούν τη δίωξη προσώπων, ενεχομένων στην παράνομη χρήση εμπιστευτικών πληροφοριών
- Insider-Vorschriften
- prescriptions sur les opérations d'initiés
- disposizioni sulle operazioni insider

insolvency
- αφερεγγυότης το αναξιόχρεον, πτώχευση, χρεωκοπία, ανικανότητα για εξόφληση οφειλών, ανεπάρκεια των περιουσιακών στοιχείων του ενεργητικού πρός κάλυψιν του παθητικού. (Το αντίθετο solvency βλ. επίσης illiquidity)
- Zahlungsunfähigkeit
- insolvabilité
- insolvibilità

insolvent
- αφερέγγυος, αναξιόχρεως,

χρεωκοπημένος, (το αντίθετο solvent)
- insolvent
- insolvable
- insolvente

inspector
- επόπτης, επιθεωρητής
- Aufsichtsbeamte(r)
- inspecteur; vérificateur
- ispettore

installation
- εγκατάσταση
- Anlage
- installation
- impianto; installazione

instalment
- δόση (πληρωμής)
- Rate
- acompte
- rata

instalment loan
- δάνειο που πληρώνεται πίσω με δόσεις (πρβλ. hire purchase loan)
- Teilzahlungskredit; Ratenkredit
- prêt personnel
- prestito rimborsabile a rate

instalment plan
- σχέδιο πληρωμών με δόσεις
- Ratenverkauf
- vente à tempérament
- sistema di pagamento a rate

instigate
- υποκινώ, παρακινώ
- anstiften
- provoquer
- provocare; istigare

institute proceedings against
- διατάσσω την (ποινική κ.λ.π.) δίωξη κάποιου
- gerichtlich vorgehen gegen
- intenter un procès à
- intentare un'azione legale contro

institution
- θεσμός, ίδρυμα
- Institut; Anstalt
- institut
- istituzione; istituto

in stock
- στην αποθήκη, διαθέτω, έχω απόθεμα
- vorrätig
- en magasin
- in magazzino

instruction
- διδασκαλία, εκπαίδευση
- Anleitung
- instruction
- istruzione

instrument
- όργανο, εργαλείο, επίσημο έγγραφο, πράξη
- Instrument
- instrument
- strumento

instrument to order
- χρεώγραφα, τα οποία μπορούν να μεταβιβασθούν ή διαπραγματευθούν με απλή οπισθογράφηση (ως τοιαύτα θεωρούνται τα: checks, bills και οι registered shares έστω και αν δεν υπάρχει η γραπτή μνεία της «εις διαταγήν»)

- Orderpapier
- papier à ordre
- titolo all'ordine

insurable
- ασφαλίσιμος
- versicherbar
- assurable
- assicurabile

insurance
- ασφάλεια, ασφάλιση, ασφαλιστήριο, ασφαλιστικό συμβόλαιο, ασφάλιστρο
- Versicherung
- assurance
- assicurazione

insurance agent
- πράκτορας ασφαλειών
- Versicherungsvertreter
- agent d'assurances
- agenzia d'assicurazioni

insurance broker
- πράκτορας ασφαλειών
- Versicherungsmakler
- courtier d'assurance
- mediatore di assicurazioni

insurance certificate
- πιστοποιητικό ασφαλίσεως που αναγράφει όλα τα στοιχεία και που χρησιμοποιείται αντί του ασφαλιστηρίου
- Versicherungsschein
- certificat d'assurance
- certificato di assicurazione

insurance claim
- ασφαλιστική απαίτηση, δικαίωμα, αξίωση, διεκδίκηση
- Versicherungsanspruch

- indemnité d'assurance
- sinistro; reclamo d'indennizzo

insurance company
- ασφαλιστική εταιρεία
- Versicherungsgesellschaft
- compagnie d'assurance
- compagnia di assicurazione

insurance cover
- ασφαλιστική κάλυψη
- Versicherungsdeckung
- garantie d'assurance
- copertura assicurativa

insurance policy
- ασφαλιστήριο, σύμβαση ασφαλείας
- Versicherungspolice
- police d'assurance
- polizza di assicurazione

insurance premium
- τα ασφάλιστρα
- Versicherungsprämie
- prime d'assurance
- premio di assicurazione

insure
- ασφαλίζω
- versichern
- assurer
- assicurare

insured
- ασφαλισμένος
- Versicherte(r)
- assuré
- assicurato

insurer
- ασφαλιστής

- Versicherer
- assureur
- assicuratore

intangible assets
- άυλα αγαθά
- nicht greifbare Aktiven
- actif incorporel
- beni incorporali

interbank funds
- δάνεια, κεφάλαια διά μέσου του διατραπεζιτικού συστήματος σε αντίθεση με τα ποσά τα τοποθετούμενα στις τράπεζες από το κοινό, ιδιώτες ή εμπορευόμενους πελάτες
- Bankengelder
- dépôts de banques
- fondi interbancari

interbank rate
- επιτόκιο, που αφορά πιστωτικές πράξεις μεταξύ των τραπεζών, όπως π.χ. το LIBOR (London Interbank Offered Rate) που υπολογίζεται καθημερινά και αποτελεί τη βάση για όλα τα Ευρωπαικά νομίσματα (Eurocurrencies) στην Ευρωπαϊκή Οικονομική Αγορά (Euromoney)
- Interbanksatz
- taux interbancaire
- tasso interbancario

intercompany participation
- ενδοεταιρική συμμετοχή σε κεφάλαια μεταξύ εταιρειών συνδεομένων δια κοινών συμφερόντων μεταξύ των και οι οποίες κατέχουν μετοχές η μιά της άλλης ή των άλλων

- Schachtelbeteiligung
- participation réciproque
- partecipazione reciproca

interest
- τόκος
- Zins
- intérêt
- interesse

interest bearing account ή deposit account
- λογαριασμός που αποφέρει τόκο
- Depositenkonto
- compte de dépôt
- conto di deposito

interest deduction
- κράτηση, αφαίρεση, έκπτωση τόκου
- Zinsabzug
- déduction d'intérêt
- deduzione d'interesse

interest divisor
- διαιρέτης τόκου, τύπος εξευρέσεως τόκου (αποτελούμενος από τον αριθμό των ημερών διαιρουμένων διά του επιτοκίου)
- Zinsdivisor
- diviseur fixe
- divisore fisso

interest formula
- τόκος, φόρμουλα τόκου
- Zinsformel
- formule pour le calcul des intérêts
- formula per il calcolo degli interessi

interest margin
- περιθώριο τόκου, η διαφορά μεταξύ του λαμβανομένου τόκου και του καταβλητέου ή η διαφορά μεταξύ των επιτοκίων
- Zinsmarge, Zinsspanne
- marge d'intérêts
- margine d'interesse

interest paid
- τόκος καταβληθείς (το αντίθετο : interest received – τόκος ληφθείς, βλ. πιό κάτω)
- Passivzinsen
- intérêts débiteurs
- interessi passivi

interest rate
- επιτόκιο
- Zinssatz
- taux d'intérêt
- tasso d'interesse

interest received; interest earned
- τόκος καταβληθείς στην τράπεζα γιά δάνεια σε πελάτες της (το αντίθετο : interest paid. βλ. πιό κάτω)
- Aktivzinsen
- intérêts créditeurs
- interessi attivi

intergration
- ολοκλήρωση, ένταξη, ενσωμάτωση
- Eingliederung
- intégration
- integrazione

interim credit; bridging credit
- ενδιάμεσο, προσωρινό, μεταβατικό δάνειο βραχείας διαρ-

κείας σε πελάτη, μέχρι αυτός
να πάρει το τελικό δάνειο
- **Überbrückungskredit**
- **crédit de relais; crédit de soudure**
- **credito ponte**

interim dividend
- μέρισμα, που καταβάλλεται πρίν απο τον καθορισμό του ύψους του κανονικού μερίσματος ή του κλεισίματος της λογιστικής χρήσεως
- **Interimsdividende**
- **dividende intermédiaire**
- **dividendo interinale**

interim financial statement
- ενδιάμεση, προσωρινή οικονομική έκθεση
- **Zwischenbilanz**
- **bilan intérimaire**
- **rendiconto finanziario provvisorio**

interim statement
- ενδιάμεσος, προσωρινός ισολογισμός μιάς εταιρείας προ του τέλους της λογιστικής χρήσεως, σε μεσοχρόνιο διάστημα
- **Zwischenbilanz**
- **bilan intermédiaire**
- **bilancio intermedio**

internal
- εσωτερικός
- **innerlich; inländisch**
- **interne**
- **interno**

internal audit
- εσωτερικός έλεγχος

- **interne Revision**
- **vérification interne**
- **verifica contabile interna**

international
- διεθνής
- **international**
- **international**
- **internazionale**

International Bank for Reconstruction and Development
- Διεθνής Τράπεζα Ανασυγκροτήσεως και Αναπτύξεως
- **Internationale Bank für Wiederaufbau und Wirtschaftsförderung**
- **Banque Internationale pour la reconstruction et le développement**
- **Banca Internazionale per la Ricostruzione e lo Sviluppo**

International Chamber of Commerce
- Διεθνές Εμπορικό Επιμελητήριο. (Πρόκειται περί ιδιωτικού και πολιτικώς ανεξαρτήτου οργανισμού)
- **Internationale Handelskammer**
- **Chambre de commerce internationale**
- **Camera di commercio internazionale**

International Labour Organization (ILO)
- Διεθνής Οργάνωση Εργασίας
- **Internazionale Arbeitsorganisation**
- **Organisation Internationale du Travail**

- Organizzazione Internationale del Lavoro

Intenational Monetary Fund (IMF)
- Διεθνές Νομισματικό Ταμείο
- Währungsfonds, Internationaler
- Fonds monétaire international
- Fondo Monetario Internazionale

interpolation
- παραποίηση κειμένου, προσθήκη, παρεμβολή λέξεων ή φράσεων εις έγγραφον
- Einschaltung
- interpolation
- interpolazione

interpretation
- ερμηνεία
- Auslegung
- interprétation
- interpretazione

intervention points
- μονάδες παρεμβάσεως (στο σύστημα σταθερών επιτοκίων)
- Interventionspunkte
- points d'intervention
- punti d'intervento

intervention price
- τιμή παρεμβάσεως
- Interventionspreis
- prix d'intervention
- prezzo d'intervento

interview
- συνέντευξη
- Interview
- interview
- intervista; abboccamento

interviewee
- αυτός που δίνει συνέντευξη
- Befragte(r)
- personne interrogée
- intervistato

interviewer
- αυτός που παίρνει συνέντευξη
- Interviewer
- intervieweur; enquêteur
- intervistatore

intrag investement trusts
- επενδυτικά τράστ ή εταιρείες επενδύσεων για τις οποίες η Intrag Ltd ενεργεί ως διευθυντική και διαχειριστική εταιρεία
- Intrag-Anlagefonds
- fonds de placement Intrag
- fondi d'investimento intrag

in transit
- υπό μεταφοράν, υπό διαμετακόμιση, τράνζιτο
- im Durchgangsverkehr
- en transit
- in transito

intrinsic
- εσωτερικός, εσώτερος, εγγενής, ενυπάρχων, πραγματικός, ουσιαστικός
- innerlich; wahr
- intrinsèque
- intrinsico

intrinsic value
- η εσωτερική, πραγματική αξία ενός αγαθού και όχι η αξία που διαμορφώνεται γι' αυτό από διάφορους εξωτερικούς παράγοντες

- innerlicher Wert
- valeur intrinsèque
- valore intrinsico

invalid
- άκυρος, χωρίς δεσμευτική δύναμη, χωρίς ισχύ
- ungültig
- invalide
- invalido

invention
- εφεύρεση
- Erfindung
- invention
- invenzione

inventory
- απογραφή εμπορευμάτων ή άλλων περιουσιακών στοιχείων
- Inventar
- inventaire
- inventario

inventory rate
- η αναλογία ή η τιμή με την οποία περνούν στα βιβλία των τραπεζών ξένα νομίσματα, χρυσά κέρματα, χρεώγραφα κ.λ.π. χάριν ισολογιστικών, εσωτερικών σκοπών
- Inventarkurs
- cours d'inventaire
- corso d'inventario

inventory value
- στην περίπτωση επενδυτικών τράστ, η αγοραία αξία μιας επενδυτικής μετοχής κατά μια ορισμένη ημέρα με βάση τα περιουσιακά στοιχεία και τον αριθμό των μετοχών του επενδυτικού τράστ

- Inventarwert
- valeur d'inventaire
- valore d'inventario

invest
- επενδύω
- anlegen; investieren
- investir; placer
- investire

investigation
- έρευνα, ανάκριση
- Untersuchung
- investigation
- inchiesta; investigazione

investment
- επένδυση
- Investition; Anlage
- investissement
- investimento

investment analyst
- αναλυτής, μελετητής επενδύσεων
- Investitionsanalyst
- analyste d'investissements
- analizzatore d'investimenti

investment advisory services
- συμβουλευτικές επενδυτικές υπηρεσίες, το συμβουλευτικό τμήμα μιάς τραπέζης ή άλλων ειδικών μονάδων στο χώρο της διαχειρίσεως περιουσιακών κ.λ.π. στοιχείων
- Anlageberatung
- assistance-conseil en placement
- consulenza sugli investimenti

investment bank
- τράπεζα επενδύσεων

- Finanzbank
- banque d'affaires
- banca d'investimenti

investment company
- εταιρία επενδύσεων
- Investierungsgesellschaft
- société de placement
- società per investimenti

investment incentive
- επενδυτικό κίνητρο, έναυσμα για επενδύσεις
- Investierungsanreiz
- stimulant de l'investissement
- incentivo d'investimento

investment income
- εισόδημα απο επένδυση κεφαλαίου
- Einkommen aus Kapitalanlagen
- revenu de placements
- reddito degli investimenti

investment foundation
- ίδρυμα επενδύσεων, το οποίο διαχειρίζεται, χωρίς να φορολογείται, κεφάλαια εταιριών τα οποία προορίζονται για τη συνταξιοδότηση του προσωπικού
- Anlagestiftung
- fondation pour l'investissement
- fondazione per l'investimento

investment list
- κατάλογος συνιστωμένων χρεωγράφων, μετοχών κ.λ.π. αξιών που εκδίδεται κατά καιρούς απο μια τράπεζα για επενδύσεις απο τους πελάτες της

- Anlageliste
- liste de placement
- lista di collocamenti

investment paper
- χρεώγραφα, τα οποία είναι ιδιαζόντως κατάλληλα για μακροχρόνιες επενδύσεις
- Anlagepapier; Anlagewert
- titre de placement
- titolo d'investimento

investment plan
- σχέδιο επενδύσεων
- Investmentplan; Anlageplan
- plan d'investissement
- piano d'investimento

investment policy
- στρατηγική, τακτική επενδύσεων με βάση τα διατιθέμενα κεφάλαια, την απόδοση, την τιμή την δυνατότητα προς ρευστοποίηση κ.λ.π. χρεωγράφων σε συνάρτηση με τον κατάλληλο χρόνο
- Anlagepolitik
- politique de placement
- politica d'investimento

investment portfolio
- χαρτοφυλάκιο χρεωγράφων
- Investitionsportfeuille
- portefeuille d'investissements
- portafoglio titoli

investment risk guarantee
- σχήμα εγγυήσεως δια επενδυτικούς κινδύνους (συνήθως στο εξωτερικό) που προέρχονται απο πολιτικά γεγονότα, κυβερνητικά μέτρα κ.λ.π.
- Investitionrisikogarantie

- garantie contre les risques
de l'investissement
- garanzia contro i rischi degli
investimenti

investment savings account
- επενδυτικός λογαριασμός τα-
μιευτηρίου
- Anlagesparkonto
- compte d'epargne-placement
- conto di risparmio-investi-
mento

investment savings book
- επενδυτικός λογαριασμός τα-
μιευτηρίου με προϋποθέσεις
- Anlagesparheft
- livret d'épargne-placement
- libretto di risparmio-investi-
mento

investment trust (for shares)
- επενδυτικό τράστ (άλλων εται-
ριών)
- Aktienfonds; Anlagefond
- fonds de placement en ac-
tions
- fondo d'investimento in valo-
ri mobiliari

investment trust share (unit)
- μετοχή ή άλλο χρεώγραφο
επενδυτικού τράστ μετοχών,
που βεβαιώνει τη συμμετοχή
σε ένα επενδυτικό τράστ με-
τοχών, εκδιδόμενο συνήθως
χωρίς ισοτιμία, γνωστό και ως
unit ή certificate (μονάδα ή πι-
στοποιητικό)
- Anteilschein
- part de fonds de placement
- parte (di un fondo d'investi-
mento)

investor
- επενδυτής, αυτός που επεν-
δύει κεφάλαια
- Geldgeber
- investisseur
- capitalista

invisible exports
- άδηλες εξαγωγές που συνί-
στανται στην παροχή υπηρε-
σιών κ.λ.π. σε αντίθεση με τα
εξαγόμενα αγαθά
- unsichtbare Exporte
- exportations invisibles
- esportazioni invisibili

invitation
- πρόσκληση
- Einladung; Aufforderung
- invitation
- invito

invite
- προσκαλώ
- einladen; auffordern
- inviter
- invitare

invoice
- εκδίδω τιμολόγιο
- fakturieren
- facturer
- fatturare

invoice
- τιμολόγιο
- Faktura; Rechnung
- facture
- fattura

invoice price
- τιμή τιμολογίου, που αναφέρε-
ται στο τιμολόγιο

- fakturierter Preis
- prix facturé
- prezzo di fattura

iron
- σίδηρος
- Eisen
- fer
- ferro

iron ore
- σιδηρομετάλλευμα
- Eisenerz
- minerai de fer
- minerale di ferro

irrecoverable
- ανεπανόρθωτος, μη δυνάμενος να ανακτηθή
- unersetzlich; uneinbringlich
- irrécouvrable
- irrecuperabile

irredeemable debenture
- ομόλογο δάνειο ή ομολογία ιδιωτικής εταιρίας μη δυναμένη να εξαγορασθή ή εξαργυρωθή
- uneinlösbare Schuldverschreibung
- obligation irremboursable
- obbligazione irredimibile

irrevocable letter of credit
- αμετάκλητος, ανέκκλητος πιστωτική επιστολή
- unwiderruflicher Kreditbrief
- lettre de crédit irrévocable
- lettera di credito irrevocabile

issue
- εκδίδω, θέτω σε κυκλοφορία, δημοσιεύω

- ausgeben
- émettre
- emettere

issue price
- τιμή εκδόσεως
- Ausgabekurs; Ausgabepreis; Emissionspreis
- prix d'émission
- prezzo d'emissione

issued capital
- κεφάλαιο κατατεθέν, διατεθέν, το σύνολο των μετοχών ή ομολογιών μιας εκδόσεως
- ausgegebenes Kapital
- capital versé
- capitale emesso

issuer; borrower
- εταιρία του ιδιωτικού τομέως ή του δημοσίου συγκεντρώνουσα κεφάλαια δια της εκδόσεως χρεωγράφων κ.λ.π. και διαθέσεώς των στην αγορά
- Emittent
- émetteur
- emittente

issuing bank
- εκδοτική τράπεζα
- Notenbank
- banque d'émission
- banca di emissione

item carried forward
- εγγραφές σε τρεχούμενο λογαριασμό, μεταφερόμενες σε νέα λογιστική περίοδο υποκείμενες σε τόκο
- Vortragsposten
- poste reporté
- posta riportata

item with value date after interest period
- σημείο των εγγραφών τρεχούμενου λογαριασμού, κατά το οποίο, η ημερομηνία κατά την οποία αρχίζει ο υπολογισμός του τόκου επισυμβαίνει μετά το κλείσιμο της τοκοφόρου περιόδου
- **nachfälliger Posten**
- **poste avec valeur postérieure**
- **posta con valore posteriore**

itemized
- λεπτομερής (λογαριασμός)
- **postenmässig dargestellt**
- **détaillé**
- **dettagliato**

items of expenditure
- κονδύλια, είδη, αξία δαπανών
- **Aufwendungsposten**
- **postes de dépense**
- **articoli di spesa**

J

jerque note
- πιστοποιητικό εισόδου
- Eintrittsdeklarationsschein
- certificat d'entrée autorisée
- certificato di dichiazione d'
  entrata

jettison
- ρίχνω μέρος από το φορτίο
  στη θάλασσα για τη διάσωση
  του κινδυνεύοντος πλοίου
- über Bord werfen
- jeter à la mer
- fare gettito

jetty
- προβλής, λιμενοβραχίων
- Mole
- jetée; digue
- molo

job (post, situation etc.)
- δουλειά, θέση
- Stellung
- emploi
- impiego

job (occupation)
- δουλειά (επάγγελμα)
- Beruf
- occupation
- lavoro

job
- κάμνω κομπίνες σπεκουλάρω
- spekulieren
- spéculer
- speculare; trafficare

job costing
- το κόστος ενός έργου
- Kostenstellenrechnung
- évaluation du coût de tache
- valutazione dei lavori dura-
  nte la fabbricazione

job description
- περιγραφή μιάς εργασίας
- Arbeitsbeschreibung
- description du travail
- descrizione del lavoro

job evaluation
- αξιολόγηση, εκτίμηση, αποτί-
  μηση μιάς εργασίας
- Arbeitsbewertung
- évaluation du travail
- valutazione del lavoro

job specification
- καθορισμός μιάς εργασίας
- Arbeitsaufgabe
- donnée d'exécution
- specifica del lavoro

joint account
- κοινός λογαριασμός δύο ή πε-
  ρισσοτέρων προσώπων
- Gemeinschaftskonto; Kolle-
  ktivkonto
- compte joint
- conto congiunto

joint and several bond
- αλληλέγγυος και ατομική υπο-
  χρέωση, δέσμευση
- Solidarobligation

- obligation conjointe et soli-
  daire
- obbligazione solidale

joint and several guarantee
- παροχή εγγυήσεως κατα την
  οποία ο εγγυητής ή οι εγγυη-
  τές ευθύνονται απο κοινού και
  ατομικώς
- **Solidarbürgschaft**
- **cautionnement solidaire**
- **fideiussione solidale**

joint custody
- απο κοινού, κοινή κηδεμονία,
  κατά την οποία λογαριασμός
  κοινής κηδεμονίας δύο ή πε-
  ρισσοτέρων προσώπων μπορεί
  να κινηθεί με τη βούληση μό-
  νον του ενός, χωρίς τη συγκα-
  τάθεση των άλλων
- **Dépôt joint**
- **dépôt joint**
- **deposito congiunto**

joint guarantee
- απο κοινού παροχή εγγυήσε-
  ως, κατά την οποία μπορεί να
  ζητηθεί στον εγγυητή να κάνει
  κάτι πρίν απο τον κυρίως οφει-
  λέτη και πρό των υποχρεώσε-
  ων, που ανέλαβε ο κυρίως
  οφειλέτης
- **solidarische Bürgschaft**
- **cautionnement solidaire**
- **fideiussione solidale**

joint liability
- κοινή υποχρέωση ή ευθύνη
  που αναλαμβάνεται απο κοι-
  νού από πολλούς, και κατά την
  οποίαν κάθε ένας από αυτούς
  ευθύνεται αδιαιρέτως δι' ολό-
  κληρο το ποσόν

- **Solidarschuld**
- **dette solidaire**
- **obbligazione solidale**

joint property
- συνιδιοκτησία
- **Gesamteigentum**
- **propriété commune**
- **proprietà comune**

jointly and severally
- αλληλεγγύως και ατομικώς
- **gesamtschuldnerisch**
- **conjointement et solidaire-
  ment**
- **solidalmente e invidualmente**

joint-ownership
- συνιδιοκτησία, απο κοινού
  ιδιοκτησία
- **Miteigentum**
- **copropriété**
- **comproprietà**

joint stock company (GB); corpo-
ration (USA)
- μετοχική εταιρία με ορισμένο
  κατατεθέν κεφάλαιο (share-
  capital), το οποίο διαιρείται σε
  μέρη (shares). Ενδιάμεσος
  μορφή μεταξύ ανωνύμου και
  ομορρύθμου εταιρίας δηλ. η
  ύπαρξή της δεν εξαρτάται από
  το θάνατο ενός εκ των μετό-
  χων, η δε διεύθυνση και δια-
  χείριση ανατίθενται σε πρόσω-
  πα που εκλέγουν οι μέτοχοι.
  Έκαστος απο τους μετόχους
  είναι υπεύθυνος δι' όλα τα
  χρέη της εταιρίας. Περισσότε-
  ρο γνωστή στην Αγγλία και
  ολιγότερο στην Αμερική
- **Aktiengesellschaft**

- société anonyme
- società anonima

joint venture
- κοινοπραξία δια την από κοινού ανάληψη έργου
- Joint - Venture
- entreprise en participation
- joint venture

journal-entry
- ημερολογιακή εγγραφή
- Tagebuchsposten
- article d'un livre journal
- registrazione a giornale

judge
- κρίνω, δικάζω
- urteilen
- juger
- giudicare

judge
- δικαστής, κριτής
- Richter
- juge
- giudice

judgment
- κρίση, γνώση, απόφαση δικαστηρίου
- Jrteil
- jugement; arrêt
- giudizio

junior mortgage
- μεταγενέστερα υποθήκη, δεύτερη υποθήκη επομένης προτεραιότητος, η οποία και επιβαρύνεται με υψηλότερο επιτόκιο
- Nachgangshypothek

- hypothèque de rang postérieur
- ipoteca di grado posteriore

junior partner
- νεώτερος, μετεγενέστερος, κατώτερος, δευτερεύων συνέταιρος, μέτοχος
- jüngerer Teilhaber
- associé en second
- socio giovane

jurisdiction
- αρμοδιότης δικαστηρίου, δωσιδικία, δικαιοδοσία
- Rechtsprechung; Gerichtsbarkeit
- juridiction
- giurisdizione

jury
- ένορκοι, το σώμα των ενόρκων, ελλανόδικος επιτροπή
- die Geschworenen; Jury
- jury
- giuria

justice
- δικαιοσύνη
- Gerechtigkeit
- justice
- giustizia

justifiable
- δικαιολογήσιμος, δικαιολογημένος
- gerechtfertigt
- légitime
- giustificabileu legittimo

K

keep in stock
- διατηρώ απόθεμα απο κάτι
- **vorrätig halten**
- **garder en stock**
- **tenere in magazzino**

keep the accounts
- κρατάω τους λογαριασμούς, διευθύνω το λογιστήριο
- **Konto führen**
- **tenir la comptabilité**
- **tenere la contabilità**

key industry
- βασική βιομηχανία

- **Schlüsselindustrie**
- **industrie-clef**
- **industria chiave**

Krugerrand
- χρυσό νόμισμα της Νοτίου Αφρικής που περιέχει μια ουγγιά ή 31.1035 γραμμάρια αγνού, απέφθου χρυσού. Υπάρχουν και μικρότερα νομίσματα της μισής, ενός τετάρτου ή ενός δεκάτου της ουγγιάς, τα οποία είναι εμπορεύσιμα με μικρή προμήθεια
- **Krügerrand**

L

labour force
- το εργατικό δυναμικό
- **Arbeitskräfte**
- **main d'œuvre**
- **mano d'opera**

labour market
- η αγορά εργασίας
- **Arbeitsmarkt**
- **marché du travail**
- **mercato della mano d'opera**

labour relations
- εργατικές σχέσεις
- **Arbeitsverhältnisse**
- **rapports du travail**
- **relazioni con la mano d'opera**

labour turnover
- η σχέση του αριθμού των προσλαμβανομένων ή απερχομένων υπαλλήλων ή εργατών με το σύνολο του εργατικού δυναμικού μιάς επιχειρήσεως
- **Arbeitsumsatz**
- **fluctuations de personnel**
- **movimento della mano d'opera**

labour union
- εργατική ένωση, σύλλογος ή σωματείο εργαζομένων
- **Gewerkschaft**
- **syndicat**
- **sindicato operaio**

land register
- κτηματολόγιο
- **Grundbuch**
- **registre foncier**
- **registro fondiario**

land register extract
- απόσπασμα μερίδας κτηματο-
λογίου
- **Grundbuchauszug**
- **extrait du registre foncier**
- **estratto del registro fondia-
rio**

landing account
- λογαριασμός εξόδων εκφορ-
τώσεως
- **Löschungskonto**
- **compte de mise à terre**
- **conto di sbarco**

landlord (of property)
- ιδιοκτήτης ακινήτου, εκμισθω-
τής
- **Vermieter**
- **propriétaire**
- **proprietario; locatore**

last in, first out (LIFO)
- αποτίμηση με βάση τη σειρά
εξαντλήσεως της το πρώτον
αγορασθείσης ποσότητος, θε-
ωρουμένης ως και πρώτον
εξαντληθείσης
- **LIFO**
- **LIFO**
- **ultimo a entrare; primo a
uscire**

latent defect
- λανθάνον ελάττωμα
- **versteckter Mangel**
- **vice caché**
- **difetto latente**

law
- νόμος
- **Recht**
- **loi**
- **legge**

lawful
- νόμιμος
- **gesetzlich; rechtlich**
- **licite; légal**
- **lecito; legittimo**

lay days
- σταλίαι, ημέρες αναμονής, ο
αριθμός των ημερών που
χρειάζονται για τη φόρτωση ή
εκφόρτωση ενός σκάφους
- **Liegezeit**
- **staries**
- **stallie**

leakage
- διαρροή,   εκροή,   διαφυγή,
απώλεια, διαρροή πληροφο-
ριών
- **Lecken**
- **fuite**
- **colaggio**

lease
- μίσθωση, μισθωτήριο, περίο-
δος μισθώσεως
- **Verpachtung**
- **bail**
- **affitto**

leasehold
- μίσθιον
- **Pachtung**
- **tenure à bail**
- **proprietà fondiaria in affitto**

leasing
- μίσθωση, ενοικίαση, εκμίσθω-

ση, παράχωρηση χρήσεως
έναντι ορισμένου μισθώματος,
για μακρό διάστημα, βιομηχα-
νικού εξοπλισμού οχημάτων,
μηχανημάτων κ.λ.π. με δικαίω-
μα αγοράς αυτών στο τέλος
έναντι μικρού ποσού
- **Leasing**
- **crédit-bail**
- **leasing**

leasing company
- εταιρία εκμισθώσεων με ειδι-
κούς όρους
- **Leasinggesellschaft**
- **société de leasing**
- **società di leasing**

ledger
- καθολικό (λογιστικό) βιβλίο
- **Hauptbuch**
- **grand livre**
- **libro mastro**

ledger clerk ή **bookkeeper**
- λογιστής
- **Buchhalter**
- **commis-contable**
- **contabile**

legal action
- δικαστική αξίωση
- **Prozess; Klage**
- **action juridique**
- **processo**

legal liability
- νόμιμη υποχρέωση, χρέος,
οφειλή
- **Rechtshaftung**
- **responsabilité légale**
- **responsabilità legale**

legal lien
- εμπράγματος ασφάλεια, δι-
καίωμα δεσμεύσεως περιου-
σιακών στοιχείων οφειλέτου
προς διασφάλισιν οφειλής
- **gesetzliches Pfandrecht**
- **droit de gage**
- **diritto di pegno**

legal representative
- νόμιμος εκπρόσωπος
- **Rechtsvertreter**
- **représentant mandaté**
- **mandatario**

legal reserves
- τα κατά νόμον αναγκαία απο-
θέματα
- **Reserven, gesetzliche**
- **réserves légales**
- **riserve legali**

legal tender
- αναγνωρισμένο   νόμισμα
πληρωμών
- **gesetzliches Zahlungsmittel**
- **monnaie légale**
- **denaro a corso legale**

legalization; authentication
- νομιμοποίηση, επικύρωση
- **Legalisierung**
- **légalisation**
- **legalizzazione**

legislation
- νομοθεσία
- **Gesetzgebung**
- **législation**
- **legislazione**

leisure
- αργία, ελεύθερος χρόνος

- Freizeit
- loisir
- svago

lend
- δανείζω
- leihen
- prêter
- prestare

lending bank
- δανειστική τράπεζα, δανείων
- Kreditbank
- banque de prêts
- banca di prestiti

lending business
- δανειστική δραστηριότητα μιάς τραπέζης σε αντίθεση με την καταθετική δραστηριότητα (deposit business)
- Aktivgeschäfte
- opérations actives
- operazioni attive

lending limit
- όριο δανειοδοτήσεως με βάση την αξία παραλλήλου, παραπλεύρου εγγυήσεως
- Belehnungsgrenze
- limite d'avance
- limite di anticipo

lessee
- μισθωτής, ενοικιαστής
- Mieter
- locataire
- locatario

lessor
- εκμισθωτής
- Vermieter
- bailleur
- locatore

letter
- γράμμα, επιστολή
- Brief
- lettre
- lettera

letterhead
- έντυπος επικεφαλίς επιστολο-χάρτου
- Briefkopf
- en-tête
- intestazione

letter of credit
- πιστωτική επιστολή
- Kreditbrief
- lettre de crédit
- lettera di credito

letter of credit opening
- ειδοποίηση της τραπέζης περί της υπάρξεως, του ανοίγματος πιστωτικής επιστολής, πιστώσεως
- Akkreditiv-Eröffnung
- ouverture d'un crédit documentaire
- apertura di un credito documentario

letter of hypothecation
- απόδειξη, γράμμα, επιστολή υποθηκεύσεως
- Verpfändungsurkunde
- lettre hypothécaire
- atto ipotecario

letter of indemnity
- επιστολή αποζημιώσεως, εξασφαλίσεως, εγγυήσεως εναντίον ζημίας
- Ausfallbürgschaft
- cautionnement
- lettera di garanzia

letters patent ή **patent**
- δίπλωμα ευρεσιτεχνίας, πατέντας
- **Patenturkunde**
- **brevet**
- **brevetto**

levy
- είσπραξη, επιβολή φόρου
- **Erhebung**
- **prélèvement**
- **imposta**

liabilities
- χρέη, υποχρεώσεις, οφειλές πρός δανειστές, προμηθευτές, πελάτες κ.λ.π.
- **Fremdkapital**
- **fonds de tiers**
- **fondi di terzi**

liabilities
- υποχρεώσεις, δεσμεύσεις πρός πιστωτές, πελάτες, μετόχους, χρέη (debts)
- **Verbindlichkeiten**
- **engagements**
- **impegni**

liability on bills of exchange
- υποχρέωση βασιζόμενη στην υπογραφή συναλλαγματικής
- **Wechselobligo**
- **engagement de change**
- **obbligazione cambiaria**

liable for damages
- υπεύθυνος, υπέχων ευθύνη για ζημίας
- **schadenersatzpflichtig**
- **passible de dommages-intérêts**
- **responsabile per i danni**

licence
- άδεια
- **Erlaubnis**
- **licence**
- **licenza; permesso**

lien
- εμπράγματος ασφάλεια, δικαίωμα δεσμεύσεως περιουσιακών στοιχείων οφειλέτου πρός διασφάλισιν οφειλής
- **Pfandrecht**
- **droit de retention**
- **diritto de sequestro**

lien in rem; right of lien
- εμπράγματος ασφάλεια επι του πράγματος, δικαίωμα δεσμεύσεως περιουσιακών στοιχείων οφειλέτου πρός διασφάλισιν οφειλής
- **Pfandrecht**
- **droit de gage**
- **diritto di pegno**

life assurance ή **life insurance**
- ασφάλεια ζωής
- **Lebensversicherung**
- **assurance sur la vie**
- **assicurazione sulla vita**

life assurance policy (GB); life insurance policy (USA)
- ασφαλιστικό συμβόλαιο ασφάλειας ζωής
- **Lebensversicherungspolice**
- **police d'assurance vie**
- **polizza di assicurazione sulla vita**

life-interest
- ισόβιος πρόσοδος
- **lebenslängliche Nutzniessung**

- usufruit viager
- usufrutto vitalizio

limit
- όριο
- Limite
- limite
- limite

limited
- περιορισμένος
- beschränkt
- limité
- limitato

limited partnership
- εταιρία, που απαρτίζεται απο ομόρρυθμους και ετερρόρυθ-μους εταίρους, οι πρώτοι είναι υπεύθυνοι και διοικούν την εταιρία, οι δεύτεροι εισφέρουν κεφάλαια, δεν την διοικούν και είναι υπεύθυνοι μέχρι των πο-σών που συμμετέχουν
- Kommanditgesellschaft
- société en commandité
- società in accomandita semplice

liquid assets
- ρευστά περιουσιακά στοιχεία, κεφάλαια σε μετρητά
- flüssige Aktiven
- actif liquide
- disponibilità; attività liquida

liquid funds
- κεφάλαιο σε ρευστό, διαθέσι-μο κεφάλαιο (cash liquidity)
- greifbare Mittel
- disponibilités
- disponibilità; mezzi liquidi

liquidate a position; close a position
- ενέργεια αντισταθμίσεως, εκ-καθάριση θέσεως
- glasttstellen
- dénouer
- pareggiare

liquidated damages
- ποσό που καθορίζεται εκ των προτέρων πρός καταβολήν σε περίπτωση μη εκπληρώσεως των όρων μιας συμβάσεως
- Konventionalstrafe
- dommages-intérêts fixés en argent
- danni liquidati

liquidation
- εκκαθάριση, ρευστοποίηση, διακανονισμός
- Liquidation
- liquidation
- liquidazione

liquidator
- εκκαθαριστής της περιουσίας μιας εταιρίας
- Masseverwalter; Sachwalter
- liquidateur
- liquidatore

liquidity
- ρευστότητα
- Liquidität
- liquidité
- liquidità

liquidity statement
- δείκτης ρευστότητος
- Liquiditätsausweis
- état des liquidités
- stato di liquidità

list of drawings
- κατάλογος, πίνακας ομολο-
  γιών κληρουμένων πρός εξό-
  φληση
- **Verlosungsliste**
- **liste des tirages**
- **lista delle estrazioni**

list price
- τιμή καταλόγου συνήθως λια-
  νικής πωλήσεως
- **Listenpreis**
- **prix courant**
- **prezzo di listino**

listed security
- κατάλογος χρεωγράφων εισ-
  ηγμένων στο χρηματιστήριο
- **an der Börse notierte Wert-
  papiere**
- **valeurs admises à la Bourse**
- **titoli quotati in Borsa**

listing; admission
- εισαγωγή χρεωγράφων στο
  χρηματιστήριο (βλ. listed se-
  curities)
- **Kotierung**
- **cotation**
- **ammissione a quotazione**

loading
- φόρτωση
- **Ladung**
- **chargement**
- **caricamento**

loadline
- γραμμή φορτώσεως (γνωστή
  και ως Plimsoll line) επί των
  πλευρών του πλοίου για την
  αποφυγή του κινδύνου υπερ-
  φορτώσεως (η γραμμή εξαρ-
  τάται απο τη γεωγραφική
  ζώνη, την εποχή και την πυ-
  κνότητα του νερού (θαλάσσιο-
  ποτάμιο))
- **Ladelinie**
- **ligne de charge**
- **linea di carico**

loan (credit)
- δάνειο
- **Darlehen**
- **prêt**
- **mutuo**

loan account
- λογαριασμός δανείου
- **Anleihekonto**
- **compte des prêts**
- **conto anticipazioni**

loan against pledge
- δάνειο με ενέχυρο
- **Faustpfandkredit**
- **crédit contre nantissement**
- **credito su pegno**

**loan against pledged bill; "en
pension" bill transaction**
- δάνειο καλυπτόμενο με συ-
  ναλλαγματικές
- **Wechselpension**
- **mise en pension d'effets**
- **pensione di effetti**

loan agreement
- συμφωνητικό δανεισμού
- **Übernahmevertrag**
- **contrat de reprise**
- **contratto di prestito**

loan stock
- χρεωγράφα δανεισμού
- **Anleihewerte**

- titres d'emprunt
- titoli di prestito

local bill (GB); town bill (USA)
- συναλλαγματική, που θα πληρωθεί στην πόλη που είναι η τράπεζα
- **Platzwechsel**
- **effet sur place**
- **cambiale sulla piazza**

lock-out
- ανταπεργία, προσωρινό κλείσιμο μιας επιχειρήσεως
- **Aussperrung**
- **lock-out**
- **serrata**

lodge ή **friendly society**
- φιλική συντροφιά, τοπικός κλάδος μιας οργανώσεως, είδος ασφαλιστικής ενώσεως
- **Verscicherungsverein auf Gegenseitigkeit**
- **société de secours mutuel**
- **società di mutuo soccorso**

logistics
- υπολογισμός (διοικητική μέριμνα)
- **Logistik**
- **logistique**
- **logistica**

lombard loan (GB); collateral loan (USA)
- δάνειο με ενέχυρο. (Στά Αγγλικά ο όρος προέρχεται απο την ονομασία του δρόμου Lombard Street, όπου υπάρχουν τα περισσότερα πιστωτικά ιδρύματα)

- **Lombardkredit**
- **crédit lombard**
- **credito lombard**

long-dated
- μακροχρόνιος, μακράς διαρκείας, μακροπρόθεσμος
- **langfristig**
- **à longue échéance**
- **a lunga scadenza**

long distance call ή **trunk call**
- υπεραστικό τηλεφώνημα
- **Ferngespräch**
- **appel téléphonique interurbain**
- **comunicazione interurbana**

long-term
- μακροχρόνιος, μακράς διαρκείας, μακροπρόθεσμος
- **langfristig**
- **à long terme**
- **a lunga scandenza**

long-term capital
- κεφάλαιο μακροπροθέσμου δανεισμού
- **langfristiges Kapital**
- **capitaux à long terme**
- **capitale consolidato a lunga scandenza**

long ton
- αγγλικός τόννος (1016 χιλιόγραμμα) σε αντίθεση με τον αμερικανικό (907,2 χιλιόγραμμα)
- **schwere Tonne**
- **tonne fotre**
- **tonnellata inglese**

loro account
- παλαιά ονομασία του nostro account δηλ. λογαριασμού τραπέζης του εσωτερικού, που υπάρχει σε άλλη ξένη τράπεζα και σε συνάλλαγμα
- **loro-Konto**
- **compte Loro**
- **conto Loro**

loss
- οικονομική ζημία, απώλεια (το αντίθετο του κέρδους), βλάβη
- **Verlust**
- **perte**
- **perdita**

loss of profits
- απώλεια κερδών, διαφυγόντα κέρδη
- **Gewinnausfall**
- **perte de bénéfices**
- **perdita di utili**

losses on receivables
- ζημίες προερχόμενες από απαιτήσεις
- **Debitorenverluste**

- **pertes sur débiteurs**
- **perdite su crediti**

low-priced shares
- μετοχές μικρής αγοραστικής αξίας
- **Kleinaktien**
- **actions de faible montant**
- **azione di importo modesto**

lump sum
- ποσόν εφάπαξ, κατ' αποκοπήν, που καταβάλλεται μια φορά, όλο μαζί
- **Pauschalbetrag**
- **somme globale**
- **somma globale**

luxury goods
- είδη πολυτελείας
- **Luxuswaren**
- **articles de luxe**
- **articoli di lusso**

luxury tax
- φόρος πολυτελείας
- **Luxussteuer**
- **impôt de luxe**
- **tassa sugli articoli di lusso**

M

mail transfer
- ταχυδρομική επιταγή (postal money order)
- **Postüberweisung**
- **virement postal**
- **trasferimento per posta**

maintenance
- συντήρηση
- **Instandhaltung**
- **entretien**
- **manutenzione**

majority holding
- συμμετοχή της πλειοψηφίας
- **Mehrheitsbeteiligung**
- **participation majoritaire**
- **partecipazione maggioritaria**

make a counteroffer
- κάνω αντιπροσφορά, αντιπρόταση
- **ein Gegenangebot abgeben**
- **faire une contre-offre**
- **fare una controfferta**

make an appointment
- κλείνω ραντεβού
- **eine Verabredung treffen**
- **prendre un rendez-vous**
- **fissare un appuntamento**

make an offer
- κάνω μια προσφορά
- **eine Offerte machen**
- **faire offre**
- **fare una offerta**

management
- μάνατζμεντ, διοίκηση επιχειρήσεων, διεύθυνση
- **Vorstand**
- **administration; gestion**
- **direzione; amministrazione**

management authorization; management mandate
- εντολή διαχειρίσεως τραπεζικού επενδυτικού λογαριασμού
- **Verwaltungsvollmacht**
- **mandat de gestion**
- **mandato di amministrazione**

management consultant
- σύμβουλος διοικήσεως επιχειρήσεων
- **Geschäftsführungsberater**
- **ingénieur-conseil en organisation**
- **consulente di direzione aziendale**

management securities safe custody account
- εντολή διαχειρίσεως χρεωγράφων, που έχουν κατατεθεί για φύλαξη
- **Vermögensverwaltungsdepot**
- **dépôt titres avec mandat d'-administration**
- **deposito in amministrazione**

manager
- διευθυντής

- **Geschäftsleiter**
- **directeur**
- **direttore**

managing director ή **president**
- διευθυντής της επιχειρήσεως (πρόεδρος)
- **geschäftsleitender Direktor**
- **administrateur délégué**
- **amministratore delegato**

man-hours
- εργατοώρες κατά κεφαλήν εργάτου
- **Arbeitsstunde pro Mann**
- **heures-homme**
- **ore-uomo**

manifest
- δηλωτικό του πλοίου, δηλ. κατάλογος του φορτίου του πλοίου
- **Ladungsverzeichnis**
- **manifeste**
- **manifesto**

manpower
- αριθμός εργατών, το εργατικό δυναμικό
- **Manneskraft**
- **main -d'œuvre**
- **mano d'opera**

manufacturer
- κατασκευαστής
- **Erzeuger; Hersteller**
- **fabricant**
- **fabbricante**

margin
- περιθώριο
- **Marge**
- **marge**
- **margine**

marginal analysis
- οριακή ανάλυση
- **Randanalyse**
- **analyse marginale**
- **analisi marginale**

marginal cost
- οριακόν κόστος
- **Randkosten**
- **coût marginal**
- **costa marginale**

marine
- θαλασσινός, ναυτικός
- **See**
- **maritime**
- **marino; marittimo**

marine insurance broker
- πράκτορας ναυτασφαλειών
- **Seetransportversicherungs-makler**
- **courtier d'assurance maritimes**
- **agente di assicurazioni marittime**

maritime
- ναυτικός, θαλάσσιος
- **See**
- **maritime**
- **marittimo**

market
- αγορά
- **Markt**
- **marché**
- **mercato**

marketable
- ευκολοδιαθέσιμα στην αγορά, εμπορεύσιμα
- **Kurant**

- courant
- corrente

marketable collateral
- ενέχυρα, τα οποία είναι εύκο-
  λο να διατεθούν στην αγορά,
  εμπορεύσιμα
- kurante Hinterlage
- garantie courante
- garanzia corrente

market capitalization
- υπολογισμός της αξίας μιάς
  επιχειρήσεως βάσει των μετο-
  χών της και της τιμής τους
  στην αγορά
- Börsenkapitalisierung
- capitalisation boursière
- capitalizzazione di borsa

market crash
- το οικονομικό κράχ, η απότομη
  πτώση των τιμών στο χρηματι-
  στήριο
- Börsenkrach
- krach boursier
- crac in borsa

market day (financial)
- ημέρα χρηματιστηρίου
- Börsentag
- jour de bourse
- giorno di borsa

market discount rate; prime rate (USA)
- επιτόκιο προεξοφλήσεως με
  βάση τα δεδομένα της αγο-
  ράς, γνωστό και ως ιδιωτικό
  επιτόκιο προεξοφλήσεως
- Privatdiskontsatz
- taux d'escompte privé
- tasso di sconto

market forces
- το δυναμικό της αγοράς
- Marktkräfte
- forces du marché
- forze di mercato

market penetration
- διείσδυση στην αγορά
- Markteindringen
- pénétration du marché
- penetrazione del mercato

market price
- τιμή διαθέσεως ενός προϊό-
  ντος στην αγορά
- Marktpreis
- cours du marché
- prezzo del mercato

market report
- έκθεση για τις δυνατότητες
  μιας αγοράς κ.λ.π.
- Marktbericht
- revue du marché
- relazione sul mercato

market research
- έρευνα της αγοράς
- Marktforschung
- étude du marché
- indagine di mercato

market share
- μοίρασμα,συμμετοχή στις δυ-
  νατότητες της υπαρχούσης
  αγοράς
- Marktanteil
- participation au marché
- quota del mercato

market theories
- θεωρίες αναφερόμενες στην

χρηματιστηριακή αγορά
- **Börsentheorien**
- **théories boursières**
- **teorie borsistiche**

market value
- αξία με βάση τις τιμές της αγοράς, δηλ. χρηματιστηριακή αξία
- **Kurswert**
- **valeur boursière**
- **valore di borsa**

market value; market price
- τρέχουσα αξία διαθέσεως χρεωγράφου κ.λ.π.
- **Verkehrswert**
- **valeur vénale**
- **valore venale**

market value
- τρέχουσα αξία
- **Marktwert**
- **valeur marchande**
- **valore di mercato**

marketing agreement
- συμφωνία εμπορικής διαθέσεως κ.λ.π.
- **Absatzübereinkommen**
- **accord de commercialisation**
- **accordo di mercato**

marketing director
- διευθυντής μάρκετινκ
- **Absatzdirektor**
- **administrateur chef d'écoulement**
- **direttore di mercato**

marrying price
- χρηματιστηριακή τιμή συμψηφισμού
- **Applikationskurs**

- **cours d'application**
- **corso di applicazione**

mass production
- μαζική παραγωγή
- **Massenherstellung**
- **production en masse**
- **fabbricazione in massa**

material
- υλικό
- **Material**
- **matière**
- **materia**

material asset value; intrinsic value
- η πραγματική αξία (με βάση τα δεδομένα της αγοράς)
- **Substanzwert**
- **valeur intrinsèque**
  valore intrinseco

material-value clause
- ρήτρα πραγματικής αξίας κατά τη σύναψη ομολογιακού δανείου
- **Sachwertklausel**
- **clause valeur réelle**
- **clausola valore reale**

maturity
- λήξη γραμματίου, συναλλαγματικής κ.λ.π.
- **Fälligkeit**
- **échéance**
- **scadenza**

maximum
- ο μέγιστος, δυνατός βαθμός, το μέγιστο, το μάξιμουμ, το ανώτατο
- **maximal**

- maximum
- massimo

maximum sum mortgage
- το μέγιστο ποσό υποθήκης με βάση την αγοραστική αξία υποθηκευομένου ακινήτου
- Maximalhypothek
- hypothèque maximale
- ipoteca massimale

mean price
- μέση τιμή
- Mittelkurs
- prix moyen
- prezzo medio

measure
- μέτρο, κριτήριο, προληπτική ενέργεια
- Mass
- mesure
- misura

measure
- μετρώ, υπολογίζω, κρίνω
- messen
- mesurer; mensurer
- misurare

measurement
- μέτρηση
- Messung
- mesurage
- misura; dimensione

medallion
- μετάλλιο
- Medaille
- médaille
- medaglia

media
- τα μέσα (mass media τα μέσα μαζικής ενημερώσεως)

- Werbeträger
- supports
- canali d'informazione

meeting
- συνάντηση, συνέλευση, συνεδρίαση
- Versammlung
- réunion; assemblée
- riunione; assemblea

meeting of creditors
- συνέλευση πιστωτών
- Gläubigerversammlung
- assemblée de créanciers
- convocazione dei creditori

mediate
- μεσολαβώ
- vermitteln
- s'entremettre
- fare da intermediario

mediation
- μεσολάβηση
- Vermittlung
- médiation
- mediazione

memorandum
- μνημόνιο, υπόμνημα
- Vermerk
- note
- promemoria

Memorandum and Articles of Association ή articles of incorporation
- το καταστατικό, το ιδρυτικό της εταιρίας, εταιρικό
- Statuten
- statuts; acte constitutif
- atto costitutivo e statuto sociale

member
- μέλος
- Mitglied
- membre
- membro; socio

mercantile
- εμπορικός
- Handels
- mercantile
- mercantile

mercantile agent ή **sales agent**
- εμπορικός αντιπρόσωπος, γραφείο εμπορικών και οικονομικών πληροφοριών για τη δραστηριότητα κ.λ.π. άλλων επιχειρήσεων
- Handelsvertreter
- agent de commerce
- agente di commercio

merchandise
- εμπόρευμα
- Waren; Güter
- marchandises
- merce

merchant
- έμπορος
- Kaufmann
- négociant
- commerciante

merchantable quality
- εμπορική ποιότητα
- marktgängige Qualität
- qualité vendable
- qualità commerciabile

merchant bank
- εμπορική τράπεζα
- Handelsbank

- banque commerciale
- banca commerciale

merchant fleet
- εμπορικός στόλος
- Handelsflotte
- flotte marchande
- flotta mercantile

merchant ship
- εμπορικό πλοίο
- Handelsschiff
- navire marchand
- nave mercantile

merge
- συγχωνεύω επιχειρήσεις
- fusionieren
- fusionner
- fondersi

merger
- συγχώνευση επιχειρήσεων, εξάλειψη δικαιώματος δια συγχωνεύσεως με άλλον, σύμπτωση δικαιωμάτων στο ίδιο πρόσωπο
- Fusion
- fusion
- fusione

metrication
- η εφαρμογή του μετρικού συστήματος
- Einführung des metrischen Systems
- introduction du système métrique
- adozione del sistema metrico

metric system
- μετρικό σύστημα, δεκαδικό σύστημα
- metrisches System

- système métrique
- sistema metrico

metric ton
- μετρικός τόννος
- metrische Tonne
- tonne métrique
- tonnellata metrica

middle man
- ενδιάμεσος, έμπορος, μεσίτης, μεσάζων, πράκτορας
- Mittelsperson; Zwischenhändler
- intermédiaire
- intermediario

middle price
- μέση τιμή
- Mittelpreis; Mittelkurs
- cours moyen
- prezzo medio

middle rate; middle price
- μέση τιμή
- Mittelkurs
- cours moyen
- corso medio

mid-month
- τα μέσα του μηνός
- Medio
- au 15 du mois
- medio

mine
- μεταλλείο, ορυχείο
- Bergwerk
- mine
- miniera

mineral
- μεταλλικός, ορυκτός

- Mineral
- minéral
- minerale

mineral concession
- παραχώρηση αδείας εκμεταλλεύσεως ορυχείου
- Bergwerkskonzession
- concession minière
- concessione mineraria

minimum
- το ελάχιστο, το μίνιμουμ
- minimal
- minimum
- minimo

minimum reserves
- υποχρεωτικά αποθεματικά, υποχρεωτικές καταθέσεις μιας τραπέζης στην κεντρική τράπεζα
- Mindestreserven
- réserves minimales
- riserve minime

minimum unit of trading; round lot
- το μίνιμουμ, το ελάχιστο ποσό συναλλαγής
- Schlusseinheit
- lot
- lotto

minority interest
- τα δικαιώματα της μειοψηφίας
- Minoritätsbeteiligung
- participation de la minorité
- interessenza di minoranza

mint
- νομισματοκοπείο
- Münze
- la Monnaie
- zecca

minutes
- τα πρακτικά
- Protokoll
- procès-verbal
- verbale

miscalculation
- εσφαλμένος υπολογισμός
- Rechnenfehler
- erreur de calcul
- calcolo errato

mixed investment trust
- επενδυτική εταιρία μικτών επενδύσεων
- gemischter Anlagefonds
- fonds de placement mixte
- fondo d'investimento misto

monetary base
- νομισματική βάση
- monetäre Basis
- basse monétaire
- base monetaria

monetary policy
- νομισματική πολιτική
- Währungspolitik
- politique monétaire
- politica monetaria

monetary reform
- νομισματική μεταρρύθμιση
- Währungsreform
- réforme monétaire
- riforma monetaria

money
- χρήμα, νόμισμα
- Geld
- argent
- denaro

moneylender
- τοκιστής, δανειστής
- Geldverleiher
- deur d'argent
- usuraio

money loan
- δάνειο σε χρήμα, χρηματικό δάνειο
- Geldkredit
- crédit en espèces
- credito per contanti

money market
- χρηματαγορά
- Geldmarkt
- marché de l'argent
- mercato monetario

money market paper
- χρεώγραφα βραχείας λήξεως, τίτλος χρηματαγοράς
- Geldmarktpapiere
- papier monétaires
- titoli del mercato monetario

money supply (stock)
- χρηματικό απόθεμα, νομισματική μάζα
- Geldmenge
- masse monétaire
- massa monetaria

money transfers
- μεταβίβαση, μεταφορά χρήματος
- Zahlungsverkehr
- trafic des paiements
- operazioni di pagamento

monopoly
- μονοπώλιο
- Monopol

- monopole
- monopolio

month-end closing
- εκκαθάριση χρηματιστηριακών πράξεων κατά το τέλος του μηνός, εκκαθάριση πράξεων με προθεσμία
- Ultimo
- dernier jour du mois
- ultimo

monthly instalment
- μηνιαία δόση καταβολής ποσού
- Monatsrate
- mensualité
- mensilità

moratorium
- χρεωστάσιο
- Moratorium; Zahlungsaufschub
- moratoire
- moratoria

mortgage
- υποθήκη
- Hypothek
- hypothèque
- ipoteca

mortgage bank
- τράπεζα υποθηκών
- Realkreditinstitut; Hypothekarbank
- établissement de crédit hypothécaire
- istituto di credito ipotecario

mortgage bond
- ενυπόθηκος ομολογία που εξασφαλίζεται με υποθήκη
- Pfandbrief

- lettre de gage
- obbligazione fondiaria

mortgage debenture
- ενυπόθηκο ομόλογο δάνειο, ενυπόθηκη ομολογία ιδιωτικής εταιρίας
- hypothekarisch gesicherte Schuldverschreibung
- obligation hypothécaire
- obbligazione ipotecaria

mortgage loan
- δάνειο που εξασφαλίζεται με υποθήκη, ενυπόθηκο δάνειο
- Hypothekaranlage
- placement hypothécaire
- investimento ipotecario

mortgage note
- ενυπόθηκο γραμμάτιο, γραμμάτιο, που εξασφαλίζεται με υποθήκη
- Schuldbrief
- cédule hypothécaire
- cartella ipotecaria

motion
- πρόταση, αίτημα
- Antrag
- motion
- mozione

motivational research
- έρευνα κινήτρων, έρευνα ενδιαφέροντος
- Motivforschung
- étude de motivation
- indagine sulle motivazioni

movable assets
- κινητή περιουσία, κινητά περιουσιακά στοιχεία

- bewegliche Güter
- biens mobiliers
- proprietà mobiliare

multilateral trade
- πολύπλευρο εμπόριο
- mehrseitiges Handeln
- commerce multilatéral
- commercio multila-terale

multinational bank
- πολυεθνική τράπεζα
- multinationale Bank
- banque multinationale
- banca multinazionale

multiple lien (on property)
- πολλαπλό δικαίωμα πάνω σε

ακίνητη περιουσία
- Gesamtpfandrecht
- acte de gage général
- diritto di pegno generale

multiplier
- πολλαπλασιαστής
- Vervielfältiger
- multiplicateur
- moltiplicatore

multiply
- πολλαπλασιάζω
- vervielfältigen
- multipliquer
- moltiplicare

N

naked bond ή **unsecured debenture**
- ομολογία χωρίς κάποια εγγύηση
- ungesicherte Schuldverschreibung
- obligation sans garantie
- obbligazione non garantita

narrow market
- στενή αγορά
- enger Markt
- marché étroit
- mercato ristretto

national debt
- δήμοσιο χρέος
- Staatsschuld
- dette publique
- debito pubblico

national income
- εθνικό εισόδημα
- Nationaleinkommen
- revenu national
- reddito nazionale

national insurance ή **social security**
- κοινωνική ασφάλεια
- staatliche Versicherung
- assurance d'état
- assicurazione obbligatoria

nationality
- εθνικότητα
- Staatsangehörigkeit
- nationalité
- nazionalità

nationalization
- εθνικοποίηση
- **Verstaatlichung**
- **nationalisation**
- **nazionalizzazione**

nationalized industry
- εθνικοποιημένη βιομηχανία
- **verstaatlichte Industrie**
- **industrie nationalisée**
- **industria nazionalizzata**

nautical
- ναυτικός
- **nautisch**
- **nautique**
- **nautico**

navigable
- πλωτός, πλεύσιμος, πλόιμος
- **schiffbar**
- **navigable**
- **navigabile**

navigation
- ναυτιλία, ναυσιπλοία
- **Schiffahrt**
- **navigation**
- **navigazione**

negative balance ή **adverse balance**
- αρνητικό ισοζύγιο, αρνητικό υπόλοιπο λογαριασμού
- **Passivsaldo**
- **balance déficitaire**
- **saldo passivo**

negative income tax
- αρνητικός φόρος εισοδήματος
- **negative Einkommenssteuer**
- **impôt négatif sur le revenu**
- **imposta negativa sul reddito**

negative interest; interest charge
- αρνητικός τόκος
- **Negativzins**
- **intérêt négatif**
- **interesse negativo**

negative mortgage clause
- αρνητική ρήτρα υποθήκης
- **negative Hypothekenklausel**
- **clause hypothécaire négative**
- **clausola ipotecaria**

negative pledging clause
- αρνητική ρήτρα ενεχυριάσεως
- **Verpfändungsklausel, negative**
- **clause de nantissement négative**
- **clausola di pegno negativa**

negligence
- ολιγωρία, αμέλεια
- **Fahrlässigkeit**
- **négligence**
- **negligenza**

negotiable
- εμπορεύσιμος, διαπραγματεύσιμος
- **negoziabel**
- **négociable**
- **negoziabile**

negotiable instrument
- διαπραγματεύσιμο χρεώγραφο
- **begebbares Wertpapier**
- **effet de commerce**
- **titolo negoziabile**

negotiate
- διαπραγματεύομαι
- **verhandeln**

- négocier
- negoziare

negotiating bank
- τράπεζα που αναλαμβάνει τις διαπραγματεύσεις, διαπραγματευομένη τράπεζα
- **negoziierende Bank**
- **banque négociant les documents**
- **banca che negozia i documenti**

negotiation
- διαπραγμάτευση
- **Verhandlung**
- **négotiation**
- **trattativa**

net
- τελικός, καθαρός, αμιγής, καθαρό κέρδος
- **Netto; Rein**
- **net**
- **netto**

net amount
- τελικό, καθαρό ποσό
- **Nettobetrag**
- **montant net**
- **importo netto**

net assets
- καθαρό ενεργητικό
- **Reinvermögen**
- **actif net**
- **attivo netto**

net income
- καθαρό εισόδημα
- **Nettoeinkommen**
- **revenu net**
- **reddito netto**

net interest
- καθαρός τόκος
- **Nettoverzinsung**
- **intérêt net**
- **interesse netto**

net price
- καθαρή τιμή πωλήσεως
- **Nettopreis; Nettokurs**
- **prix net**
- **prezzo netto**

net proceeds
- καθαρό προιόν (με την αφαίρεση εξόδων κ.λ.π.)
- **Reinerlös**
- **produit net**
- **ricavo netto**

net profit
- καθαρό κέρδος
- **Reingewinn**
- **bénéfice net**
- **utile netto**

net profit margin
- περιθώριο καθαρού κέρδους
- **Reingewinnspanne**
- **marge nette de bénéfices**
- **margine di utile netto**

net revenue
- καθαρό έσοδο, καθαρό εισόδημα
- **Nettoeinnahmen**
- **recettes nettes**
- **entrata netta**

net weight
- καθαρό βάρος
- **Reingewicht**
- **poids net**
- **peso netto**

network
- δίκτυο
- **Netz**
- **réseau**
- **rete**

net yield
- καθαρή απόδοση (χρεωγράφων ή μετοχών)
- **Nettoertrag**
- **rendement net**
- **reddito netto**

neutral banking transactions; non credit business of banks
- ουδέτερες τραπεζικές συναλλαγές
- **indifferente Bankgeschäfte**
- **affaires bancaires neutres**
- **operazioni indifferenti**

new accounting period
- νέα λογιστική περίοδος, νέα λογιστική χρήση
- **neue Rechnung**
- **compte nouveau**
- **conto nuovo**

new issue
- νέα έκδοση (μετοχών, χρεωγράφων κ.λ.π.)
- **Ausgabe junger Aktien**
- **émission d'actions nouvelles**
- **nuova emissione**

new shares
- νέες μετοχές, μετοχές νέας εκδόσεως
- **junge Aktien**
- **actions nouvelles**
- **azioni nuove**

news agency
- ειδησεογραφικό πρακτορείο, πρακτορείο ειδήσεων
- **Nachrichtenbüro**
- **agence de presse**
- **agenzia d'informazioni**

night safe
- νυκτερινό χρηματοκιβώτιο, νυκτερινή χρηματοθυρίδα (συνήθως στην είσοδο τραπεζών για νυκτερινές καταθέσεις σε ώρες που οι τράπεζες είναι κλειστές)
- **Nachttresor**
- **trésor permanent**
- **cassa continua**

nil balance ή **zero balance**
- μηδέν υπόλοιπο
- **Nullsaldo**
- **solde nul**
- **saldo nullo**

nominal
- ονομαστικός, εικονικός
- **nominell**
- **nominal**
- **nominale**

nominal account
- ονομαστικός λογαριασμός
- **Firmenkonto**
- **compte nominal**
- **conto d'ordine**

nominal amount
- ονομαστικό ποσό
- **Nominalbetrag**
- **montant nominal**
- **importo nominale**

nominal capital
- ονομαστικό κεφάλαιο

- **Nennkapital**
- **capital nominal**
- **capitale nominale**

nominal damages
- μικρή αποζημίωση, μικρό ποσό αποζημιώσεως για μικροζημιά
- **Ordnungsentschädigung**
- **indemnité de principe**
- **danni nominali**

nominal price
- ονομαστική τιμή
- **Nennpreis**
- **prix nominal**
- **prezzo nominale**

nominal value
- ονομαστική, εικονική αξία
- **Nennwert**
- **valeur nominale**
- **valore nominale**

nominee
- προταθείς υποψήφιος, υποψήφιος για το χρίσμα, εδώ, στη γλώσσα του χρηματιστηρίου εξουσιοδοτημένος εκπρόσωπος
- **Nominee**
- **nominée**
- **nominee**

nonacceptance
- μη αποδοχή (παραλαβής εμπορεύματος ή άρνηση αποδοχής συναλλαγματικής)
- **Nichtannahme**
- **non-acceptation**
- **mancata accettazione**

noncontributory pension
- σχέδιο, σχήμα συντάξεως των εργαζομένων σε μια εταιρία, χωρίς να πληρώνουν συνεισφορά αυτοί, αλλά μόνον η εργοδότρια εταιρία
- **Pension ohne Beitragspflicht**
- **pension non-contribuable**
- **pensione senza contributi**

nonfulfilment
- η μη εκπλήρωση αναληφθείσης υποχρεώσεως
- **Nichterfüllung**
- **non-exécution**
- **inadempienza**

non-marketable collateral
- ενέχυρο, που ρευστοποιείται με δυσκολία
- **unkurante Hinterlage**
- **garantie non courante**
- **garanzia non corrente**

nonprofitmaking
- κοινωφελής, μη κερδοσκοπικός
- **ohne Gewinnabsicht**
- **sans but lucratif**
- **senza scopo di lucro**

non-recourse financing
- χρηματοδότηση χωρίς δικαίωμα προσφυγής
- **Forfaitierung**
- **financement à forfait**
- **forfetizzazione**

nonresidents
- κάτοικοι του εξωτερικού, μη κάτοικοι εσωτερικού
- **Devisenausländer**
- **non-résidents**
- **non residenti**

nontaxable income
- εισόδημα μη υποκείμενο σε φορολογία

- steuerfreies Einkommen
- revenu non imposable
- reddito non tassabile

nonvoting shares
- μετοχές χωρίς δικαίωμα ψήφου
- Aktien ohne Stimmrecht
- actions sans droit de vote
- azioni senza diritto a voto

norm
- κανόνας, νόρμα
- Norm
- norme
- norma

nostro account
- λογαριασμός μιάς τραπέζης, που τηρείται σε τράπεζα άλλης χώρας σε συνάλλαγμα της χώρας εκείνης (βλ. loro account)
- Nostro-Konto
- compte Nostro
- conto Nostro

notary public
- συμβολαιογράφος
- Notar
- notaire
- notaio pubblico

not binding ή without prejudice
- μη δεσμευτικός
- ohne Verbindlichkeit
- sous toutes réserves
- senza pregiudizio

not easily marketable
- χρεώγραφα, που δεν είναι ευκόλως εμπορεύσιμα
- unkurant
- non courant
- non corrente

notice
- υπόμνημα, προειδοποίηση, κοινοποίηση
- Benachrichtung
- avis; préavis
- avviso; preavviso

notification
- γνωστοποίηση, κοινοποίηση
- Mitteilung
- notification
- notifica

not negotiable
- μη διαπραγματεύσιμος, μη μεταβιβάσιμος
- nicht übertragbar
- non négociable
- non negoziabile

"not to order" clause
- σημείωση «όχι σε διαταγή»
- Rektaklausel
- clause non à ordre
- clausola non all'ordine

note-issuing bank; bank of issue
- εκδοτική, κεντρική τράπεζα
- Notenbank
- institut d'emission
- istituto di emissione

note-issuing privilege
- δικαίωμα, προνόμιο εκδόσεως χαρτονομίσματος κεντρικής τραπέζης
- Notenmonopol
- monopole d'émission des billets de banque
- monopolio dell'emissione di biglietti di banca

notification
- ειδοποίηση, γνωστοποίηση,

αναγγελία, ειδοποιητήριο
- **Notifikation**
- **notification; avis**
- **notifica**

notify address
- διεύθυνση επειγούσης ειδοποιήσεως για την πληρωμή συναλλαγματικής κ.λ.π.
- **Notadresse**
- **recommandataire au besoin**
- **occorrendo**

null and void
- άμοιρος, ανίσχυρος
- **null und nichtig**
- **nul et non avenu**
- **nullo e senza effetto**

numbered account
- τραπεζικός λογαριασμός με κωδικό αριθμό, χωρίς να αποκα-

λύπτεται το όνομα του δικαιούχου
- **Nummernkonto**
- **compte numérique**
- **conto numerato**

numbered custody account
- τραπεζικός λογαριασμός ως ανωτέρω, αλλά για χρεώγραφα κ.λ.π. για φύλαξη
- **Nummerndepot**
- **dépôt numérique**
- **deposito numerato**

numismatics
- νομισματική, νομισματολογία, η μελέτη νομισμάτων και μεταλλίων
- **Numismatik**
- **numismatique**
- **numismatica**

O

obligation to provide additional cover if necessary
- υποχρέωση για την παροχή συμπληρωματικής καλύψεως σε περίπτωση που θα απαιτηθεί
- **Nachdeckungspflicht**
- **obligation de fournir des garanties supplémentaires**
- **obbligo di fornire garanzie sussidiarie**

occupation
- επάγγελμα, απασχόληση

- **Beschäftigung**
- **occupation,emploi**
- **occupazione,impiego**

odd lot
- ποσότητα χρεωγράφων ή εμπορευμάτων πιό μικρή απο τη συνηθισμένη και καθιερωμένη εμπορεύσιμη μονάδα (π.χ. μετοχές κάτωτων 50)
- **Restpartie**
- **solde**
- **partita spaiata**

offer
- προσφορά
- Offerte
- offre
- offerta

offer
- προσφέρω
- anbieten
- offrir
- offrire

offer for sale
- προσφέρω για πώληση
- zum Verkauf anbieten
- offrir en vente
- offrire in vendita

office
- γραφείο
- Büro
- bureau
- ufficio

office for the admission of securities to quotation
- κρατική υπηρεσία για την έγκριση εισαγωγής χρεωγράφων στο χρηματιστήριο αξιών
- Zulassungsstelle
- instance d'admission
- Ufficio di ammissione

office hours
- ώρες γραφείου
- Geschäftsstunden
- heures de bureau
- orario d'ufficio

office manager
- διευθυντής, προϊστάμενος του γραφείου
- Bürovorsteher

- chef de bureau
- capo ufficio

official
- επίσημος
- amtlich
- officiel
- ufficiale

official discount rate
- επίσημο προεξοφλητικό επιτόκιο
- offizieller Diskontsatz
- taux d'escompte officiel
- tasso ufficiale di sconto

official strike
- επίσημος απεργία, την οποία ενέκρινε το σωματείο
- anerkannter Streik
- grève officielle
- sciopero ufficiale

offset transactions; compensation transactions
- συμψηφιστικές συναλλαγές
- Kompensationsgeschäfte
- opérations de compensation
- operazione di compensazione

offshore financial centers; offshore markets
- (offshore = εις τα ανοικτά, εις το ανοικτό πέλαγος, πρός τα ανοικτά) οικονομικά κέντρα όχι επι της κυρίως γής, στα νησιά ή αλλού, για την Αμερική στην Καραϊβική ή στις Μπαχάμες κ.λ.π.
- Offshore-Finanzplätze
- centres offshore
- piazze finanziarie offshore

old-age pension
- σύνταξη γήρατος

- Alterversorgung; Rente
- pension de retraite
- pensione per la vecchia

old-established business
- εταιρία που έχει ιδρυθεί απο πολύ καιρό, από χρόνια πολλά
- alteingeführtes Geschäft
- maison solide
- casa di vecchia fondazione

oligopoly
- ολιγοπώλιο
- Oligopol
- oligopole
- oligopolio

omission
- παράλειψη
- Auslassung; Unterlassung
- omission
- omissione

on account
- έναντι λογαριασμού, σε μερική εξόφληση
- a Konto; auf Abschlag
- à valoir
- in acconto

on board bill of lading
- φορτωτική που επιβεβαιώνει ότι πραγματικά τα εμπορεύματα έχουν φορτωθεί επί του πλοίου
- Bordkonnossement
- connaissement de bord
- polizza di carico a bordo

on condition
- υπό τον όρον
- vorausgesetzt
- sous réserve
- a condizione

on consignment
- επι παρακαταθήκη
- in Kommission
- en consignation
- in conto deposito

on demand; on sight
- επι τη εμφανίσει, μόλις το παρουσιάσει κανείς
- Sicht
- à vue
- a vista

one way fare ή single fare
- ναύλος μιάς διαδρομής (και όχι επιστροφής)
- einfache Fahrkarte
- billet d'aller
- biglietto d'andata

on hand
- αμέσως διαθέσιμο
- vorrätig
- disponible
- disponibile

on loan
- δανεικός, με επιστροφή
- darlehensweise
- sous forme de prêt
- in prestito

open cheque
- ανοικτή επιταγή, μεταβιβάσιμος επιταγή, που εκδίδεται στον κομιστή ή σε διαταγή ορισμένου προσώπου
- Inhaberscheck
- chèque ouvert
- assegno aperto

open cover
- ανοικτή ασφαλιστική κάλυψη,

ασφαλιστήριο ορισμένων εμπορευμάτων, κατά το οποίο η ασφαλιζόμενη αξία είναι ακαθόριστη, ανοικτή, ή ασφάλεια ορισμένων κινδύνων κ.λ.π.
- offene Versicherung
- police à aliment
- polizza flottante

open credit
- ανοικτή, απεριόριστη πίστωση
- offener Kredit
- crédit à découvert
- credito allo scoperto

open-end investment trust
- εταιρία αμοιβαίων κεφαλαίων ή επενδύσεων με δικαίωμα συνεχούς εκδόσεως μετοχών κ.λ.π.
- offener Anlagefonds
- fonds de placement ouvert
- fondo d'investimento a capitale fisso

open market
- ελευθέρα αγορά
- freier Markt
- marché libre
- mercato libero

open market policy
- οικονομική πολιτική ελευθέρας αγοράς
- Offenmarktpolitik
- politique d'open market
- politica di mercato aperto

opening price
- τιμή ανοίγματος, η πρώτη τιμή αγοράς ή πωλήσεως χρεωγράφων
- Eröffnungskurs
- cours d'ouverture
- corso di apertura

open-plan office
-˙ γραφείο-αίθουσα που χωρίζεται σε άλλα γραφεία
- Grossraumbüro
- bureau sans cloisons
- ufficio senza divisioni

open position
- θέση ανοικτή που δεν κατελήφθη ακόμα, διαθέσιμη
- offene Position
- position ouverte
- posizione aperta

operating assets
- περιουσιακά στοιχεία εκμεταλλεύσεως (δηλ. τα μετρητά συν τα ακίνητα, συν εγκαταστάσεις κ.λ.π.)
- Betriebsvermögen
- capital d'exploitation
- capitale d'esercizio

operating assets; current assets
- τα μετρητά, το ενεργητικό που κυκλοφορεί, συναλλαγματικέςκ.λ.π.
- Umlaufvermögen
- actif circulant
- attivo circolante

operating costs
- λειτουργικό κόστος
- Betriebsausgaben
- frais d'exploitation
- spese di gestione

operational research (OR)
- επιχειρησιακή έρευνα
- Unternehmensforschung
- recherche opérationnelle
- indagine sul funzionamento

operative
- αποτελεσματικός, δραστήριος
- **wirksam**
- **actif**
- **attivo; operativo**

opinion
- γνώμη
- **Meinung**
- **opinion**
- **opinione**

option
- δικαίωμα επιλογής, το προνόμιο, οψιόν, προαίρεση
- **Option**
- **option**
- **opzione**

options exchange
- χρηματιστήριο των οψιόν (βλ. λέξη)
- **Optionenbörse**
- **bourse d'options**
- **borsa delle opzioni**

order
- παραγγελία, διαταγή, ένταλμα, απόφαση, τάξη
- **Bestellung**
- **commande**
- **ordine**

order
- παραγγέλνω, διατάσσω
- **bestellen**
- **passer une commande**
- **ordinare**

order book
- βιβλίο παραγγελιών
- **Auftragsbuch**
- **livre de commandes**
- **libro degli ordini**

order-form
- ειδικό έντυπο παραγγελίας
- **Bestellformular**
- **bulletin de commande**
- **foglio d'ordinazione**

order of priority
- σειρά προτεραιότητος
- **Rang**
- **rang**
- **grado**

ordinary partnership
- εταιρία συνήθους τύπου
- **einfache Gesellschaft**
- **société simple**
- **società semplice**

ordinary (open) safe custody account
- λογαριασμός καταθέσεων τίτλου για φύλαξη, χαρτοφυλάκιο
- **offenes Depot**
- **dépôt ouvert**
- **deposito aperto**

ordinary share (GB); common stock (USA)
- κοινή μετοχή
- **Stammaktie**
- **action ordinaire**
- **azione ordinaria**

ordinary share cerificate ή **stock certificate**
- κοινό, κανονικό πιστοποιητικό μετοχής
- **Aktie**
- **certificat d'action**
- **certificato azionario**

organization
- οργάνωση, διοργάνωση

- Organisation
- organisation
- organizzazione

Organization for Economic Cooperation and Development
- Οργανισμός Οικονομικής Συνεργασίας και Αναπτύξεως
- De Organisation für Wirtschaftliche Zusammenarbeit und Entwicklung
- Organisation de Coopération et de Développement Economiques
- Organizzazione per la Cooperazione e lo Sviluppo Economico

origin
- προέλευση, καταγωγή
- Ursprung
- origine
- origine

out of date
- παλιός, ξεπερασμένος, απηρχαιωμένος
- verfallen
- périmé
- scaduto

out of stock
- δεν υπάρχει στην αποθήκη, μας σώθηκε, τα πωλήσαμε όλα
- ausverkauft
- tout vendu
- esaurito

out of work
- χωρίς δουλειά, άνεργος
- arbeitslos
- en chômage
- disoccupato

output
- παραγωγή, απόδοση, παροχή, εκροή, παραγωγικό αποτέλεσμα
- Erzeugung
- rendement
- produzione

outstanding accounts
- απλήρωτοι λογαριασμοί, εκκρεμείς, που δεν έχουν εισπραχθεί
- ausstehende Schulden
- comptes à percevoir
- conti aperti

overcapacity
- υπερβολική παραγωγική ικανότητα
- Überkapazität
- surcapacité
- capacità in eccedenza

overdraft; current account credit
- ανάληψη χρημάτων μεγαλυτέρα των καταθέσεων
- Kontokorrentkredit
- crédit en compte courant
- credito in conto corrente

overdraft facilities ή overdraw facility
- δυνατότητα εκδόσεως επιταγής πέραν απο το υφιστάμενο πιστωτικό υπόλοιπο (στην περίπτωση αυτή η επιταγή πληρώνεται και η τράπεζα εισπράττει και τον τόκο από τον πελάτη καταθέτη της)
- Überziehungsdisposition
- facilités de caisse
- facilitazione di scoperto

overdraw
- τραβάω, αναλαμβάνω χρήματα

πιο πάνω απο τα όρια λογαρια-
σμού μου
- **überziehen**
- **dépasser (son compte)**
- **sorpassare**

overdue
- ληξιπρόθεσμος, υπερήμερος,
  εκπρόθεσμος
- **rückständig**
- **arriéré**
- **scaduto**

over-due bill; dishonored bill
- συναλλαγματική που έχει
  λήξει, υπερήμερος, ληξιπρό-
  θεσμος, σε καθυστέρηση
- **not leidender Wechsel**
- **traite en souffrance**
- **cambilae in sofferenza**

over-estimate
- υπερ-εκτιμώ
- **Überschätzung**
- **surestimation**
- **valutazione eccessiva**

overheads
- γενικά έξοδα
- **Generalunkosten**
- **frais généraux**
- **spese generali**

overproduction
- υπερ-παραγωγή
- **Überproduktion**
- **surproduction**
- **sovraproduzione**

oversubscription
- υπέρκάλυψη (προεγγραφής με-
  τοχών, ομολόγων κ.λ.π.)
- **Uberzeichnung**
- **sursouscription**
- **sottoscrizione superata**

over the counter
- αμέσως διαθέσιμος στον πελά-
  τη, εκτός του χρηματιστηρίου
- **ausserbörslich**
- **hors bourse**
- **fuori borsa**

overtime
- υπερωρία, υπερωριακή απασχό-
  ληση
- **Uberstunden**
- **heures supplémentaires**
- **lavoro straordinario**

overweight
- υπέρβαρος
- **Ubergewicht**
- **excédent**
- **sovrappeso**

owner
- ιδιοκτήτης
- **Eigentümer**
- **propriétaire**
- **proprietario**

ownership
- ιδιοκτησία, κυριότητα
- **Eigentum**
- **propriété**
- **proprietà**

P

package
- πακέτο
- Paket
- paquet
- pacco; collo

package deal
- προσφορά, στην οποία συμπερι-
λαμβάνεται το κόστος όλων των
επί μέρους, μια τιμή για όλα μαζί
(πρβλ. all-in price η ίδια σημα-
σία)
- Globalgeschäft
- marché global
- contratto globale

packing
- συσκευασία
- Verpackung
- emballage
- imballaggio

paid-up capital
- καταβεβλημένο κεφάλαιο
- eingezahltes Kapital
- capital versé
- capitale versato

paid-up policy
- ασφαλιστήριο ζωής για το οποίο
έχουν πληρωθεί όλα τα ασφάλι-
στρα
- beitragsfreie Police
- assurance libérée
- polizza interamente pagata

paper loss
- πλασματική, εικονική απώλεια ή
ζημία

- imaginärer Verlust
- perte fictive
- perdita sulla carta

paper money
- χαρτονομίσματα
- Papiergeld
- papier-monnaie
- carta moneta

paper profit
- πλασματικό, εικονικό κέρδος
- imaginärer Gewinn
- profit fictif
- utile sulla carta

par price; par rate
- στο άρτιο, τιμή στο άρτιο, ότι
γράφει επάνω ένα χρεώγραφο
- Parikurs
- cours au pair
- corso alla pari

par value
- ονομαστική αξία
- Nennwert; Nominalwert
- valeur nominale
- valore nominale

parent company
- η κεντρική (πατρική) εταιρία,
(απο την οποία εξαρτώνται οι
θυγατρικές)
- Muttergesellschaft
- société mère
- società madre

parity
- ισοτιμία

- Parität
- parité
- parità

partial acceptance
- μερική αποδοχή
- Teilakzept
- acceptation partielle
- accettazione parziale

participate
- λαμβάνω μέρος, συμμετέχω
- beteiligen
- participer
- partecipare

participating policy ή with-pro-fits policy
- ασφαλιστήρια με συμμετοχή εις τα κέρδη
- Police mit Gewinnberechti-gung
- police avec paricipation aux bénéfices
- polizza con profitti

participation certificate
- πιστοποιητικό συμμετοχής
- Partizipationsschein
- bon de participation
- buono di partecipazione

particular average
- ιδιαίτερη, συγκεκριμένη, ειδική αβαρία
- besondere Havarie
- avarie particulière
- avaria particolare

particulars
- τα επι μέρους, τα καθέκαστα, τα στοιχεία ταυτότητος, λεπτομε-ρής περιγραφή

- Einzelheiten; Angaben
- détails
- particolari

partner
- εταίρος, συνέταιρος, μέλος εταιρίας
- Teilhaber
- associé
- socio

partnership
- εταιρία, σύμπραξη, συνεργασία
- offene Handelsgesellschaft (OHG)
- société en nom collectif
- società

part payment
- μερική, τμηματική πληρωμή
- Ratenzahlung
- paiement partiel
- pagamento parziale

passbook ή bankbook
- βιβλιάριο καταθέσεων
- Bankbuch; Sparbuch
- livret de compte
- libretto di conto

past perfomance
- απόδοση (επιτυχής), συνεργασία στο παρελθόν
- Leistung in der Vergangen-heit
- comportement antérieur
- comportamento precedente

patent
- πατέντα, δίπλωμα ευρεσιτε-χνίας, προνόμιο, προστατευόμε-νος από προνόμιο
- Erfindungspatent

- brevet d'invention
- brevetto

patent agent
- πράκτορας πατεντών
- Patentanwalt
- conseil en brevets
- agente di brevetti

pawnbroker
- ενεχυροδανειστής
- Pfandleiher
- prêteur sur gage
- prestatore su pegno

pay
- πληρώνω, εξοφλώ
- zahlen
- payer
- pagare

payable
- πληρωτέος
- zahlbar
- payable
- pagabile

payable at sight
- πληρωτέος επι τη εμφανίσει
- zahlbar bei Sicht
- payable à vue
- pagabile a vista

payable in advance
- πληρωτέο προκαταβολικά
- pränumerando
- payable par anticipation
- pagabile anticipatamente

payable in arrears
- (in arrears = εκτός προθεσμίας, με καθυστέρηση) πληρωτέος στο τέλος, στη λήξη της περιό-
δου αποδόσεως του τόκου
- postnumerando
- payable à terme échu
- pagabile posticipatamente

payable on demand
- πληρωτέος εις διαταγήν, κατα την εμφάνιση
- zahlbar bei Vorlage
- payable sur demande
- pagabile a vista

payables
- υποχρεώσεις πληρωτέες
- fällige Wechsel; Wechsel-schulden
- effets à payer
- passività esigibili

payable to bearer
- πληρωτέο εις τον κομιστή
- an den Inhaber zahlbar
- payable au porteur
- pagabile al portatore

pay a deposit
- πληρώνω κατάθεση, καταθέτω
- hinterlegen
- donner des arrhès
- versare un deposito

pay by monthly (weekly) instalments
- πληρώνω με μηνιαίες ή εβδομα-διαίες δόσεις
- monatlich (wochentlich) in Raten zahlen
- payer par termes mensuels (hebdomadaires)
- pagare a rate mensili (settima-nali)

pay day
- ημέρα πληρωμής

- Zahltag; Abrechnungstag
- jour de paiement
- giorno di paga

payee
- δικαιούχος πληρωμής, αποδέ-
κτης επιταγής
- **Wechselnehmer; Remittent**
- **preneur d'un effet**
- **prenditore di cambiale**

paying agent; paying office
- πράκτορας ή πρακτορείο, που
κάνει τις πληρωμές
- **Zahlstelle**
- **domicile de paiement**
- **domicilio di pagamento**

payment
- πληρωμή
- **Zahlung**
- **versement**
- **pagamento**

payment by results
- πληρωμή βάσει των αποτελέ-
σματων, κατά τεμάχιο κ.λ.π.
- **Leistungslohn**
- **salaire au rendement**
- **pagamento secondo i risultati**

payment in advance
- πληρωμή προκαταβολικώς
- **Vorauszahlung**
- **paiement anticipé**
- **pagamento in anticipio**

payment in full
- πληρωμή εις το ακέραιον
- **volle Zahlung**
- **libération intégrale**
- **pagamento in pieno**

payment in full discharge
- πλήρης αποπληρωμή
- **Zahlung zum vollen Ausgleich**
- **paiement libératoire**
- **pagamento a completa tacita-
zione**

payment on account
- πληρωμή έναντι λογαριασμού
- **Anzahlung**
- **versement à compte**
- **pagamento in conto**

payment order
- διαταγή, εντολή πληρωμής
- **Anweisung**
- **assignation**
- **assegno**

payment terms
- όροι πληρωμής
- **Zahlungsbedingungen**
- **conditions de paiement**
- **condizioni di pagamento**

payment under protest
- πληρωμή κατόπιν διαμαρτυρή-
σεως
- **Protestzahlung**
- **paiement sous protêt**
- **pagamento sotto protesta**

payment (under subscription)
- πληρωμή με προεγγραφή
- **Liberierung**
- **libération**
- **liberazione**

payroll
- μισθολογική κατάσταση
- **Lohnbuch**
- **feuille de paie**
- **libro paga**

pay to bearer
- πληρωτέο εις τον κομιστήν
- zahlen bei Vorlage
- payez au porteur
- pagare al portatore

peak hours
- ώρες αιχμής
- Spitzzeit
- heures de pointe
- ore di punta

penalty
- ποινή, κύρωση, πρόστιμο
- Strafe
- pénalité
- penalità

penalty clause
- ποινική ρήτρα
- Strafklausel
- clause pénale
- clausola penale

pending
- σε αναμονή, σε εξάρτηση
- schwebend
- pendant
- pendente

pensioner
- συνταξιούχος
- Rentner
- pensionnaire
- pensionato

per capita
- κατά κεφαλήν
- pro Kopf
- par tête
- per testa

per cent
- τοις εκατόν

- prozent
- pour cent
- per cento

percentage
- ποσοστό τοις εκατόν
- Prozentsatz
- pourcentage
- percentuale

per contra
- σε αντίθεση, σε αντιθετικό λογαριασμό
- als Gegenrechnung
- en contrepartie; par contre
- in contropartita

peril
- κίνδυνος
- Gefahr
- péril
- pericolo

perishable goods
- φθαρτά αγαθά, εμπορεύματα
- leicht verderbliche Waren
- marchandises périssables
- merci deperibili

permanent holdings
- διαρκείς συμμετοχές
- dauernde Beteiligungen
- participations permanentes
- partecipazioni permanenti

permit
- γραπτή άδεια
- Erlaubnis; Genehmigung
- permis
- permesso

perpetual debenture
- αέναο, διαρκές, χωρίς χρονι-

κούς περιορισμούς χρεώγραφο
- **Dauerschuldverschreibung**
- **obligation perpétuelle**
- **obbligazione perpetua**

personal assistant ή **administrative assistant**
- προσωπικός βοηθός, γραμματέας
- **persönlicher Assistent**
- **foctionnel**
- **assistente privato**

personal loan
- προσωπικό δάνειο
- **Privatkredit**
- **prêt pec†oii**

personal loan institutions
- χρηματοδοτικοί οργανισμοί, τράπεζες κ.λ.π. προσωπικών δανείων
- **Privatkreditinstitute**
- **établissements spécialisés dans le prêt personnel**
- **istituti per il credito privato**

personnel
- το προσωπικό, οι εργαζόμενοι σε μια επιχείρηση
- **Personal**
- **personnel**
- **personale**

personnel manager
- διευθυντής προσωπικού
- **Personalchef**
- **chef du personnel**
- **direttore del personale**

petty cash
- ταμείο μικροεξόδων
- **kleine Kasse**

- **petite caisse**
- **piccola cassa**

phantom operation ή **bogus company**
- ανύπαρκτη εταιρία
- **Schwindelgesellschaft**
- **société fantôme**
- **societa fasulla**

picket
- φρουρώ εργοστάσιο ως απεργός παρεμποδίζων την προσέλευση απεργοσπαστών
- **Posten**
- **piquet**
- **picchetto**

piecework
- εργασία αμειβομένη με το κομμάτι
- **Akkordarbeit**
- **travail à la tâche**
- **lavoro a cottimo**

pier ή **quay**
- προβλήτα, μώλος, προκυμαία, αποβάθρα
- **Kai**
- **quai**
- **banchina**

pig-iron
- χυτοσίδηρος (σε χελώνες)
- **Roheisen**
- **fer en gueuse**
- **pane di ghisa**

pilot (sea)
- πλοηγός
- **Lotse**
- **pilote**
- **pilota**

pilot plant
- πειραματικό σχέδιο, εξερευ-
νητικό, προκαταρτικό, δοκιμα-
στική εφαρμογή σχεδίου (pilot
scheme)
- Musteranlage
- installation témoine
- impianto piloto

place of jurisdiction
- τόπος ασκήσεως δωσιδικίας
- Gerichtsstand
- for judiciaire
- foro competente

place of perfomance
- τόπος   εκπληρώσεως   (μιας
υποχρεώσεως)
- Zahlungsort
- lieu de règlement
- luogo di pagamento

placement on commission
- τοποθέτηση χρεωγράφων στην
αγορά με προμήθεια
- Plazierung,kommissionsweise
- placement en commission
- collocamento su commissio-
ne

plan
- σχέδιο
- Plan
- plan
- progetto; piano

planned economy
- κατευθυνομένη οικονομία
- Planwirtschaft
- économie planifiée
- economia pianificata

plant
- εργοστάσιο

- Anlage
- appareil; installation
- impianto; macchinario

please forward
- παρακαλώ στείλτε το στη νέα
διεύθυνση
- bitte nachsenden
- prière de faire suivre
- far proseguire

pledge
- ενεχυρίαση
- Verpfändung
- nantissement
- costituzione in pegno

pledged collateral
- ενεχυριαζόμενη   παράλληλος
εγγύηση
- Faustpfand
- gage
- pegno manuale

plot ή parcel (of land)
- τμήμα γής, οικόπεδο
- Parzelle
- parcelle
- pezzo; lotto

policy
- ασφαλιστήριο
- Police
- police
- polizza

policy
- πολιτική γραμμή, τακτική, πρά-
ξη, τρόπος ενεργείας
- Politik
- politique
- politica

pool
- κοινοπραξία, πούλ, καρτέλ, κερδοσκοπικός συνεταιρισμός, οικονομικός συνασπισμός

port
- λιμάνι
- **Hafen**
- **port**
- **porto**

port charges
- λιμενικά τέλη
- **Hafengebühren**
- **droits de port**
- **diritti portuali**

port of call
- λιμάνι προσεγγίσεως
- **Anlaufhafen**
- **port d'escale**
- **porto dei scalo**

port of destination
- λιμάνι προορισμού
- **Bestimmungshafen**
- **port de destination**
- **porto di destinazione**

port of discharge
- λιμάνι εκφορτώσεως
- **Lieferhafen**
- **port de livraison**
- **porto di scarico**

portfolio
- χαρτοφυλάκιο (χρεωγράφων) κ.λ.π.
- **Portefeuille**
- **portefeuille**
- **portafoglio**

portfolio analysis
- ανάλυση του χαρτοφυλακίου χρεωγράφων κ.λ.π.
- **Portefeuilleanalyse**
- **analyse de portefeuille**
- **analisi di portafoglio**

position
- θέση, κατάσταση
- **Stand**
- **position**
- **posizione**

possessory lien
- δικαίωμα κατακρατήσεως
- **Retentionsrecht**
- **droit de rétention**
- **diritto di ritenzione**

postage
- ταχυδρομικά τέλη
- **Postgebühr**
- **frais de poste**
- **tariffa postale; affrancatura**

postage paid
- ταχυδρομικά τέλη πληρωμένα
- **portofrei**
- **port payé**
- **porto pagato**

postage stamp
- γραμματόσημο
- **Briefmarke**
- **timbre-poste**
- **francobollo**

postal check
- επιταγή συρομένη σε ταχυδρομικό λογαριασμό
- **Postcheck**
- **chèque postal**
- **assegno postale**

postal giro transfer
- μεταβίβαση, μεταφορά χρημά-
των από ταχυδρομικό σε ταχυ-
δρομικό λογαριασμό
- Postgiro
- virement postal
- postagiro

postal money order
- ταχυδρομική επιταγή
- Postanweisung
- mandat postal
- vaglia postale

postal order
- ταχυδρομική επιταγή
- Postanweisung
- mandat-poste
- vaglia postale

postal payment order
- επιταγή συρόμενη σε ταχυ-
δρομικό λογαριασμό προς
πληρωμή σε πρόσωπο, που
δεν έχει ταχυδρομικό λογα-
ριασμό
- Zahlungsanweisung
- mandat de paiement
- mandato di pagamento

postcode ή zip code
- ταχυδρομικός κώδικας
- Postleitzahl
- indicatif postal
- codice postale

postdated cheque
- μεταχρονολογημένη επιταγή
- nachdatierter Scheck
- chèque postdaté
- assegno postdatato

post office
- ταχυδρομείο

- Postamt
- bureau de poste
- ufficio postale

postscript (PS)
- υστερόγραφο
- Nachschrift
- post-scriptum; postface
- poscritto (PS)

potential
- πιθανός, ενδεχόμενος
- möglich; potentiell
- potentiel
- potenziale

pound sterling
- λίρα, στερλίνα Αγγλίας
- Pfund sterling
- livre sterling
- lira sterlina

power of attorney
- πληρεξουσιότης, εξουσιοδό-
τηση
- Vollmacht
- procuration; pouvoir
- procura

powers of the central bank
- εξουσίες της κεντρικής τρα-
πέζης
- Notenbankinstrumentarium
- moyens d'action de la ban-
que centrale
- strumentario dell'istituto di
emissione

practices
- συνήθεια, τακτική
- Usanz
- usances
- usi; usanze

pratique
- ελευθεροκοινωνία, πράτιγο, βεβαίωση καλής υγείας
- Gesundheitsbrief
- libre pratique
- libera pratica

prefabricate
- προκατασκευάζω
- vorfabrizieren
- préfabriquer
- prefabbricare

preference shares (GB); preferred shares (USA)
- προνομιούχες μετοχές
- Vorzugsaktien
- actions privilégiées
- azione privilegiata

preferred claim under bankrupty
- προνομιακή απαίτηση κατά την πτώχευση
- Konkursprivileg
- privilège en cas de faillite
- privelegio in caso di fallimento

preferential creditor
- προνομιούχος πιστωτής
- bevorrechtigter Glaübiger
- créancier privilégié
- creditore privilegiato

preferential duty
- διαφορικός δασμός
- Vorzugssatz
- tarif de faveur
- tariffa preferenziale

prejudice
- προκατάληψη, βλάβη, ζημία
- Nachteil
- préjudice
- pregiudizio

preliminary
- προκαταρκτικός
- vorläufig; einleitend
- préliminaire; préalable
- preliminare

pre-market dealings
- χρηματιστηριακές δοσοληψίες πριν από το άνοιγμα του χρηματιστηρίου
- Vorbörse
- avant-bourse
- preborsa

premium
- πρίμ, ασφάλιστρο, βραβείο, δώρο, αμοιβή
- Agio
- agio; prime
- aggio

premium deal
- δοσοληψία με την καταβολή ενός πρίμ ως ποινής
- Prämiengeschäft
- opération à prime
- operazione a premio

premium offer
- προσφορά με έξτρα πρίμ
- Verkauf mit Zugaben
- offre à prime
- offerta sopra la pari

prepaid
- προπληρωμένο
- vorausbezahlt
- payé d'avance
- pagato in anticipo

prepaid expenses
- δαπάνες που έχουν προπληρωθεί

- transitorische Aktiven
- actifs transitoires
- ratei e risconti attivi

prepayment
- προπληρωμή
- **Vorauszahlung**
- paiement anticipé
- pagamento anticipato

prescription
- παραγραφή
- **Verjährung**
- **Prescription**
- **prescrizione**

present a bill for acceptance
- παρουσιάζω συναλλαγματική για αποδοχή
- **einen Wechsel vorlegen**
- présenter une traite à l'acceptation
- **presentare una cambiale per accettazione**

price
- τιμή, τίμημα
- **Kurs**
- **cours**
- **corso**

price control
- έλεγχος τιμών
- **Preiskontrolle**
- **contrôle des prix**
- **controllo sui prezzi**

price-cutting
- μείωση, περικοπή τιμών, κατέβασμα των τιμών
- **Preisherabsetzung**
- **rabais des prix**
- **riduzione dei prezzi**

(stock or bond) price drawn by lot
- τιμή μετοχής ή ομολογίας, που καθορίζεται με κλήρωση
- **Loskurs**
- **cours tiré au sort**
- **corso estratto a sorte**

price-earnings ratio
- σχέση τιμής και κέρδους
- **Kurs-Gewinn-Verhältnis**
- **rapport cours-bénéfice**
- **rapporto corso-utile**

price-elasticity
- ελαστικότητα στις τιμές
- **Preisdehnbarkeit**
- **élasticité-prix**
- **elasticità di prezzo**

price level
- επίπεδο τιμής
- **Preisebene**
- **niveau des prix**
- **livello dei prezzi**

price nursing
- υποστήριξη τιμών
- **Kurspflege**
- **soutenir le cours**
- **sostegno della quota**

price war
- πόλεμος τιμών
- **Preiskrieg**
- **guerre des prix**
- **guerra dei prezzi**

primary market
- κυρίως αγορά, η κύρια αγορά
- **Primärmarkt**
- **marché primaire**
- **mercato primario**

prime cost
- τιμή κόστους
- **Selbstkosten**
- **prix de revient**
- **prezzo di costo**

prime trade bill
- γραμμάτιο ή συναλλαγματική πρώτης τάξεως (ασφαλιστικής), με αυξημένη εμπορικότητα
- **erstklassiger Handelswechsel**
- **papier de haut commerce**
- **carta commerciale di primo ordine**

principal ή **(USA capital)**
- αρχικό κεφάλαιο επενδύσεως
- **Kapital**
- **principal**
- **capitale**

principal
- εντολέας, κύριος συμβαλλόμενος
- **Vollmachtgeber**
- **mandant**
- **mandante**

priority
- προτεραιότης
- **Vorrecht**
- **priorité**
- **priorità**

private account
- προσωπικός, ιδιωτικός λογαριασμός
- **Privatkonto**
- **compte personnel**
- **conto personale**

private bank
- ιδιωτική τράπεζα

- **Privatbankier**
- **banquier privé**
- **banca privata**

private enterprise
- ιδιωτική επιχείρηση
- **Privatunternehmen**
- **enterprise privée**
- **impresa privata**

private limited company
- ιδιωτική εταιρία περιορισμένης ευθύνης (ΕΠΕ)
- **Gesellschaft mit beschränkter Haftung (GmbH)**
- **Société à responsabilité limitée (SARL)**
- **Società a responsabilità limitata**

private placements
- ιδιωτικές τοποθετήσεις κεφαλαίων
- **Privatplazierungen**
- **placements privés**
- **collocamenti privati**

private sector
- ιδιωτικός τομέας
- **freie Marktwirtschaft**
- **secteur privé**
- **settore privato**

probability
- πιθανότητα
- **Wahrscheinlichkeit**
- **probabilité**
- **probabilità**

probate
- άνοιγμα και επικύρωση διαθήκης
- **Testamentseröffnung; Bestätigung**

- homologation d'un testament
- omologazione di testamento

procedure
- δικονομία, τρόπος ενεργείας, μέθοδος, τεχνική
- Verfahren
- procédure
- procedura

procuration endorsement
- οπισθογράφηση πληρεξουσιότητος
- Vollmachtsindossament
- endossement par procuration
- girata per procura

produce
- προιόν
- Erzeugnis
- produit
- prodotti

produce market
- αγορά προιόντων
- Warenmarkt
- marché commercial
- mercato commerciale

product
- προιόν
- Produkt
- produit
- prodotto

production
- παραγωγή
- Erzeugung
- production
- produzione

production control
- έλεγχος παραγωγής
- Produktionskontrolle
- contrôle de production
- controllo della produzione

productivity
- παραγωγικότητα
- Produktivität
- productivité
- produttività

professional traders
- επίσημοι χρηματιστές
- Berufshandel
- opérateurs professionnels
- operatori professionali

profit
- κέρδος
- Gewinn
- bénéfice
- utile

profitability
- η αποδοτικότητα, το προσοδοφόρον μιάς επιχειρήσεως
- Rentabilität
- rentabilité
- redditività

profit and loss account (GB); income statement (USA)
- λογαριασμός κερδών και ζημιών
- Gewinn-und Verlustrechnung
- compte de pertes et profits
- conto profitti e perdite

profiteer
- αισχροκερδής, κερδοσκόπος, μαυραγορίτης

- Gewinnler
- profiteur
- profittatore

profit-sharing
- μοίρασμα των κερδών, συμμετοχή στα κέρδη (από τους εργαζομένους)
- Gewinnbeteiligung
- participation aux bénéfices
- partecipazione agli utili

profit-taking
- δοσοληψία αποσκοπούσα στην εξασφάλιση και απόκτηση κέρδους
- Gewinnrealisation
- prise de bénéfices
- realizzazione del utile

proforma invoice
- τιμολόγιο, προφόρμα
- Proformarechnung
- facture fictive
- fattura proforma

program
- προγραμματίζω
- programmieren
- programmer
- programmare

prolongation; renewal
- παράταση
- Prolongation
- prorogation
- proroga

promissory note
- γραμμάτιο σε διαταγή
- Eigenwechsel
- billet à ordre
- pagherò

promote
- προβιβάζω, προάγω
- fördern; befördern
- promouvoir; donner de l'avancement à
- dare impulso a; promuovere

prompt delivery
- γρήγορη, άμεση παράδοση
- sofortige Lieferung
- livraison immédiate
- pronta consegna

property bond
- δέσμευση σχετική με την περιουσία (οικόπεδο και κτίριο)
- Grund und Gebäudeobligation
- obligation foncière
- obbligazione fondiaria

property tax
- φόρος ακινήτου περιουσίας (Φ.Α.Π.)
- Grundsteuer
- impôt foncier
- imposta fondiaria

proportion
- αναλογία
- Verhältnis; Anteil
- proportion
- proporzione

proposal
- πρόταση, προσφορά
- Vorschlag
- proposition
- proposta

pro rata
- κατ' αναλογίαν
- anteilsmässig; pro rata

- proportionnellement; au pro-
rata
- proportionalmente; pro rata

prospectus
- προσπέκτους, περιγραφικό
διαφημιστικό φυλλάδιο, πρόσ-
κληση για εγγραφή, αναγγελία
επικειμένης εκδόσεως νέων
μετοχών ή ομολογιών
- **Prospekt**
- **prospectus**
- **prospetto**

protest
- διαμαρτύρηση
- **Protest**
- **protêt**
- **protesto**

provide cover
- παροχή εγγυήσεως
- **abdecken**
- **garantir**
- **garantire**

provisions
- προβλέψεις
- **Rückstellungen**
- **provisions**
- **accantonamenti**

**provisions for doubtful debts;
contingency reserves**
- προβλέψεις για επισφαλείς
απαιτήσεις
- **Del credere**
- **réserve pour débiteurs dou-
teux**
- **fondo perdite su crediti**

proxy
- πληρεξούσιον
- **Stellvertretung**

- **procuration**
- **procura**

proxy (person)
- πληρεξούσιος
- **Stellvertreter**
- **mandataire**
- **procuratore**

**proxy (to vote shares at the ge-
neral meeting of a company)**
- πληρεξουσιότητα για τη συμ-
μετοχή σε γενική συνέλευση
μετόχων
- **General versammlungsvoll-
macht**
- **procuration pour l'assemblée
générale**
- **procura per l'assemblea ge-
nerale**

public
- κοινό, δημόσιο (επίθετο)
- **öffentlich**
- **public**
- **pubblico**

public
- κοινό, δημόσιο
- **Öffentlichkeit**
- **public**
- **pubblico**

public holiday
- κανονική, νόμιμη αργία
- **gesetzlicher Feiertrag**
- **jour férié**
- **giorno di festa**

publicity
- δημοσιότητα
- **Werbung**
- **publicité**
- **pubblicità**

publicity campaign
- διαφημιστική καμπάνια
- **Werbefeldzug**
- **campagne de publicité**
- **campagna pubblicitaria**

public limited company
- Ανώνυμη Εταιρία (ΕΠΕ με μετοχές εισηγημένες στο χρηματιστήριο)
- **Aktiengesellschaft (AG)**
- **Societé anonyme (SA)**
- **Società anonima (SA)**

public ownership
- δημόσια επιχείρηση, που ανήκει στο κράτος
- **Staatsbesitz**
- **propriété publique**
- **proprietà statale**

public relations
- δημόσιες σχέσεις
- **Public-Relations**
- **relations publiques**
- **pubbliche relazioni**

public sector
- δημόσιος τομέας
- **öffentliche Hand**
- **secteur public**
- **settore statale**

public utilities
- επιχειρήσεις κοινής ωφελείας
- **Versorgungswerte**
- **services publics**
- **pubbliche utilità**

publishing house
- εκδοτικός οίκος
- **Verlag**

- **maison d'edition**
- **casa editrice**

purchase
- αγορά
- **Kauf; Anschaffung**
- **porto franco**
- **porto franco**

purchase book ή **bought ledger**
- βιβλίο αγορών
- **Einkaufsbuch**
- **grand livre d'achats**
- **mastro acquisti**

purchase price
- τιμή κτήσεως
- **Kaufpreis**
- **prix d'achat**
- **prezzo d'acquisto**

purchase tax
- φόρος κτήσεως
- **Kaufsteuer**
- **impôt sur les acquisitions**
- **tassa sugli acquisti**

purchasing power
- αγοραστική δύναμη
- **Kaufkraft**
- **pouvoir d'achat**
- **potere d'acquisto**

purser
- αξιωματικός, λογιστής πλοίου
- **Zahlmeister**
- **commissaire de la marine**
- **commissario di bordo**

put option
- τοποθετώ χρήματα με την οψιόν της πωλήσεως
- **Verkaufsoption**
- **option à vendre**
- **premio a vendere**

Q

qualification
- προσόν, χαρακτηρισμός, ικα-
νότης, τίτλος
- Qualifikation
- qualification
- qualifica; requisito

qualified acceptance
- αποδοχή υπο όρους
- Annahme unter Vorbehalt
- acceptation conditionnelle
- accettazione con riserva

qualified accountant
- προσοντούχος λογιστής
- Wirtschaftsprüfer
- expert comptable
- ragioniere diplomato

qualifying shares
- μετοχές των μελών του διοι-
κητικού συμβουλίου μιας εται-
ρίας, που κατατίθενται ως εγ-
γύηση για όλη τη διάρκεια της
θητείας τους
- Pflichtaktien
- actions d'administrateur
- azioni cauzionali

quality
- ποιότητα
- Qualität
- qualité
- qualità

quality and contents unknown
- ποιότητα και περιεχόμενο
άγνωστο

- Qualität und Inhalt nicht be-
kannt
- qualité et contenu inconnus
- qualità e contenuto sconos-
ciuti

quality control
- ποιοτικός έλεγχος
- Qualitätskontrolle
- contrôle de qualité
- controllo di qualità

quantity
- ποσότητα
- Menge
- quantité
- quantità

quantity surveyor
- επόπτης, επιθεωρητής ποσό-
τητος
- Massenberechner
- métreur-vérificateur
- perito misuratore

quarantine
- καραντίνα
- Quarantäne
- quarantaine
- quarantena

quarter day
- η πρώτη μέρα εκάστης τριμη-
νίας
- Quartalstag
- jour du terme
- giorno della pigione

quarterly
- τριμηνιαίος
- vierteljährich
- trimestriel
- trimestrale

quarterly payments
- πληρωμές ανά τρίμηνον, τριμηνιαίες πληρωμές
- vierteljährliche Zahlungen
- paiements trimestriels
- pagamenti trimestrali

questionnaire
- ερωτηματολόγιο
- Fragebogen
- questionnaire
- questionario

quorom
- απαρτία
- beschlussfähige Anzahl
- quorom
- quorom

quota
- αναλογία, μέρος, τμήμα, ποσοστό, μερίδιο
- Quote
- part; quote-part
- quota

quotation
- γνωστοποίηση τρεχούσης τιμής, προσδιορισμός τιμής
- Kostenanschlag

- cotation
- quotazione

quotation list
- κατάλογος τιμών χρηματιστηρίου
- Kursblatt
- cote des valeurs mobilières
- listino di borsa

quote
- προσδιορίζω τιμή
- (den Preis) angeben
- coter
- quotare

quoted company
- εταιρία αναφερομένη στο χρηματιστήριο με μετοχές εισηγμένες στο χρηματιστήριο
- Gesellschaft notiert an der Börse
- société cotée à la Bourse
- società quotata in borsa

quoted price
- προσφερομένη τιμή, καθορισθείσα τιμή
- angegebener preis
- prix coté
- prezzo quotato

quote not firm
- μη δεσμευτική προσφορά
- nicht fest anbieten
- coter sans obligation
- quotare senza impegno

R

raise a loan ή float a loan
- συνάπτω δάνειο
- eine Anleihe begeben
- émettre un emprunt
- lanciare un prestito

random sample
- τυχαίο δείγμα, δείγμα παρμένο στην τύχη
- Stichprobe
- épreuve au hasard
- campione a casaccio

rate
- αναλογία, τιμή, ποσοστό, δείκτης
- Satz; Kurs
- taux; cours
- tasso; tariffa

rate of exhange
- τιμή ανταλλαγής συναλλάγματος
- Wechselkurs
- taux de change
- corso del cambio

rate for advances against collateral; collateral rate; lombard-rate
- επιτόκιο για δάνεια, που χορηγούνται με ενέχυρο τίτλων
- Lombardsatz
- taux des avances contre nantissement
- tasso lombard

rate of interest
- επιτόκιο
- Zinsfuss
- taux d'intérêt
- tasso d'interesse

rate of return
- δείκτης αποδόσεως, παραγωγικότητας
- Ertragsrate
- taux de rendement
- tasso di reddito

rates ή realty tax
- φόρος ακίνητης περιουσίας
- Gemeindesteuer
- taxes municipales
- tassa comunale

ratification
- επικύρωση, επιβεβαίωση, κύρωση
- Ratifizierung
- ratification
- ratifica

ratify
- επικυρώ
- ratifizieren
- ratifier
- ratificare

ratio
- αναλογία, λόγος, σχέση
- Verhältnis
- rapport
- rapporto

ration
- μερίδα, σιτηρέσιο
- Ration
- ration
- razione

rationalization
- ορθολογική οργάνωση παραγωγής, συστηματοποίηση
- Rationalisierung
- rationalisation
- razionalizzazione

raw material
- πρώτη ύλη, το ακατέργαστο υλικό
- Rohstoff
- matière première
- materia prima

real estate
- αστική, ακίνητος περιουσία
- unbewegliches Vermögen; Immobilien
- biens immeubles
- beni immobili

real estate agency ή **estate agency**
- πρακτορείο, γραφείο πωλήσεως ή ενοικιάσεως ακινήτων, κτηματομεσιτικό γραφείο
- Immobilienbüro
- agence immobilière
- agenzia immobiliare

real estate investment trust
- εταιρεία επενδύσεων σε ακίνητα.
- Immobilienfonds
- fonds immobilier
- fondo d'investimento immobiliare

real value
- πραγματική αξία
- Sachwert
- valeur réelle
- valore reale

realty tax ή **rates**
- φόρος ακινήτου περιουσίας
- Gemeindesteuer
- taxes municipales
- tassa comunale

rebate
- ελάττωση, έκπτωσή, επιστροφή κρατήσεων
- Nachlass
- rabais
- ribasso; sconto

receipt; acknowledgement
- απόδειξη
- Quittung
- quittance
- quietanza

receivables; advances
- χρεώστες
- Debitoren
- débiteurs
- debitori

received for shipment bill of lading
- ληφθείσα φορτωτική προς φόρτωσιν (χωρίς να έχει φορτωθεί το εμπόρευμα)
- Empfangskonnossement
- connaissement pour embarquement
- polizza di carico ricevuto per limbarco

received letter of lading
- φορτωτική ελήφθη (τα εμπο-

−218−

ρεύματα ελήφθησαν προς φόρτωσιν)
- Übernahmekonnossement
- connaissement
- polizza de carico ricevuto per l'imbarco

receiver
- σύνδικος πτωχεύσεως, εκκαθαριστής, διαχειριστής αμφισβητουμένης περιουσίας, μεσεγγυούχος
- Konkursverwalter
- syndic de faillite
- curatore

recession
- ύφεση
- Rezession
- récession
- recessione

recommended retail selling price
- συνιστωμένη τιμή λιανικής πωλήσεως
- empfohlener Ladenpreis
- prix de détail recommandé
- prezzo al minuto indicativo

reconciliation statement
- βεβαίωση συμφωνίας λογαριασμού
- Richtigbefundanzeige
- accusé de bien trouvé
- avviso di benestare

reconstruction
- ανοικοδόμηση, ανακατασκευή
- Wiederaufbau
- reconstruction
- ricostruzione

recourse
- προσφυγή
- Regress
- recours
- regresso

redeem
- αποσβένω χρέος
- tilgen; gutmachen
- rembourser; dégager
- redimere; rimborsare

redeemable bond
- ομολογία με την επιφύλαξη εξαγοράς προ της λήξεώς της
- kündbare Obligation
- obligation amotrissable
- obbligazione redimibile

redemption
- απόσβεση χρέους
- Tilgung; Amortisation
- amosrtissement; remboursement
- ammortamento

redemption date
- ημερομηνία αποσβέσεως χρέους
- Einlösungstag
- date du remboursement
- data di rimborso

redemption yield
- απόδοση κατά την εξαγορά
- Einlösungsertag
- rendement sur remboursement
- rendita di rimborso

rediscount
- αναπροεξόφληση

- **Rediskont**
- **réescompte**
- **risconto**

re-export
- επανεξάγω
- **wiederausführen**
- **reexporter**
- **riesportare**

re-exportation
- επανεξαγωγή
- **Wiederausfuhr**
- **réexportation**
- **riesporto**

refer a cheque to drawer ή **refer a check to drawer**
- επαναπέμπω, παραπέμπω, γυρίζω μια επιταγή πίσω στον εκδότη
- **einen Scheck uneingelöst lassen**
- **refuser d'honorer un chèque**
- **rifiutare di pagare un assegno**

reference
- παραπομπή, μνεία, αναφορά, γνώση, συστατική επιστολή, πρόσωπο, το οποίο είναι πρόθυμο να δώσει συστάσεις.
- **Referenz**
- **référance**
- **referenza**

reflate the economy
- ρύθμιση του κυκλοφορούντος χρήματος προς αποκατάσταση του επιπέδου των τιμών
- **die Wirtschaft neu beleben**
- **ranimer l'économie**
- **reflaziare l'economia**

refund
- απόδοση, επιστροφή χρημάτων
- **Rückerstattung**
- **remboursement**
- **rimborso**

registered letter
- συστημένη επιστολή
- **eingeschriebener Brief**
- **lettre recommandée**
- **lettera raccomandata**

registered lien (charge)
- δικαίωμα ενεχυριάσεως, που έχει καταγραφεί, καταχωρηθεί σε ειδικό μητρώο
- **Registerpfandrecht**
- **droit de gage inscrit au registre**
- **diritto di pegno registrato**

registered security
- ονομαστικός τίτλος (μεταβιβαζόμενος με εκχώρηση και όχι με απλή οπισθογράφηση)
- **Namenpapier**
- **titre nominatif**
- **titolo nominativo**

registered share
- ονομαστική μετοχή
- **Namenaktie**
- **action nominative**
- **azione nominativa**

registered share with restricted transferability
- ονομαστική μετοχή με περιορισμένη δυνατότητα μεταβιβάσεως
- **vinkulierte Namenaktie**
- **action nominative liée**
- **azione nominativa vincolata**

register of mortgage holders
- βιβλίο εγγραφής υποθηκών
- Gläubigerregister
- registre des créanciers
- registro dei creditori

registration fee
- τέλη συστάσεως
- Anmeldegebühr
- droit d'enregistrement
- tassa di registrazione

reinsurance
- αυτασφάλιση
- Rückversicherung
- réassurance
- riassicurazione

reinvestement discount
- έκπτωση επανεπενδύσεως
- Wiederanlagerabatt
- rabais de réinvestissement
- sconto di reinvestimento

rejection
- απόκρουση, απόρριψη, αποποίηση
- Ablehnung
- refus
- rifiuto

reliable
- αξιόπιστος, θετικός, ασφαλής, έγκυρος
- zuverlässig
- digne de confiance
- fidato; attendibile

remittance
- έμβασμα
- Rimesse
- remise
- rimessa

remuneration
- αντιμισθία, αποζημίωση, μισθός, πληρωμή
- Vergütung
- rémunération
- rimunerazione

renewal
- ανανέωση
- Novation
- novation
- novazione

renewal coupon; talon
- πιστοποιητικό για νέα μερίσματα ή νέο τοκομερίδιο
- Talon
- talon
- cedola di affogliamento

rent
- πρόσοδος, μίσθωμα, ενοίκιο
- Miete
- loyer
- pigione; affitto

rent
- ενοικιάζω
- vermieten
- louer; affermer
- affittare; appigionare

rent charge
- έγγειες υποχρεώσεις για την εκτέλεση μιας ορισμένης πράξεως
- Grundlast
- charge foncière
- onore fondiario

rent control
- ενοικιοστάσιο
- Mietzinskontrolle

- contrôle des loyers
- blocco degle affitti

renunciation
- αποποίηση, παραίτηση, αποκύρηξη
- **Verzicht**
- **renonciation**
- **rinunzia**

re-open discussions
- επανέναρξη των διαπραγματεύσεων
- **Verhandlungen wiederaufnehmen**
- **rouvrir la discussion**
- **riaprire la discussione**

reorganization; reform
- αναδιοργάνωση
- **Sanierung**
- **assainissement**
- **risanamento**

repair
- επισκευή
- **Reparatur**
- **réparation**
- **riparazione**

repair
- επισκευάζω
- **reparieren**
- **réparer; réfectionner**
- **riparare; rifare**

repatriation
- επαναπατρισμός
- **Repatriierung**
- **rapatriement**
- **rimpatrio**

repayment; redemption
- εξαγορά
- **Tilgung**
- **amortissement**
- **ammortamento finanziario**

repeat option business
- επαναληπτική συναλλαγή με δικαίωμα επιλογής
- **Nochgeschäft**
- **opération à option**
- **noch**

replacement cost
- κόστος αντικαταστάσεως
- **Wiederanschaffungskosten**
- **coût de remplacement**
- **costo di rempiazzo**

reply paid
- απάντηση πληρωμένη
- **Rückantwort bezahlt**
- **résponse payée**
- **risposta pagata**

report
- έκθεση, αναφορά, πόρισμα
- **Bericht; Meldung**
- **rapport; compte-rendu**
- **relazione; rapporto**

represent
- αντιπροσωπεύω
- **vertreten**
- **représenter**
- **rappresentare**

representative
- αντιπρόσωπος
- **Vertreter**
- **représentant**
- **rappresentante**

repudiate a claim
- αρνούμαι, αποκρούω, αποκηρύσσω αξίωση αποζημιώσεως
- **einen Ersatzanspruch nicht anerkennen**
- **renier un sinistre**
- **respingere un reclamo**

repurchase price
- τιμή επαναγοράς
- **Rücknahmepreis**
- **prix de rachat**
- **prezzo di riscatto**

requisition
- επιτάσσω
- **verlangen**
- **réquisitionner**
- **requisire**

requisition
- επιταγή, επίταξη, αίτηση
- **Anforderung**
- **demande**
- **richiesta; requisizione**

resale price
- τιμή μεταπωλήσεως
- **Wiederverkaufspreis**
- **prix de revente**
- **prezzo di rivendita**

research
- έρευνα
- **Forschung**
- **recherche**
- **ricerca**

research and development
- έρευνα και ανάπτυξη
- **Zweckforschung und Entwicklung**
- **recherche industrielle**
- **studi e sviluppi**

reserve
- αγκαζάρω, κρατάω, κλείνω (δωμάτιο, θέση, κλπ.)
- **vorbehalten**
- **réserver**
- **riservare**

reserve for bad debts
- αποθεματικό για επισφαλείς απαιτήσεις
- **Debitorenreserve**
- **réserves pour débiteurs douteux**
- **fondo perdite su crediti**

reserve fund
- αποθεματικό κεφάλαιο
- **Reservefonds**
- **fonds de réserve**
- **fondo di riserva**

reserve price
- κατώτατη τιμή πωλήσεων σε πλειστηριασμό
- **Mindestpreis**
- **mise à prix**
- **prezzo minimo**

reserves
- αποθεματικό
- **Reserven**
- **réserves**
- **riserve**

residents
- κάτοικοι (μόνιμοι)
- **Deviseninländer**
- **résidents**
- **residenti**

resign
- παραιτούμαι
- **zurücktreten**

- se démettre
- dimettersi

resolution
- απόφαση, καθαρή πρόθεση, ψήφισμα
- **Beschluss**
- **resolution**
- **deliberazione**

responsibility
- ευθύνη
- **Verantwortlichkeit**
- **responsabilité**
- **responsabilità**

restraint of trade
- περιστολή, συγκράτηση εμπορίου
- **Handelsbeschränkung**
- **restriction au commerce**
- **restrizione del commercio**

restricted transferability (of shares)
- περιορισμένη δυνατότητα μεταβιβάσεως μετοχών
- **Vinkulierung (von Aktien)**
- **restrictions de tranfert**
- **transferibilità limitata**

restrictive covenant
- περιοριστική συμφωνία
- **einschränkende Bestimmung**
- **accord restrictif**
- **accordo restrittivo**

restrictive endorsement
- απαγόρευση οπισθογραφήσεως και, ως εκ τούτου, της μεταβιβάσεως με οπισθογράφηση
- **Rektaindossament**

endossement non à ordre
- **girata non all'ordine**

rescriptions
- είδος ελβετικών εντόκων γραμματίων ή κρατικών ομολόγων με υποχρέωση των τραπεζών για την αγορά τους
- **Reskriptionen**
- **rescriptions**
- **rescrizioni**

retailer
- λιανοπωλητής
- **Einzelhändler; Kleinhändler**
- **commercant au détail**
- **commerciante al minuto**

retail price
- τιμή λιανικής πωλήσεως
- **Einzelhandelspreis**
- **prix de détail**
- **prezzo al minuto**

retail trade
- λιανικό εμπόριο
- **Einzelhandel**
- **commerce en détail**
- **commercio al minuto**

retained correspondence
- κράτηση αλληλογραφίας
- **banklagernd**
- **banque restante**
- **fermo banca**

retire a bill
- αποσύρω χρεώγραφο από την κυκλοφορία με εξόφληση κατά τη λήξη του ή και πριν από αυτήν
- **einen Wechsel einlösen**
- **payer une lettre de change**
- **ritirare un effetto**

retirement
- αποχώρηση από την υπηρεσία, λόγω ηλικίας ή και υγείας
- **Rücktritt; Pensionierung**
- **retraite**
- **ritiro**

retirement savings account
- λογαριασμός ταμιευτηρίου για άτομα που έχουν αποσυρθεί της υπηρεσίας (άνω των 60 χρονών και με περισσότερο τόκο)
- **Alterssparkonto**
- **compte d'épargne 60**
- **conto di risparmio per la terza età**

retrocession
- αντιπαραχώρηση
- **Retrozession**
- **rétrocession**
- **retrocessione**

returned goods
- επιστρεφόμενα αγαθά, προϊόντα, εμπορεύματα
- **Retourware**
- **marchandises de retour**
- **merce di ritorno**

return fare ή **round trip fare**
- ναύλος επιστροφής
- **Rückfahrkarte**
- **billet d'aller et retour**
- **biglietto di andata e ritorno**

return on capital
- απόδοση επενδύσεως, κεφαλαίου
- **Kapitalertrag**
- **rémunération du capital**
- **reddito del capitale**

revaluation
- ανατίμηση
- **Aufwertung**
- **réévaluation**
- **rivalutazione**

revenue
- εισόδημα, πρόσοδος, έσοδο
- **Einkommen, Einkünfte**
- **revenu; rentes**
- **entrata; reddito**

reverse split
- ανασύνθεση μετοχών
- **Aktienzusammenlegung**
- **regroupement d'actions**
- **raggruppamento di azioni**

revised estimate
- αναθεωρημένος προϋπολογισμός δαπάνης έργου ή αποτιμήσεως έργου
- **überarbeitete Schätzung**
- **devis rectifié**
- **preventivo riveduto**

revocable stock exchange orders
- χρηματιστηριακές εντολές, που ισχύουν μέχρι να ανακληθούν
- **widerrufgültige Börsenaufträge**
- **ordre de bourse valable jusqu'à révocation**
- **ordine di borsa revocabile**

revocation
- ανάκληση, ανάκληση πληρεξουσιότητος
- **Widerruf**
- **révocation**
- **revoca**

revoke
- ανακαλώ πληρεξουσιότητα,
  ανακαλώ
- **widerrufen**
- **révoquer**
- **revocare**

revolving credit
- επαναλαμβανομένη, επαναλη-
  πτική πίστωση
- **revolvierender Kredit**
- **crédit renouvelable**
- **credito revolving**

revolving fund
- ανακυκλούμενο, περιστρεφό-
  μενο, ανανεούμενο ποσό
  χρημάτων, κεφάλαιο
- **Umlaufkapital**
- **fonds renouvelable**
- **fondo rotativo**

right
- δικαίωμα (αγοράς επί πλέον
  μετοχών)
- **Bezugsrecht**
- **droit de souscription**
- **diritto di opzione**

rights
- τα δικαιώματα, τα προνόμια
- **Rechte**
- **droits**
- **diritti**

right of preemption
- δικαίωμα προτιμήσεως
- **Vorkaufsrecht**
- **droit de préemption**
- **diritto di prelazione**

ring
- κάγκελο, κύκλος (του χρημα-
  τιστηρίου)

- **Börsenring**
- **corbeille**
- **corbeille**

riot and civil commotion
- οχλαγωγική και πολιτική τα ρα-
  χή, οχλαγωγική αναταραχή
- **Aufruhr und innere Unruhen**
- **émeutes et désordres**
- **rivolte e moti civili**

risk
- κίνδυνος
- **Risiko**
- **risque**
- **rischio**

risk capital
- κεφάλαια επενδεδυμένα σε
  επισφαλείς επιχειρήσεις
- **Spekulationskapital**
- **capitaux spéculatifs**
- **capitale di speculazione**

risk spread
- κατανομή κινδύνου
- **Risikoverteilung**
- **répartition des risques**
- **ripartizione dei rischi**

rival
- ανταγωνιστής
- **Rivale**
- **rival**
- **rivale**

roll-over credit
- πίστωση με κυμαινόμενο επι-
  τόκιο
- **Roll-over-Kredit**
- **crédit roll-over**
- **credito roll-over**

rotation of crops
- ανακύκλυση των προϊόντων
- **Fruchtwechsel**
- **rotation des cultures**
- **rotazione delle coltivazioni**

rough estimate
- εκτίμηση, υπολογισμός κατά προσέγγισιν
- **rohe Schätzung**
- **estimation approximative**
- **valutazione approssimativa**

roundtrip fare ή **return fare**
- ναύλος ταξειδίου μετ' επιστροφής
- **Rückfahrkarte**
- **billet d'aller et retour**
- **biglietto di andata e ritorno**

royalty
- συγγραφικά δικαιώματα, δικαιώματα εκμεταλλεύσεως
- **Royalty**
- **redevance de licence**
- **royalty**

S

safe custody
- ασφαλής φροντίδα, επιτήρηση, φύλαξη
- **sichere Verwahrung**
- **bonne garde**
- **custodia**

safe deposit
- θυρίδα χρηματοκιβωτίου τραπέζης
- **Verwahrung in Stahlfach**
- **dépôt en coffre-fort**
- **servizio di cassette di sicurezza**

safe deposit box
- Θυρίδα Θησαυροφυλακίου
- **Tresorfach**
- **compartiment de coffre-fort**
- **cassetta di sicurezza**

safeguarding interests
- προστασία ενδιαφερόντων, συμφερόντων (όσον το δυνατόν πιο καλύτερη)
- **interessenwahrend**
- **au mieux des intérêts**
- **curando**

safety factor
- παράγων ασφαλείας
- **Sicherheitskoeffizient**
- **facteur de sécurité**
- **coefficiente di sicurezza**

sailing date
- ημερομηνία απόπλου
- **Abgangstag**
- **date de départ**
- **data di partenza**

salary
- μισθός
- **Gehalt**
- **traitement**
- **stipendio**

salary account
- λογαριασμός μισθοδοσίας
- Gehaltskonto; Salärkonto
- compte salaire
- conto salario

sale
- πώληση, εκποίηση, αγορά, ζήτηση, ξεπούλημα
- Verkauf
- vente
- vendita

sale by auction
- πώληση με δημοπρασία, δια πλειστηριασμού
- Versteigerung
- vente aux enchères
- vendita all'asta

sale or return
- αγορά εμπορευμάτων προς πώλησιν με δικαίωμα επιστροφής
- Rücksendung wenn unverkauft
- vente avec faculté de retour
- da vendere o rimandare

sales agent ή mercantile agent
- πράκτορας πωλήσεων
- Handelsvertreter
- agent de commerce
- agente di commercio

sales analysis
- ανάλυση πωλήσεων
- Verkaufsanalyse
- analyse des ventes
- analisi delle vendite

sales department
- τμήμα πωλήσεων

Verkaufsabteilung
- service ventes
- ufficio vendite

sales figure
- οι αριθμοί, τα στοιχεία των πωλήσεων, οι πωλήσεις
- Umsatz
- chiffre d'affaires
- cifra di vendite

sales force
- προσωπικό πωλήσεων
- Verkaufspersonal
- personnel de vente
- forze di vendita

sales forecast
- πρόβλεψη πωλήσεων
- Verkaufsvoraussage
- prévision de ventes
- previsione delle vendite

sales ledger
- καθολικόν πωλήσεων ή υπηρεσιών προς τρίτους
- Verkaufskontenbuch
- grand livre des ventes
- partitario delle vendite

salesman
- πωλητής, έμπορος
- Verkäufer; Handelsvertreter
- vendeur; commis-voyageur
- venditore; commesso

sales manager
- διευθυντής πωλήσεων
- Verkaufsleiter
- directeur commercial
- direttore commerciale

salesmanship
- τεχνική των πωλήσεων

sales promotion
- Verkaufsgewandtheit
- art de vendre
- arte della vendita

sales promotion
- προώθηση πωλήσεων
- Werbung; Verkaufsbeför-
  derung
- promotion des ventes
- sviluppo delle vendite

sales resistance
- αδιαφορία, έλλειψη ενδιαφέ-
  ροντος για την αγορά ενός
  προϊόντος
- Kaufabneigung
- résistance à la vente
- difficoltà di vendita

sales tax
- φόρος πωλήσεων
- Warenumsatzsteuer
- taxe de vente
- imposta sulle vendite

salvage
- διάσωση, περισυλλογή φορ-
  τίου
- Bergung
- sauvetage
- salvataggio

salvage charges
- τέλη διασώσεως φορτίου
- Bergegeld
- indemnité de sauvetage
- spece di salvataggio

sample
- δείγμα
- Probe; Muster
- échantillon
- campione

sample of no value
- δείγμα χωρίς αξία
- Muster ohne Wert
- échantillon sans valeur
- campione senza valore

samurai bonds
- ομολογίες Σαμουράϊ ιαπωνι-
  κές
- Samurai-Bonds
- obligations "samurai"
- samurai bonds

satisfaction
- αποζημίωση, ικανοποίηση
- Zufriedenstellung; Beglei-
  chung
- satisfaction
- soddisfazione

save
- αποταμιεύω
- aufsparen
- épargner; économiser
- risparmiare; economizzare

savings account
- λογαριασμός ταμιευτηρίου
- Sparkonto
- compte d'epargne
- conto di risparmio

savings bank
- τράπεζα ταμιευτηρίου, ταμιευ-
  τήριο
- Sparkasse
- caisse d'épargne
- cassa di risparmio

savings deposits
- καταθέσεις ταμιευτηρίου
- Spareinlagen
- dépôts d'épargne
- depositi a risparmio

savings passbook
- βιβλιάριο καταθέσεων ταμιευτηρίου
- **Sparheft; Sparbuch**
- **livret d'épargne**
- **libretto a risparmio**

savings passbook for young people
- βιβλιάριο καταθέσεων ταμιευτηρίου νεότητος
- **Jugendsparheft**
- **livret d'épargne-jeunesse**
- **conto di risparmio per la gioventù**

scale
- κλίμακα, ταρίφα
- **Tarif**
- **barème**
- **tariffa**

scale
- κλίμακα (χάρτου)
- **Masstab**
- **échelle**
- **scala**

scales
- ζυγαριά
- **Waage**
- **balance**
- **bilancia**

schedule
- πρόγραμμα
- **Plan; Programm**
- **plan; programme**
- **piano; programma**

schedule
- προγραμματίζω, κάνω πρόγραμμα

- **planen; programmieren**
- **programmer; planifier**
- **programmare**

scrip certificate
- δελτίο, πιστοποιητικό παραδόσεως
- **Lieferschein**
- **bulletin de livraison**
- **bollettino di consegna**

sea
- θάλασσα
- **See**
- **mer**
- **mare**

seal
- σφραγίδα, βούλα
- **Siegel**
- **sceau**
- **sigillo**

sealed safe custody account
- λογαριασμός φυλάξεως τιμαλφών ή χρεωγράφων κλπ. με σφραγισμένη συσκευασία
- **geschlossenes Depot**
- **dépôt fermé**
- **deposito chiuso**

season
- εποχή
- **Jahreszeit**
- **saison**
- **stagione**

seasonal fluctuations
- εποχιακές διακυμάνσεις
- **saisonbedingte Schwankungen**
- **variations saisonnières**
- **fluttuazioni stagionali**

seasonal loan
- εποχιακό δάνειο
- Saisonkredit
- crédit saisonnier
- credito stagionale

seasonal unemployment
- εποχιακή ανεργία
- jahreszeitlich bedingte Arbeitslosigkeit
- chômage saisonnier
- disoccupazione stagionale

sea-water damage
- ζημιά, απώλεια, που οφείλεται σε τρικυμία ή άλλη θαλασσία αιτία
- Seewasserschaden
- dégâts d'eau de mer
- danno d'acqua di mare

seaworthy
- πλόϊμος
- seefest
- en état de navigabilité
- atto a tenere il mare

second-hand
- μεταχειρισμένος, από δεύτερο χέρι
- aus zweiter Hand; Gebraucht
- d'occasion
- di seconda mano

second mortage
- δεύτερη υποθήκη
- zweite Hypothek
- hypothèque en deuxième rang
- ipoteca di secondo grado

second run-through
- επανάληψη

- Reprise
- reprise
- seconda lettura

secondary market
- δευτερεύουσα αγορά
- Sekundämarkt
- marché secondaire
- mercato secondario

secret agreement
- μυστική συμφωνία
- Geheimvertrag
- accord occulte
- accordo segreto

secretary
- γραμματέας
- Sekretär; Sekretärin
- secrétaire
- segretario; segretaria

secured credit
- εγγυημένη πίστωσις
- gedeckter Kredit
- crédit garanti
- credito garantito

secured debenture
- ασφαλές, εξασφαλισμένο (με υποθήκη κλπ) ομόλογο
- gesicherte Schuldverschreibung
- obligation garantie
- obligatione garantita

securities
- χρεώγραφα
- Wertpapiere
- papiers-valeurs; titres
- titoli

securities clearing
- εκκαθάριση χρεωγράφων

- Wertschriften-clearing
- clearing de titres
- clearing dei titoli

securities investment trust
- εταιρία επενδύσεων σε χρεώ-
  γραφα
- Wertschriftenfonds
- fonds de placement en va-
  leurs mobilières
- fondo d'investimento in valo-
  ri mobiliari

securities number
- αριθμός αριθμίσεως μετοχών
  (εξαψήφιος) κατά κατηγορίες
- Valorennummer; Sortennum-
  mer
- numéro de valeur
- numero di valore

securities portfolio
- χαρτοφυλάκιο χρεωγράφων
- Wertschriften-portefeuille
- portefeuille titres
- portafoglio titoli

securities trading statement
- κατάσταση εμπορίας χρεω-
  γράφων
- Effektenabrechnung
- décompte de bourse
- conteggio di borsa

security
- ασφάλεια, εγγύηση
- Sicherheit
- sécurité
- sicurezza

security analysis
- ανάλυση (χρηματοοικονομική)
  των χρεωγράφων

- Wertschriftenanalyse
- analyse financière
- analisi finanziaria

security department
- τμήμα, υπηρεσία χρεωγράφων
- Wertschriftenverwaltung
- administration des titres
- amministrazione di titoli

security issue at par
- έκδοση χρεωγράφου εις το
  άρτιο
- Pari-Emission
- émission au pair
- emissione alla pari

security numbering system
- σύστημα αριθμήσεως χρεω-
  γράφων
- Valorenregister
- registre des valeurs
- registro dei valori

self-employed person
- αυτοαπασχολούμενο πρόσω-
  πο, άτομο
- selbständig Arbeitende
- travailleur indépendant
- lavoratore indipendente

self-financing
- αυτοχρηματοδότηση
- Eigenfinanzierung
- autofinancement
- autofinanziamento

self-service
- αυτοεξυπηρέτηση
- Selbstbedienung
- libre service
- servirsi da sè

sell
- πωλώ
- verkaufen
- vendre
- vendere

selling commission
- προμήθεια πωλήσεων
- Guichet-Kommission
- commission de guichet
- commissione di sportello

selling cost
- κόστος πωλήσεως, κόστος διαθέσεως σε αντίθεση με το κόστος παραγωγής
- Verkaufskosten
- frais de vente
- costo di vendita

semi-skilled
- ημι-ειδικευμένος
- angelernt
- semi-qualifié
- semiprovetto

separate custody of securities
- χωριστή φύλαξη χρεωγράφων (σε αντίθεση με τη συλλογική φύλαξη collective custody)
- Einzelverwahrung
- garde individuelle de titres
- custodia individuale

serial loans
- διαδοχικά ομολογιακά δάνεια
- Serienanleihen
- emprunts émis par séries
- prestiti emessi in serie

service agreement
- συμφωνία υπηρεσίας, συμφωνητικό παροχής υπηρεσιών

- Dienstvertrag
- contrat de service
- accordo di servizio

settlement
- διακανονισμός
- Ausgleich
- réglement
- regolamento

settlement
- εξόφληση λογαριασμών, εκκαθάριση
- Abrechnung
- réglement
- quietanza

settlement
- συμφωνία, διακανονισμός
- Vereinbarung
- accord
- accordo

settlement dates
- ημερομηνίες εκκαθαρίσεως
- Liquidationstage
- jours de liquidation
- giorni di liquidazione

settlement day; declaration day
- ημέρα εκκαθαρίσεως
- Stichtag
- jour de référence
- giorno di riferimento

severance pay
- αποζημίωση λόγω απολύσεως
- Abfindungssumme (bei Entlassung)
- indemnité de licenciement
- sussidio per rottura del rapporto d'impiego

share (in a private company)
- μερίδιο
- Teil
- part
- parte

share (in a public company)
- μετοχή
- Aktie
- action
- azione

share (of a cooperative)
- βεβαίωση, πιστοποιητικό συμμετοχής (σε συνεταιρισμό)
- Anteilschein
- part sociale
- certificato di quota

share capital (GB); capital stock (USA)
- μετοχικό κεφάλαιο
- Aktienkapital; Grundkapital
- capital-actions
- capitale azionario

share certificate ή certificate of stock
- πιστοποιητικό μετοχών
- Aktienzertifikat
- certificat d'actions
- certificato azionario

share of bond certificate (without coupon sheet and talon)
- χρεώγραφο, τίτλος (χωρίς κουπόνια)
- Mantel
- manteau
- manto

shareholder; stockholder
- μέτοχος

- Aktionär
- actionnaire
- azionista

share index
- δείκτης μετοχών
- Aktienindex
- indice des actions
- indice azionario

share market ή stock market
- το χρηματιστήριο, η αγορά μετοχών
- Aktienmarkt
- marché des valeurs
- mercato azionario

share of profits
- μετοχή καθαρών κερδών (που καταβάλλεται στα μέλη του Διοικητικού Συμβουλίου μιας εταιρείας)
- Tantième
- tantième
- tantième

share register
- μητρώο μετοχών
- Aktienbuch, Aktienregister
- registre des actions
- registro delle azioni

shift
- βάρδια
- Schicht
- équipe
- turno

shiftwork
- βάρδια
- Schichtarbeit
- travail par équipes
- lavoro a turno

shipbroker
- ναυτασφαλιστής, ναυλομεσίτης, μεσολαβών εις την πώληση πλοίων
- Schiffsmakler
- courtier maritime
- sensale marittimo

shipment
- φόρτωση (στο πλοίο)
- Verladung
- embarquement
- imbarco

shipment from origin
- φόρτωση από τον τόπο κατασκευής, προελεύσεως
- Versendung vom Ursprungsort
- envoi du lieu de départ
- spedizione dall' origine

ship mortgage
- υποθήκη πλοίου
- Schiffshypothek
- hypothèque sur bateau
- ipoteca navale

shipped bill of lading
- φορτωτική που δείχνει ότι τα εμπορεύματα πραγματικά εφορτώθησαν
- Hafenkonnossement
- connaissement de marchandises à bord
- polizza di carico con merce a bordo

shipping clerk
- ναυτικός πράκτορας, υπάλληλος φορτώσεων
- Expedient
- expéditionnaire
- commesso di spedizioniere

ship's papers
- ναυτιλιακά έγγραφα
- Schiffspapiere
- papiers de bord
- carte di bordo

shopping centre
- αγοραστικό κέντρο
- Geschäftszentrum
- centre commercial
- zona degli acquisti

short-dated
- βραχυπρόθεσμος
- kurzfristig
- à courte échéance
- a breve scadenza

short-dated security
- ασφάλεια, εγγύηση βραχυπρόθεσμος
- kurzfristiger Effekt
- titre à court terme
- titolo a breve scadenza

short delivery
- άμεση παράδοση
- mangelhafte Lieferung
- livraison incomplète
- consegna deficiente

shorthand
- στενογραφία
- Kurzschrift
- sténographie
- stenografia

shorthand typist
- στενοδακτυλογράφος
- Stenotypistin
- sténodactylographe
- stenodattilografa

short sale
- ακάλυπτη πώληση
- **Leerverkauf**
- **vente à découvert**
- **vendita allo scoperto**

short supply
- έλλειψη αποθεμάτων
- **Knappheit**
- **disette**
- **scarsezza**

short-term
- βραχυπρόθεσμος
- **kurzfristig**
- **à court terme**
- **a breve termine**

short-term capital
- βραχυπρόθεσμο κεφάλαιο
- **kurzfristiges Kapital**
- **capitaux à court terme**
- **capitale a breve termine**

short-term liabilities
- βραχυπρόθεσμες υποχρεώσεις
- **kurzfristige Verbindlichkeiten**
- **dettes à court terme**
- **debiti a breve termine**

sight draft; sight bill
- συναλλαγματική όψεως
- **Sichtwechsel**
- **effet à vue**
- **cambiale a vista**

signature
- υπογραφή
- **Unterschrift**
- **signature**
- **firma**

signature card
- κάρτα ελέγχου υπογραφής
- **Unterschriftenkarte**
- **carte de signatures**
- **cartoncino delle firma**

silent partner ή **sleeping partner**
- εταίρος που καταβάλει κεφάλαια χωρίς να συμμετέχει στη διοίκηση της εταιρίας, ετερόρρυθμος εταίρος
- **stiller Gesellschafter**
- **commanditaire**
- **socio accomandante**

simple (ordinary) guarantee
- απλή εγγύηση, συνήθης εγγύηση
- **einfache Bürgschaft**
- **cautionnement simple**
- **fideiussione semplice**

simple interest
- απλός τόκος (σε αντίθεση με τον compound interest τόκο ανατοκιζόμενο, ανατοκισμό)
- **einfache Zinsen**
- **intérêts simples**
- **interesse semplice**

simulation
- απομίμηση, μίμηση
- **Simulation**
- **simulation**
- **simulazione**

single-entry book-keeping
- απλογραφία, απλογραφικό λογιστικό σύστημα
- **einfache Buchführung**
- **comptabilité en partie simple**
- **contabilità in partita semplice**

single fare ή one way fare
- ναύλος απλής διαδρομής, μιάς διαδρομής
- einfache Fahrkarte
- billet d'aller
- biglietto d'andata

sinking fund
- χρεωλυτικό κεφάλαιο, εξοφλητικόν απόθεμα, χρεωλυτικόν ποσοστό
- Tilgungsfonds
- fonds d'amortissement
- fondo di ammortamento

sister company
- αδελφή εταιρία
- Schwestergesellschaft
- societé sœur
- società sorella

sit-down strike
- γενική απεργία, στάση εργασίας, ομαδική άρνηση μετακινήσεως σε διαμαρτυρία
- Sitzstreik
- grève avec occupation des lieux
- sciopero bianco

sleeping partner ή silent partner
- ετερόρρυθμος εταίρος
- stiller Gesellschafter
- commanditaire
- socio accomandante

slow down ή go-slow strike
- απεργία ζήλου, κωλυσιεργία
- Bummelstreik
- grève perlée
- sciopero a singhiozzo

slow payer
- βραδυπληρωτής

- schlechter Zahler
- mauvais payeur
- cattivo pagatore

smuggle
- εισάγω λαθραίως, κάνω λαθρεμπόριο
- schmuggeln
- faire la contrebande
- contrabbandare

social accounting; social report
- κοινωνικός ισολογισμός
- Sozialbilanz
- bilan social
- bilancio sociale

social cost
- κοινωνικόν κόστος
- Sozialkosten
- coût social
- costo sociale

social security
- κοινωνική ασφάλεια
- Sozialversicherung
- sécurité sociale
- sicurezza sociale

soft currency
- μαλακό, αδύνατο νόμισμα (σε αντίθεση με το σκληρό hard currency) το οποίο στηρίζεται σε αποθέματα χρυσού και έχει σταθερή τιμή ανταλλαγής
- schwache Währung
- monnaie faible
- valuta debole

software (computer)
- στους ηλεκτρονικούς υπολογιστές τα προγράμματα κλπ (σε αντίθεση με το μηχανικό εξοπλισμό: hardware)

- Programmausrüstung; Software
- software
- programmatura; software

sold out
- που πωλήθηκε εξ ολοκλήρου
- ausverkauft
- tout vendu
- tutto venduto

sole agent
- μοναδικός, αποκλειστικός αντιπρόσωπος
- Alleinvertreter
- agent exclusif
- rappresentante esclusivo

solvency
- φερεγγυότητα
- Zahlungsfähigkeit
- solvabilité
- solvibilità

solvent
- φερέγγυος
- solvent
- solvable
- solvibile

special damages
- ειδική αποζημίωση πέραν της κανονικής
- Ersatz immateriellen Schadens
- dommages indirects
- danni particolari

special delivery ή express letter
- ειδική παράδοση κατεπειγούσης ή επειγούσης αλληλογραφίας
- Eilbrief

- lettre par exprès
- lettera espresso

Special Drawing Rights (SDR)
- ειδικά τραβηκτικά δικαιώματα
- Sonderziehungsrechte (SZR)
- droits de tirage spéciaux (D-TS)
- diritti speciali di prelievo (DSP)

specialist
- ειδικός, σπεσιαλίστας
- Sachverständige(r)
- spécialiste; expert
- specialista

special offer
- ειδική προσφορά
- Sonderangebot
- offre spéciale
- offerta speciale

specimen (of the share certificate to be introduced)
- υπόδειγμα (πιστοποιητικών μετοχής), αντίτυπο (πιστοποιητικού κυριότητος χρεωγράφων)
- Blankett
- titre en blanc
- facsimile

speculate
- κερδοσκοπώ
- spekulieren
- spéculer
- speculare

speculation
- κερδοσκοπία
- Spekulation
- spéculation
- speculazione

split
- διαίρεση (μετοχών)
- Aktienaufteilung; Aktiensplit
- division d'actions
- frazionamento di azioni

split the difference
- μοιράζω τη διαφορά, χωρίζω στα δύο
- einen strittigen Preisunterschied teilen
- partager la différence
- dividere a metà la differenza

spot check
- δειγματοληπτικός έλεγχος
- Stichprobe
- contrôle par sondage
- controllo saltuario

spot goods
- εμπορεύματα για άμεση παράδοση
- sofort lieferbare Waren
- marchandises disponibles
- merce pronta

spot rate
- τιμή μετρητοίς
- Kassakurs
- cours au comptant
- corso a contanti

spot transaction
- συναλλαγή μετρητοίς
- Kassageschäft; Comptantgeschäft
- opération au comptant
- operazione a contanti

spread; margin
- διαφορά τιμής
- Ecart

- écart
- scarto

stable; unchanged
- σταθερές (τιμές)
- behauptet
- soutenu; ferme
- sostenuto

staff
- το προσωπικό, οι εργαζόμενοι
- Personal
- personnel
- personale

stagflation
- στασιμοπληθωρισμός
- Stagflation (in German)

stagging (GB)
- διογκωμένες προεγγραφές
- Konzertzeichnung; Majorisierung
- souscription gonflée
- maggiorazione

stamp taxes
- τιμή χαρτοσήμου, το χαρτόσημο
- Stempelabgaben
- droits de timbre
- tasse di bollo

standard
- σταθερός, γνώμων, πρότυπο, τύπος, κανών, παράδειγμα, υπόδειγμα
- Standard; Norm
- norme; étalon
- norma

stand-by credit
- πίστωση για περίπτωση ανάγκης, πίστωση stand-by

- Stand-by-Kredit
- crédit stand-by
- credito stand-by

standard conditions
- σταθεροί όροι
- Standardbedingungen
- conditions courantes
- condizioni normali

standard deviation
- μέση απόκλιση
- normale Abweichung
- déviation normale
- deviazione normale

standard gauge
- σταθερό, συνήθες μέτρο ή με-
  τρητής
- Normalmass
- écartememt normal
- scartamento normale

standard of living
- βιοτικό επίπεδο, επίπεδο δια-
  βιώσεως, στάθμη ζωής
- Lebenshaltung
- niveau de vie
- tenore di vita

standard time
- σταθερός χρόνος, σταθερή
  ώρα, αμετάβλητη
- Normalzeit
- heure légale
- ora legale

stand-by agreement
- συμφωνία για ώρα ανάγκης,
  εφεδρική
- Notvereinbarung
- accord en réserve
- accordo di riserva

standing order
- διαρκής εντολή
- Dauerauftrag
- ordre permanent
- ordine permanente

start of interest entitlement
- έναρξη δικαιώματος τόκου
- Jouissance
- jouissance
- godimento

state employment agency ή
employment exchange
- κρατικό γραφείο ευρέσεως
  εργασίας
- Arbeitsnachweisstelle
- bureau de placement
- ufficio di collacamento

statement of account
- ανάλυση λογαριασμού, αντί-
  γραφο κινήσεως λογαριασμού
- Kontoauszug
- relevé de compte
- estratto conto

state of the market
- η κατάσταση της αγοράς, πως
  έχει η αγορά
- Marktumständen
- état du marché
- condizioni del mercato

statistics
- στατιστική
- Statistik
- statistique
- statistica

statute
- θέσπισμα, νόμος, νομοθέτημα,
  νομοθετική πράξη, θέσμιον

- Gesetz
- statut
- statuto

statutory
- νόμιμος, προβλεπόμενος από
  το νόμο
- gesetzlich
- statutaire
- statuario

statutory meeting
- καταστατική συνέλευση
- ordentliche Versammlung
- assemblée ordinaire
- assemblea generale

statutory reserves
- τακτικά αποθεματικά
- Reserven, statutarische
- réserves statutaires
- riserve statutarie

sterilization rescriptions
- έντοκα γραμμάτια δημοσίου
- Sterilisierungsreskriptionen
- rescriptions de stérilisation
- rescrizioni di sterilizzazione

sterling area
- περιοχή της στερλίνας
- Sterlinggebiet
- zone sterling
- zona della sterlina

stock (securities)
- μετοχές
- Wertpapiere
- titres; valeurs
- titoli; valori

stock (of goods)
- απόθεμα εμπορευμάτων

- Vorrat
- stock; marchandises
- stock; scorta

stockbroker
- χρηματιστής
- Börsenagent
- agent de change
- agente di cambio

stock capital ή share capital
- κεφάλαιο κατατεθέν, μετοχικό
  κεφάλαιο
- Aktienkapital
- capital social
- capitale azionario

stock certificate
- αποδεικτικό κατοχής ή κυριό-
  τητος μετοχής
- Aktienzertifikat
- certificat d'actions
- certificato azionario

stock control
- έλεγχος αποθεμάτων
- Lagerverwaltung
- contrôle des stocks
- controllo delle scorte

stock dividend
- μέρισμα που δίνεται όχι σε
  χρήματα, αλλά σε μετοχές
- Stockdividende
- dividende en actions
- dividendo in azioni

stock exchange
- χρηματιστήριο αξιών
- Effektenbörse
- bourse de papiers-valeurs
- borsa valori

stock-exchange quotation
- τιμές χρηματιστηρίου
- **Börsenkurs**
- **cours de bourse**
- **quotation di borsa**

stockholder
- μέτοχος, κάτοχος μετοχών
- **Aktionär**
- **actionnaire**
- **azionista**

stock in hand
- αποθέματα στην αποθήκη αμέσως διαθέσιμα
- **Vorrat auf Lager**
- **marchandises en magasin**
- **merce in magazzino**

stockjobber
- βοηθός μεσίτου χρηματιστηρίου (στην Αγγλία)
- **Börsenhändler**
- **marchand de titres**
- **aggiotatore**

stock market ή **share market**
- χρηματιστήριο χρεωγράφων
- **Aktienmarkt**
- **marché des valeurs**
- **mercato azionario**

stock market order
- χρηματιστηριακή εντολή
- **Börsenauftrag**
- **ordre de bourse**
- **ordine di borsa**

stop a cheque ή **stop a check**
- διακοπή ή παύση υπογραφής μιας επιταγής
- **einen Scheck sperren**
- **bloquer un chèque**
- **fermare un assegno**

stop-gap
- προσωρινή λύση, προσωρινό μέτρο
- **Überbrückung**
- **bouche-trou**
- **provvedimento temporaneo**

stopping list
- κατάσταση χρεωγράφων, που έχουν χαθεί ή κλαπεί και ως εκ τούτου δεν πληρώνονται
- **Oppositionsliste**
- **liste des oppositions**
- **lista delle opposizioni**

storage
- αποθήκευση
- **Lagerung**
- **emmagasinage**
- **maggazzinaggio**

storage charges
- έξοδα, τέλη αποθηκεύσεως
- **Lagergeld**
- **frais de magasinage**
- **spese di maggazzinaggio**

store
- αποθηκεύω, φυλάσσω για μελλοντική χρήση
- **lagern**
- **emmagasiner**
- **immagazzinare**

store
- η αποθήκη
- **Lager**
- **magasin**
- **magazzino**

strike
- απεργία
- **Streik**

- grève
- sciopero

strike
- απεργώ
- streiken
- faire de grève
- scioperare

striker
- απεργός
- Streikende(r)
- grèviste
- scioperante

stub ή counterfoil
- στέλεχος, απόκομμα επιταγής, που παραμένει στα χέρια του εκδότου
- Talon
- talon
- matrice

sub-agent
- υπο-πράκτωρ
- Untervertreter
- sous-agent
- sub-agente

subject to collection
- με τον όρο της εισπράξεως
- Eingang vorbehalten
- sauf bonne fin
- salvo buon fine

sub-letting
- υπεκμίσθωση, υπενοικίαση
- Untervermietung
- sous-location
- subaffitto

subordinate
- κατώτερος, υποδεέστερος, δευτερεύων, υφιστάμενος

- Untergebene(r)
- subalterne
- subalterno

subordinated issues
- κατώτεροι τίτλοι
- nachrangige Anleihen
- emprunts de rang postérieur
- prestito di rango posteriore

sub-participation
- μειωμένη συμμετοχή
- Unterbeteiligung
- sous-participation
- sottopartecipazione

subrogation
- υποκατάσταση, αντικατάσταση
- Ersetzung
- subrogation
- surrogatione

subscribed capital
- κεφάλαια που αντιστοιχούν σε μετοχές, για τις οποίες υπάρχουν προεγγραφές
- gezeichnetes Kapital
- capital souscrit
- capitale sottoscritto

subscription
- προεγγραφή
- Subskription; Zeichnung
- souscription
- sottoscrizione

subscription
- συνδρομή, συνεισφορά
- Abonnement
- abonnement
- abbonamento

subscription form
- δελτίο, έντυπο προεγγραφής

- **Zeichnungsschein**
- **bulletin de souscription**
- **bollettino di sottoscrizione**

subscription period
- περίοδος προεγγραφής
- **Zeichnungsfrist**
- **période de souscription**
- **periodo di sottoscrizione**

subsidiary (company); affiliated company
- θυγατρική εταιρεία
- **Tochtergesellschaft**
- **filiale; société affiliée**
- **società affiliata**

subsidy
- επιχορήγηση, επίδομα, βοήθημα, οικονομική ενίσχυση
- **Subvention**
- **subvention**
- **sussidio**

subtraction
- αφαίρεση
- **Subtraktion**
- **soustraction**
- **sottrazione**

summary bill enforcement procedure
- συνοπτική διαδικασία για απαιτήσεις από χρηματοέγγραφα δηλ. συναλλαγματικές ή επιταγές (σε περίπτωση πτωχεύσεως)
- **Wechselstrenge**
- **poursuite pour effets de change**
- **rigore cambiario**

sundries account
- διάφοροι λογαριασμοί
- **Konto pro Diverse**
- **compte Divers**
- **conto diversi**

sundry creditors
- διάφοροι πιστωτές
- **Kreditoren**
- **créditeurs divers**
- **creditori diversi**

sundry expenses
- διάφορα έξοδα
- **verschiedene Ausgaben**
- **frais divers**
- **spese varie**

supervisor
- επιστάτης, επόπτης, επιτηρητής, επιθεωρητής
- **Aufseher**
- **surveillant**
- **supervisore**

supplementary estimate
- συμπληρωματικός υπολογισμός
- **Nachschätzung**
- **devis supplémentaire**
- **preventivo supplementare**

supplier
- προμηθευτής
- **Lieferant**
- **fournisseur**
- **fornitore**

supplies on hand
- εμπορεύματα για άμεση παράδοση

- lieferfertiges Angebot
- ressources existantes
- forniture esistenti

supply
- εφοδιάζω, προσφέρω
- beliefern
- fournir
- fornire

supply and demand
- προσφορά και ζήτηση
- Angebot und Nachfrage
- offre et demande
- offerta e domanda

surety
- εγγύηση (σε χρήματα)
- Bürge
- cautionnement
- cauzione

surety
- εγγύηση (για ένα πρόσωπο), εγγυοδότηση
- Bürgeschaft
- caution
- garante

surety credit
- παροχή εγγυήσεως
- Avalkredit
- crédit d'aval
- credito di avallo

surplus
- πλεόνασμα, περίσσευμα
- Überschuss
- surplus
- eccesso

surrender value
- τιμή εξαγοράς

- Rückkaufswert
- valeur de rachat
- valore di riscatto

surtax
- πρόσθετος φόρος
- Zuschlagssteuer
- surtaxe
- sopratassa

suspense account; interim account
- εκκρεμής, ενδιάμεσος, προσωρινός λογαριασμός
- Interimskonto
- compte intérimaire
- conto interinale

swindle
- εξαπατώ
- schwindeln
- filouter
- truffare

Swiss Clearing Office
- Ελβετικό Γραφείο Συμψηφισμού
- Schweizerische Verrechnungsstelle
- Office suisse de compensation
- Ufficio svizzero di compensazione

Swiss National Bank
- η Εθνική ή Κεντρική Τράπεζα της Ελβετίας
- Schweizerische Nationalbank
- Banque nationale suisse
- Banca nazionale svizzera

symbol
- σύμβολο

- Symbol
- symbole
- symbolo

syndicate; consortium
- συνδικάτο, κονσόρτσιουμ, όμι-
  λος
- Syndikat
- syndicat
- sindacato

syndicated credit; syndicated
loan
- δάνειο που δίνεται από ένα
  κονσόρτσιο τραπεζών
- Konsortialkredit
- crédit consortial
- credito consorziale

syndicate operation
- επιχείρηση από όμιλο τραπε-
  ζών
- Konsortialgeschäft
- opération en consortium
- operazione consorziale

system
- σύστημα
- System
- système
- sistema

systems analysis
- ανάλυση συστήματος
- Systemanalyse
- analyse de systèmes
- analisi di sistemi

T

take-home pay
- καθαρές αποδοχές
- Nettolohn
- salaire nette
- paga netta

take-over bid
- προσφορά αναλήψεως έργου
- Übernahmeangebot
- offre de rachat
- offerta di acquisto

tangible assets
- εμπράγματα περιουσιακά στοι-
  χεία
- greifbare Aktiven
- biens immobiliers
- beni materiali

target
- στόχος, αντικειμενικός σκο-
  πός
- Ziel
- but
- bersaglio

tariff
- δασμός, δασμολόγιο εισαγω-
  γών
- Tarif
- tarif
- tariffa

tariff agreement
- δασμολογική συμφωνία
- Zollabkommen
- accord tarifaire
- accordo tariffario

tax
- φόρος
- Steuer
- impôt
- imposta

tax at source; withholding tax
- φόρος στην πηγή (με παρα-κράτηση του)
- Quellensteuer
- impôt à la source
- imposta alla fonte

taxable income
- φορολογητέο εισόδημα
- steuerpflichtiges Einkommen
- revenu imposable
- reddito tassabile

taxation
- φορολογία
- Besteuerung
- imposition
- tassazione

tax base
- φορολογική βάση
- Bemessungsgrundlage
- assiette de l'impôt
- ripartizione della tassazione

tax collector
- φοροεισπράκτορας
- Steuereinnehmer
- percepteur des impôts
- esattore delle imposte

tax-deductible
- απαλλασσόμενα του φόρου, εκπιπτόμενα
- steuerabsetzbar
- déductible à l'impôt
- deducibile da tassa

tax-free
- χωρίς φορολογική επιβάρυνση
- steuerfrei
- exempt d'impôts
- esente di tassa

tax haven
- φορολογικός παράδεισος
- Steuerparadies
- refuge fiscal
- rifugio fiscale

tax loss
- απώλεια φόρου
- Steuerverlust
- perte fiscale
- perdita a scopi fiscali

tax payer
- ο φορολογούμενος
- Steuerzahler
- contribuable
- contribuente fiscale

tax relief
- φορολογική ανακούφιση, απαλλαγή
- Steuerbefreiung
- dégrèvement
- sgravio fiscale

tax return
- επιστροφή φόρων (πρβλ. income tax return: δήλωση φορολογίας εισοδήματος)
- Steuererklärung
- déclaration de l'impôt
- dichiarazione fiscale

tax value
- φορολογητέα αξία
- Steuerwert
- valeur fiscale
- valore fiscale

tax year
- φορολογικό, οικονομικό έτος
- **Steuerjahr**
- **exercise fiscal**
- **anno fiscale**

technique
- η τεχνική, μέθοδος, ικανότης, δεξιοτεχνία
- **Technik**
- **technique**
- **tecnica**

technology
- τεχνολογία
- **technisches Wissen**
- **technologie**
- **tecnologia**

telegram
- τηλεγράφημα
- **Telegramm**
- **télégramme**
- **telegramma**

telegraph
- τηλεγραφώ
- **telegraphieren**
- **télégraphier**
- **telegrafare**

telegraphic address
- τηλεγραφική διεύθυνση
- **Telegrammadresse**
- **adresse télégraphique**
- **indirizzo telegrafico**

telegraphic transfer
- τηλεγραφική εντολή πληρωμής
- **Kabelauszahlung**
- **virement télégraphique**
- **rimessa telegrafica**

telephone
- τηλέφωνο
- **Fernsprecher; Telephon**
- **téléphone**
- **telefono**

telephone call
- τηλεφωνική κλήση, τηλεφώνημα
- **Anruf**
- **appel téléphonique**
- **chiamata telefonica**

telephone directory
- τηλεφωνικός κατάλογος
- **Fernsprechbuch**
- **annuaire des téléphones**
- **elenco telefonico**

telephone exchange
- τηλεφωνικό κέντρο
- **Fernsprechamt**
- **central téléphonique**
- **centrale telefonico**

telephone number
- τηλεφωνικός αριθμός, αριθμός τηλεφώνου
- **Telephonnummer**
- **numéro de téléphone**
- **numero di telefono**

telephone operator
- τηλεφωνήτρια τηλεφωνικού κέντρου
- **Telephonist; Telephonistin**
- **téléphoniste**
- **telefonista**

telex
- τηλέτυπο, τέλεξ
- **Fernschreiber**
- **télex**
- **telex**

teller ή cashier
- ταμίας τραπέζης
- Kassierer
- caissier
- cassiere

temporary
- προσωρινός
- einstweilig
- provisoire
- temporaneo

temporary cover
- προσωρινή κάλυψη
- temporäre Deckung
- couverture temporaire
- copertura provvisoria

tenor
- χρονικό διάστημα (ενάρξεως-λήξεως συναλλαγματικής)
- Laufzeit
- teneur
- tenore

terms
- όροι, προϋποθέσεις
- Bedingungen
- conditions
- condizioni

territorial water
- χωρικά ύδατα
- Hoheitsgewässer
- eaux territoriales
- acque territoriali

textile
- υφαντουργικό προϊόν
- Webware
- textile
- tessile

theft
- κλοπή
- Diebstahl
- vol
- furto

third party
- τρίτος, τρίτο πρόσωπο (εκτός του ασφαλίζοντος και του ασφαλιζομένου), ξένο προς τη συναλλαγή
- Dritte(r)
- tiers
- terzi

third-party insurance
- ασφάλεια έναντι ζημιών, που μπορεί να προξενηθούν σε τρίτους
- Haftpflichtversicherung
- assurance responsabilité civile
- assicurazione contro terzi

threshold price
- τιμή εισόδου προϊόντος στη χώρα προ των δασμών ή των εισφορών
- Schwellenpreis
- prix de seuil
- prezzo soglia

ticker symbol
- κωδικό σύμβολο, χρησιμο-ποιούμενο στο ticker (ticker= μηχάνημα τηλεπικοινωνίας, μεταδόσεως τιμών των αξιών του χρηματιστηρίου)
- Aktiensymbol
- symbole de l'action
- simbolo dell' azione

time charter
- χρονοναύλωση

- Zeitcharter
- affrètement à temps
- contratto di noleggio a tempo

time deposit
- κατάθεση χρημάτων με προθεσμία (μεταξύ τραπεζών)
- Festgeld
- dépôt à terme
- deposito a termine

time deposits
- κατάθεση χρημάτων ιδιωτών με προθεσμία ή προειδοποίηση
- Termingelder
- dépôts à terme
- depositi a termine

title (legal)
- εμπράγματο δικαίωμα
- Anspruch; Titel
- titre; droit
- titolo; diritto

title deed
- τίτλος ιδιοκτησίας
- Eigentumstitel
- titre de propriété
- titolo di proprietà

tonnage
- χωρητικότης, τοννάζ
- Tonnengehalt
- tonnage
- tonnellaggio

tonne
- μετρικός τόννος
- Tonne
- tonne
- tonnellata

top copy
- το πρωτότυπο
- Original
- original
- originale

top quality
- πρώτης ποιότητος
- hochwertig
- de première qualité
- di qualità superiore

tort
- αδικοπραξία, ζημιά, αδίκημα, παράνομη πράξη
- unerlaubte Handlung
- acte dommageable
- torto

to sell short
- ακάλυπτη πώληση χρεωγράφων
- fixen
- vendre à découvert
- vendere allo scoperto

to the order of
- σε διαταγή του ....
- Orderklausel
- clause à ordre
- clausola all' ordine

tourist trade
- τουριστική βιομηχανία, το εμπόριο τουριστικών υπηρεσιών κλπ.
- Reisegewerbe
- commerce de tourisme
- commercio turistico

to whom it may concern
- για όποιον αφορά (επικεφαλίδα συστατικής επιστολής)

- an alle; die es angeht
- à qui de droit
- a tutti gli interessati

trade
- εμπόριο
- Handel
- commerce
- commercio

trade acceptance
- τραβηκτική, που συνοδεύει φορτωτικά έγγραφα, που παραδίδονται στον αγοραστή με αποδοχή της προς εξόφληση σε ορισμένη μελλοντική ημερομηνία
- Handelsakzept
- acceptation de commerce
- accettazione commerciale

trade account
- εμπορικός λογαριασμός για την παρακολούθηση των πωλήσεων και του κόστους των πωληθέντων προϊόντων
- Handelskonto
- compte commerciale
- conto commerciale

trade association
- εμπορικός σύλλογος
- Unternehmerverband
- association professionelle
- associazione commerciale

trade balance
- εμπορικό ισοζύγιο
- Handelsbilanz
- balance commerciale
- bilancia commerciale

trade barrier
- εμπορική απαγόρευση, εμπορικός περιορισμός
- Handelsschranke
- barrière commerciale
- barriera commerciale

trade bloc
- εμπορική ένωση
- Handelsblock
- bloc commercial
- unione commerciale

trade catalogue
- τιμοκατάλογος εμπορευμάτων
- Preiskatalog
- tarif-album
- catalogo commerciale

trade cycle
- εμπορικός κύκλος, κυκλικές οικονομικές διακυμάνσεις στην οικονομική δραστηριότητα και στα επίπεδα τιμών
- Handelszyklus
- cycle de commerce
- cyclo degli affari

trade directory
- εμπορικός οδηγός, κατάλογος με διευθύνσεις κλπ. επιχειρήσεων
- Handelsadressbuch
- guide de commerce
- guida commerciale

trade discount
- εμπορική έκπτωση, σκόντος, προεξοφλητικός τόκος
- Händlerrabatt
- rabais de demi-gros
- sconto di revendita

trade dispute
- εργατική διάμαχη, σωματειακή εργατική διαφορά
- **Arbeitsstreitigkeit**
- **conflit du travail**
- **vertenza di lavoro**

trade fair
- εμπορική έκθεση, εμποροπανήγυρις
- **Handelsmesse**
- **foire commerciale**
- **fiera commerciale**

trade gap
- άνοιγμα εξωτερικού εμπορικού ισοζυγίου, έλλειμμα
- **Aussenhandelsdefizit**
- **déficit du commerce extérieur**
- **disavanzo della bilancia commerciale**

trademark
- εμπορικό σήμα
- **Warenzeichen**
- **marque de fabrique**
- **marchio di fabbrica**

trade name
- εμπορικό όνομα, το όνομα με το οποίο είναι γνωστό ένα προϊόν στην αγορά
- **Firmenname**
- **raison sociale**
- **denominazione commerciale**

trade price
- εμπορική τιμή
- **Handelspreis**
- **prix marchand**
- **prezzo al commerciante**

trade reference
- πρόσωπο ή εταιρεία για την παροχή πληροφοριών, προκειμένου να χορηγηθεί πίστωση
- **Kreditauskunft**
- **référence de fournisseur**
- **referenze commerciali**

trade secret
- εμπορικό, βιομηχανικό μυστικό
- **Betriebsgeheimnis**
- **secret industriel**
- **segreto commerciale**

trade union
- εργατική ένωση, σωματείο, συντεχνία, συνδικάτο
- **Gewerkschaft**
- **syndicat ouvrier**
- **syndacato**

trading capital
- εμπορικό κεφάλαιο, κεφάλαιο κινήσεως
- **Betriebskapital**
- **fonds de roulement**
- **capitale d'esercizio**

trading price
- τιμή συναλλαγής
- **Abschlusskurs**
- **cours fait (lors d'une séance de bourse)**
- **corso negoziato**

transaction
- συναλλαγή, δοσοληψία, εμπορική πράξη
- **Transaktion**
- **transaction**
- **transazione**

transcriber ή copy typist
- δακτυλογράφος
- Abschreibtypistin
- dactylo copiste
- dattilografa

transfer
- μεταφορά
- Giro
- virement; transfert
- bancogiro

transfer (of ownership)
- μεταβίβαση, μεταφορά, μετα-
  γραφή
- Überweisung
- transfert; cession
- cessione

transfer (of property, etc.)
- μεταβιβάζω, μεταγράφω
- überweisen
- céder; transférer
- transferire

transfer deed
- συμβόλαιο μεταβιβάσεως
- Übertragungsvertrag
- acte de cession
- atto di trapasso

transferee
- εκείνος προς τον οποίον γίνε-
  ται η μεταβίβαση
- Zessionär
- cessionnaire
- cessionario

transferor
- εκχωρητής, ο μεταβιβάζων,
  αυτός που κάνει τη μεταβίβα-
  ση
- Zedent

- cédant
- cedente

transfer risk
- κίνδυνος μεταφοράς (κεφα-
  λαίων)
- Transferrisiko
- risque de transfert
- rischio di transferimento

transhipment
- μεταφόρτωση
- Umladung
- transbordement
- trasbordo

transport
- μεταφορά, μέσον μεταφοράς
- Beförderung; Transport
- transport
- trasporto

travel agent
- ταξιδιωτικός πράκτορας, ταξι-
  διωτικό γραφείο, γραφείο τα-
  ξιδίων
- Reisebüro
- agence de voyages
- agenzia di viaggi

traveller's check ή traveller's
cheque
- ταξιδιωτική επιταγή
- Reisecheck
- chèque de voyage
- assegno turistico

travelling expenses
- οδοιπορικά έξοδα, έξοδα κινή-
  σεως
- Reisenkosten
- frais de voyage
- spece di viaggio

treasury ή **exchequer**
- Θησαυροφυλάκιο,το Δημόσιο Ταμείο, το Υπουργείο Οικονομικών
- **Schatzamt**
- **trésorerie**
- **tesoro**

treasury bond ή **exchequer bond**
- κρατική ομολογία
- **Schatzwechsel**
- **bon du trésor**
- **buono del tesoro**

Treasury notes; Treasury bills (TRB)
- έντοκα γραμμάτια του Δημοσίου
- **Schatzanweisungen**
- **bons du Trésor**
- **buoni del tesoro**

trend; tendency
- τάση, ροπή
- **Trend; Tendenz**
- **tendance**
- **tendenza**

trial balance
- ισοζύγιο
- **Probebilanz**
- **bilan de vérification**
- **bilancio di verifica**

trucking ή **haulage**
- μεταφορά φορτίου
- **Transport**
- **camionnage; transport**
- **transporto**

trucking company ή **haulage contractor**
- εταιρεία μεταφορών

- **Transportunternehmer**
- **entrepreneur de camionnage**
- **imprenditore di trasporti**

trunk call ή **long distance call**
- υπεραστικό τηλεφώνημα
- **Ferngespräch**
- **appel téléphonique interurbain**
- **comunicazione interurbana**

trust company
- οικονομικός οργανισμός που ασκεί καθήκοντα διαχειριστού περιουσίας, επιτρόπου, εκτελεστού διαθήκης πέραν της αγοραπωλησίας χρεωγράφων
- **Treuhandgesellschaft**
- **société fiduciaire**
- **società fiduciaria**

trustee
- διαχειριστής, καταπιστευματοδόχος, σύνδικος, μέλος διοικητικού συμβουλίου κοινωφελούς ιδρύματος, θεματοφύλακας
- **Treuhänder**
- **fidéicommissaire**
- **fidecommissario**

trust fund
- χρεώγραφα ή χρήματα ή άλλα περιουσιακά στοιχεία, που παραδίδονται για φύλαξη στον θεματοφύλακα διαχειριστή, τον καταπιστευματοδόχο, για λογαριασμό τρίτου
- **Treuhandfonds**
- **fonds fiduciaire**
- **fondo fiduciario**

turnover
- κύκλος εργασιών

- Umsatz
- chiffre d'affaires
- giro d'affari

turnover commission
- προμήθεια επί του τζίρου
- Umsatzkommission

- commission de mouvement
- commissione di movimento

twin shares
- δίδυμες μετοχές
- Zwillingsaktien
- actions jumelées
- azioni gemelle

U

umpire
- επιδιαιτητής
- Schiedsobmann
- surarbitre
- terzo arbitro

unauthorized
- χωρίς εξουσιοδότηση, αναρμόδιος
- unbefugt
- non authorisé
- non autorizzato

uncalled capital
- κεφάλαιο που δεν χρησιμοποιείται
- nicht eingerufenes Kapital
- capital non appelé
- capitale non richiamato

uncovered position
- ακάλυπτη θέση
- Découvert
- découvert
- scoperto

undated bond
- εγγύηση, έγγραφη δήλωση

αναλήψεως υποχρεώσεως για την πληρωμή ορισμένου ποσού χωρίς ημερομηνία (λήξεως)
- unbefristete Obligation
- obligation sans date d'échéance
- obbligazione senza data di scadenza

undated debenture
- ομόλογο δάνειο, ομολογία ιδιωτικής εταιρίας χωρίς ημερομηνία λήξεως
- Schuldverschreibung ohne Fälligkeitsdatum
- obligation perpétuelle
- obbligazione perpetua

under estimate
- εκτίμηση κατωτέρα του δέοντος, απόδοση μικροτέρας αξίας
- Unterschätzung
- sous-estimation
- sottovalutazione

underdeveloped countries
- υπανάπτυκτες χώρες

- unterentwickelte Länder
- pays sous-développés
- paesi sottosviluppati

under separate cover
- με ξεχωριστό φάκελλο
- mit getrennter Post
- sous pli séparé
- in piego a parte

undersubscribed issue
- έκδοση νέων μετοχών ή ομολόγων, που δεν εκαλύφθησαν πλήρως με προεγγραφές
- nicht in voller Höhe gezeichnete Emission
- émission non couverte
- emissione non interamente sottoscritta

underwriter
- αγοραστής αδιαθέτων μετοχών
- Underwriter
- membre d'un syndicat d'émission
- membro del sindacato d'emissione

underwriting syndicate (consortium)
- όμιλος διαθέσεως νέων χρεωγράφων
- Emissionssyndikat
- syndicat d'émission
- sindacato di emissione

undischarged bankrupt
- πτώχευση που δεν αποκατεστήθηκε ακόμα
- noch nicht entlasteter Gemeinschuldner
- failli non réhabilité
- fallito non riabilitato

undisclosed assignment
- εκχώρηση χωρίς κοινοποίηση
- stille Zession
- cession sans notification
- cessione senza notifica

undisclosed principal
- εντολοδόχος που δεν έγινε γνωστός, δεν αποκαλύφθηκε
- nicht bekanntgegebener Auftraggeber
- mandant non divulgé
- mandante non nominato

undisclosed reserves; hidden reserves
- αφανή αποθεματικά
- Reserven, stille
- réserves latentes
- riserve occulte

unearned income
- εισόδημα από επενδύσεις ακινήτων κλπ.
- Kapitaleinkommen
- rente
- reddito di capitale

unemployment
- ανεργία
- Arbeitslosigkeit
- chômage
- disoccupazione

unemployment benefit
- επίδομα ανεργίας
- Arbeitslosenunterstützung
- secours de chômage
- indennità di disoccupazione

unit cost
- κόστος μονάδος, τιμή κόστους κατά μονάδα προϊόντος

- Einheitskosten
- coût de l'unité
- costo unitario

unit of account
- μονάδα λογαριασμού
- Rechnungseinheit
- unité de compte
- unità di conto

unit of currency
- νομισματική μονάδα
- Währungseinheit
- unité monétaire
- unità monetaria

unlimited
- χωρίς όρια ή περιορισμό
- unlimitiert
- au mieux
- non limitato

unlisted securities
- χρεώγραφα μη εισηγμένα στο χρηματιστήριο
- unkotierte Wertpapiere
- titres non cotés
- titoli non quotati

unofficial strike
- απεργία την οποία δεν ενέκρινε το σωματείο
- unanerkannter Streik
- grève non reconnue
- sciopero non ufficiale

unprofitable
- ασύμφορος, μη επικερδής, άγονος, μη προσοδοφόρος
- unvorteilhaft
- sans profit
- poco proficuo

unquoted securities
- χρεώγραφα που δεν αναφέρονται στον κατάλογο τιμών του χρηματιστηρίου
- nicht notierte Werte
- valeurs non cotées
- titoli non quotati

unsecured credit
- δάνεια με προσωπική ασφάλεια
- Blankokredit
- crédit en blanc
- credito in bianco

unsecured creditor
- ακάλυπτος πιστωτής, χωρίς εγγύηση ή ασφάλεια
- nicht gesicherter Gläubiger
- créancier chirographaire
- creditore non garantito

unsecured debenture ή naked bond
- ομόλογο δάνειο, ομολογία ιδιωτικής εταιρίας ακάλυπτη, χωρίς εγγύηση ή ασφάλεια
- ungesicherte Schuldverschreibung
- obligation sans garantie
- obbligazione non garantita

usance
- προθεσμία (πληρωμής γραμματίων κλπ. μετά τη λήξη γνωστή ως days of grace)
- Usance
- usance
- usanza

usufruct
- επικαρπία

- Niessbrauchsrecht
- usufruit
- usufrutto

usury
- τοκογλυφία
- **Wucher**
- **usure**
- **usura**

utility company
- επιχείρηση δημοσίας ωφελείας

- gemeinnütziges Unternehmen
- entreprise d'utilité publique
- società di servizi pubblici

utmost good faith
- εξαιρετικά καλής πίστεως, μεγίστης φερεγγυότητος
- **äusserst guter Glaube**
- **plus grande bonne foie**
- **massima buona fede**

V

valid for one day
- εντολές ισχύος μιας μέρας
- **börsengültig**
- **valable un jour**
- **valido un giorno**

valuation
- εκτίμηση, αποτίμηση
- **Wertbestimmung**
- **évaluation**
- **valutazione**

value
- αξία
- **Wert**
- **valeur**
- **valore**

value added tax (VAT)
- φόρος προστιθεμένης αξίας (ΦΠΑ)
- **Mehrwertsteuer**

- **taxe sur la valeur ajoutée (TVA)**
- **imposta sul valore aggiunto (IVA)**

value adjustment
- προσαρμογή, τακτοποίηση αξίας
- **Wertberichtigung**
- **réajustement de valeur**
- **fondo svalutazione**

value date
- τοκοφόρος ημερομηνία
- **Wert; Valuta**
- **date de valeur**
- **giorno di valore**

valueless (worthless) securities
- χρεώγραφα χωρίς αξία
- **Nonvaleurs**
- **non-valeurs**

variable cost
- μεταβλητό κόστος
- variable Kosten
- coût variable
- costo variabile

variable interest rate
- μεταβλητό επιτόκιο
- variabler Zinssatz
- taux d'intérêt variable
- tasso d'interesse variabile

variance analysis
- ανάλυσις της διαφοράς, της αντιφάσεως, της διακυμάνσεως, του τετραγώνου της τυπικής αποκλίσεως (στη στατιστική)
- Varianzanalyse
- analyse de la variance
- analisi della variazione

vault; strong room
- θησαυροφυλάκιο
- Tresor
- chambre forte (d'une banque)
- camera blindata

venture capital
- κεφάλαιο (αναπτύξεως)
- Wagniskapital
- capital risque
- capitale a rischio

verify
- αποδεικνύω, επαληθεύω
- nachprüfen
- vérifier
- verificare

vertical integration
- κάθετη ολοκλήρωση, συνένω-. ση ορισμένων επιχειρηματι-

κών λειτουργιών και δραστηριοτήτων
- vertikaler Zusammenschluss
- integration verticale
- integrazione verticale

vested interest
- κεκτημένο δικαίωμα
- festbegründetes Recht
- droit acquis
- diritto acquisito

vice-chairman
- αντιπρόεδρος (συμβουλίου, επιτροπής κλπ.)
- stellvertretender Vorsitzende(r)
- vice-présidente
- vicepresidente

visa
- θεώρηση, βίζα (διαβατηρίου)
- Visum
- visa
- visto

void
- άκυρος, ανίσχυρος
- nichtig
- nul
- nullo

volume (banking) business
- τραπεζιτικές εργασίες (για μεγάλες ομάδες πελατών)
- Mengengeschäft
- affaires de masse
- operazioni di massa

voluntary
- εκούσιος, εθελοντικός, σκόπιμος
- freiwillig

- volontaire
- volontario

voluntary reserves
- προαιρετικά αποθεματικά
- Reserven, freiwillige
- réserves libres
- riserve facoltative

vostro account
- λογαριασμός τραπέζης του εξωτερικού που τηρείται σε τράπεζα άλλης χώρας (βλ. nostro account)
- Vostro-Konto
- compte Vostro
- conto Vostro

vote
- ψηφίζω
- stimmen
- voter
- votare

voting right share
- μετοχή με προνομιακό δικαίωμα ψήφου
- Stimmrechtsaktie
- action à droit de vote privilégié
- azione a voto plurimo

voting shares
- μετοχές με δικαίωμα ψήφου
- stimmberechtigte Aktien
- actions avec droit de vote
- azioni con diritto a voto

voucher
- απόδειξη προκαταβολής, δικαιολογητικό δαπάνης
- Belegstück
- pièce justificative; fiche
- pezza d'appoggio

W

wage
- μισθός, αμοιβή, πληρωμή, μεροκάματο, ημερομίσθιο
- Lohn
- salaire
- salario

wage claim
- απαίτηση αυξήσεως μισθού
- Lohnforderung
- revendication de salaire
- rivendicazione salariale

wage earner
- μισθωτός, μισθοσυντήρητος, εργάτης
- Lohnempfänger
- salarié
- salariato

wage freeze
- πάγωμα, καθήλωση μισθών και ημερομισθίων
- Lohnstopp
- blocage des salaires
- blocco dei salari

wage rate
- ύψος αποζημιώσεως ή αμοιβής με βάση μια μονάδα παραγωγής ή είδος εργασίας
- **Lohnsatz**
- **taux des salaires**
- **tariffa salariale**

wage restraint
- περιορισμός, μείωση μισθών και ημερομισθίων
- **Lohnbeschränkung**
- **contrainte sur les salaires**
- **restrizioni sui salari**

wages agreement
- συμφωνία περί μισθών και ημερομισθίων
- **Lohnvereinbarung**
- **convention des salaires**
- **accordo sui salari**

waiting list
- κατάλογος αναμενόντων (που δεν έχουν εξασφαλίσει θέση ακόμη)
- **Warteliste**
- **liste d' attente**
- **elenco delle prenotazioni**

waiver
- παραίτησις από δικαιώματος ή απαιτήσεως
- **Verzicht**
- **renonciation**
- **rinunzia**

war-risk insurance
- ασφάλεια πολεμικού κινδύνου, κινδύνου από τον πόλεμο
- **Kriegsrisikoversicherung**
- **assurance du risque de guerre**

- **assicurazione contro i rischi di guerra**

warehouse
- αποθήκη
- **Warenlager**
- **magasin; entrepôt**
- **magazzino**

warehouse receipt
- απόδειξη αποθηκεύσεως
- **Lagerempfangsschein**
- **récépissé d'entrepôt**
- **ricevuta di deposito**

warrant (for payment)
- εντολή (πληρωμής)
- **Befugnis**
- **ordonnance**
- **mandato**

warrant
- αποθετήριο (εναποθηκεύσεως και φυλάξεως αγαθών)
- **Lagerschein**
- **certificat d'entrepôt**
- **fede di deposito**

warrant
- πιστοποιητικό επιλογής
- **Optionsschein**
- **certificat d'option**
- **certificato di deposito**

warrant issue
- ομολογία με δικαίωμα επιλογής
- **Optionsanleihe**
- **emprunt à option**
- **prestito a opzione**

warranty
- εγγύηση

- Garantie
- garantie
- garanzia

waste products
- απόβλητα
- **Abfallprodukte**
- **déchets**
- **produtto di rifiuto**

wasting assets ή **depleting assets**
- στοιχεία του παγίου ενεργητικού, του οποίου η αξία μειώνεται σιγά-σιγά από τη χρήση (π.χ. ορυχείο, υλοτομείο κλπ.)
- **kurzlebige Aktiva**
- **actifs défectibles**
- **attività in esaurimento**

water damage
- ζημιά από το νερό
- **Wasserschaden**
- **dégâts des eaux**
- **danno causato dell'acqua**

waybill (not negotiable)
- φορτωτική οδικής μεταφοράς (μη διαπραγματεύσιμη)
- **Frachtbrief**
- **lettre de voiture**
- **lettera di vettura**

weak currency
- ασθενές νόμισμα
- **weiche Währung**
- **devise faible**
- **valuta debole**

wealth
- πλούτος
- **Wohlstand**
- **richesse**
- **ricchezza**

wear and tear
- φθορά, βλάβη εις το μισθίον (από κανονική χρήση)
- **natürliche Abnützung**
- **usure normale**
- **logorio naturale**

weigh
- ζυγίζω
- **wiegen**
- **peser**
- **pesare**

weight
- βάρος
- **Gewicht**
- **poids**
- **peso**

weighted average
- μέσος σταθμικός όρος (στην στατιστική)
- **gewogener Durchschnitt**
- **moyenne pondérée**
- **media ponderata**

weight note
- ζυγολόγιο
- **Wiegeschein**
- **note de poids**
- **distinta pesi**

weight or measurement
- βάρος ή όγκος
- **Mass oder Gewicht**
- **poids ou mesure**
- **peso o volume**

wharf
- προκυμαία, αποβάθρα
- **Kai**
- **quai**
- **scalo**

wharfage
- τέλη χρήσεως αποβάθρας
- Kaigeld
- quayage
- diritto di sosta

wholesaler
- χονδρέμπορος
- Grosshändler; Grossist
- grossiste
- grossista

wholesale trade
- χονδρικό εμπόριο
- Grosshandel
- commerce en gros
- commercio all'ingrosso

wildcat strike
- απεργία που δεν ενέκρινε το σωματείο (unofficial strike)
- wilder Streik
- grève sauvage
- sciopero selvaggio

wind up a business
- διαλύω μιά επιχείρηση, εκκαθαρίζω
- ein Unternehmen abwickeln
- liquider une entreprise
- liquidare una azienda

with average
- κάλυψη όλων των κινδύνων της μερικής αβαρίας χωρίς ποσοτικό περιορισμό ή εφ' όσον υπερβαίνει ένα ορισμένο ποσοστό
- havariert
- avarié
- con avaria

withholding tax
- παρακρατούμενος φόρος
- Verrechnungssteuer
- impôt anticipé
- imposta preventiva

without our liability; without our guarantee
- χωρίς ευθύνη δική μας
- ohne Obligo
- sans engagement
- senza impegno

without prejudice ή not binding
- με πάσα επιφύλαξη
- ohne Verbindlichkeit
- sous toutes réserves
- senza pregiudizio

without protest
- χωρίς διαμαρτύρηση
- ohne Protest
- sans protêt; sans frais
- senza protesto

without recourse
- άνευ δικαιώματος προσφυγής
- ohne Rückgriff
- sans droit de recours
- senza ricorso

with-profits policy ή participating policy
- ασφαλιστήριο με συμμετοχή στα κέρδη
- Police mit Gewinnberechtigung
- police avec participation aux bénéfices
- polizza con profitti

with recourse
- μετά δικαιώματος προσφυγής

- mit Rückgriff
- avec droit de recours
- con ricorso

witness
- μάρτυρας
- Zeuge
- témoin
- testimone

work
- εργασία
- Arbeit
- travail
- lavoro

worker
- εργάτης
- Arbeiter
- ouvrier
- lavoratore

work force
- το εργατικό δυναμικό
- Belegschaft
- effectifs
- massa lavoratrice

working capital
- κεφάλαιο κινήσεως
- Betriebskapital
- fonds de roulement
- capitale d'esercizio

working capital credit
- πίστωση για κεφάλαιο κινήσεως
- Betriebskredit
- crédit d'exploitation
- credito d'esercizio

working conditions
- συνθήκες εργασίας

- Arbeitsbedingungen
- conditions de travail
- condizioni di lavoro

working day
- εργάσιμος ημέρα
- Arbeitstag
- jour ouvrable
- giornata lavorativa

working partner
- συνεταίρος που συμμετέχει, όχι με κεφάλαια, αλλά με προσφορά προσωπικής εργασίας, πείρας, τεχνικές γνώσεις κλπ.
- aktiver Teilhaber
- associé actif
- socio attivo

working week
- εβδομάδα εργασίας (π.χ. πέντε ημερών)
- Arbeitswoche
- semaine de travail
- settimana lavorativa

work in progress ή work in process
- εργασία σε εξέλιξη
- Arbeit in der Ausführung
- travaux en cours
- lavoro in corso

work on hand
- εργασία σε εξέλιξη
- in Ausführung begriffene Arbeit
- travail en cours
- lavoro in corso

work permit
- άδεια εργασίας (αλλοδαπών κλπ.)

- Arbeitserlaubnis
- permis de travail
- permesso di lavoro

work study
- μελέτη εργασίας
- **Arbeitsstudium**
- **étude du travail**
- **studio di lavoro**

World Health Organisation (WHO)
- Παγκόσμιος Οργάνωση Υγείας
- **Weltgesundheitsorganisation (WGO)**
- **Organisation Mondiale de la Santé (OMS)**
- **Organizzazione Mondiale della Sanità (OMS)**

writ
- ένταλμα, δικαστική πράξη, απόφαση, απαγόρευση
- **Vorladung**
- **assignation**
- **citazione**

write off a debt
- διαγράφω, ξεγράφω χρέος
- **eine Schuld erlassen**
- **amortir une créance**
- **cancellare un credito**

write off a loss
- διαγράφω, ξεγράφω απώλεια, ζημιά
- **einen Verlust abschreiben**
- **amortir une perte**
- **cancellare una perdita**

Y

yield
- απόδοση
- **Rendite**
- **rendement**
- **rendimento**

Z

zero balance ή **nil balance**
- μηδέν υπόλοιπο
- **Nullsaldo**
- **solde nul**
- **saldo nullo**

zero bonds; zero-coupon bonds
- ομολογίες μηδενικού τοκομε-
  ριδίου
- **Zero-Bonds;   Null-Coupon-
  -Bonds**
- **obligations à coupon zéro**
- **obbligazioni senza cedola**

zip code ή **postcode**
- ταχυδρομικός τομέας
- **Postleitzahl**
- **indicatif postal**
- **codice postale**

zone
- ζώνη, περιοχή
- **Zone**
- **zone**
- **zona**

A

Αβαρία 25, 165
αβαρία ειδική 200
αβαρία μερική 263
αγαθά 65
αγκαζάρω 223
αγκυροβόλιον 20
αγορά 60, 178, 214
αγορά από παρόρμηση 148
αγορά διακινήσεως κεφαλαίου 50
αγορά-επιστροφή 228
αγορά εργασίας 168
αγορά κυρία 209
αγορά με δόσεις 144
αγορά μετοχών 119
αγορά προϊόντων 211
αγορά πτωτικών τάσεων 114
αγορά συναλλάγματος 127
αγοράζω 46
αγοραία αξία 160
αγοραπωλησία τοις μετρητοίς 52
αγοραστής 46
αγοραστική δύναμη 214
αγοραστικό κέντρο 235
αγωγή αποζημιώσεως 12
αγωγή κατασχέσεως 123
άδεια 172
άδεια εισαγωγής 148
άδεια εξαγωγής 111
άδεια εργασίας 264
άδεια με πληρωμένες αποδοχές 145
άδεια ορυχείου 183
αδελφή εταιρία 237
αδεξιότητα 152

άδηλες εξαγωγές 162
αδιάθετες μετοχές 256
αδιαφορία 229
αδικοπραξία 250
αδρανές κεφάλαιο 147
αδυναμία πληρωμής 113
αέρας επιχειρήσεως 137
αεροδρόμιο 18
αεροπορική γραμμή 18
αεροπορική κυκλοφορία 18
αεροπορική μεταφορά 18
αεροπορικό ταχυδρομείο 18
αεροπορικός σταθμός 18
αεροπορικώς 46
αθέτηση 149
αθέτηση εγγυήσεως 43
αθέτηση υποχρεώσεως 82
άθροισμα 17
αισχροκερδής 211
αίτημα 185
αιτήσεως, έντυπο 21
αίτηση 20
αιτών 20
ακαθάριστο εθνικό εισόδημα 138
ακαθάριστο εθνικό προϊόν 139
ακαθάριστο εισόδημα 138
ακαθάριστο εισόδημα επενδύσεων 139
ακαθάριστο περιθώριο κέρδους 139
ακαθάριστο ποσό 138
ακάλυπτη θέση 255
ακάλυπτη πώληση 236
ακάλυπτη πώληση χρεωγράφου 250
ακάλυπτος πιστωτής 257
ακριβές αντίγραφο 54

ακριβό χρήμα 79
άκυρος 160, 259
ακυρώνω 47, 48
  ακυρώνω επιταγή 48
ακύρωση 20, 48
αλληλέγγυος και ατομική υπο-
  χρέωση 165
αλληλεγγύως και ατομικώς 166
αλληλογραφία 70
αλλοδαποί εργάτες 125
  αλλοδαπός 18, 124
αλυσίδα καταστημάτων 54
αμέλεια 187
αμερόληπτος 147
άμεσα έξοδα 88
άμεση διαφήμιση 88
  άμεση εξόφληση 53
  άμεση εργασία 88
  άμεση παράδοση 212, 235, 244
  άμεση πώληση 89
  άμεση φορολογία 89
άμεσο κόστος 88
αμέσως διαθέσιμη 194
αμετάβλητη 240
αμνηστεύω 150
αμοιβή 116
ανά εξάμηνο 141
αναβολή 14, 51
αναβάλλω 82, 145
αναβληθείσες υποχρεώσεις 82
αναγκαία αποθέματα 170
αναγκαστική απαλλοτρίωση 111
αναγκαστική αποταμίευση 123
αναγκαστική εκτέλεση 109
αναγκαστική εκποίηση 123
αναγκαστική ρευστοποίηση 123
αναγκαστικός 123
ανάγκη 9
αναγνωρίζω 147
  αναγνωρίζω λήψη 12
αναγνώριση λήψεως 12
αναγωγή 67
αναδιοργάνωση 222

ανάδοχος 44, 67
αναθεωρημένος προϋπολογισμός
  225
αναζήτηση τιμών ευκαιριών 32
ανακαλώ 226
ανάκληση 225
ανάκριση 154
ανάκτηση πληροφοριών 153
ανακυκλούμενο κεφάλαιο 226
ανακύκλυση προϊόντων 227
ανάληψη χρημάτων 197
αναλογία 212, 216, 217
  αναλογία τιμής 160
ανάλυση 20, 74
  ανάλυση ισολογισμού 28
  ανάλυση κόστους 70
  ανάλυση λογαριασμού 75, 240
  ανάλυση πωλήσεων 228
αναλυτής επενδύσεων 160
αναμένω 145
ανανέωση 221
  ανανέωση αξίας 36
αναπρογραμματισμός 80
αναπροεξόφληση 219
αναπτυσσομένη χώρα 87
αναρμόδιος 255
ανασύνθεση μετοχών 225
ανατίμηση 21, 225
ανατιμώ 21
ανατοκισμός 61
ανασύνθεση μετοχών 225
ανέκκλητος πιστωτική επιστολή
  163
ανεξάρτητος 151
ανεπανόρθωτος 163
ανεπίσημος 152
ανεργία 256
άνεργος 197
ανερχόμενος 19
ανθρώπινες σχέσεις 146
ανίσχυρος 192
άνοιγμα πιστώσεως 171
ανοικοδόμηση 219

ανοικτή ασφαλιστική κάλυψη 194
ανοικτή επιταγή 37, 194
ανοικτή θάλασσα 144
ανοικτό πέλαγος 193
ανταγωνιστής 226
ανταλλαγή πληροφοριών 107
ανταλλάξιμες αξίες 132
ανταλλάσσω 33
ανταπεργία 175
ανταποκριτής 70
αντίγραφο 98
αντιθετικός 66
αντιθετικός λογαριασμός 203
αντικαταβολή 52
αντικατάσταση 243
αντιμισθία 221
αντιπαραχώρηση 225
αντιπληθωρισμός 83
αντιπρόεδρος 222, 259
αντιπροσωπεύω 222
αντιπρόσωπος 83
αντιπρόταση 177
αντισταθμίσεως ενέργεια 173
ανύπαρκτη εταιρεία 39
Ανώνυμη Εταιρεία 214
ανώνυμο χρεώγραφο 34
ανωτάτη εκπαίδευση 143
αξία 258
αξία επιχειρήσεως 179
αξία κεφαλαίου 49
αξίες 36
αξιολόγηση εργασίας 165
αξιολογώ 106
αξιόπιστος 221
αξιόχρεον 74
απαγόρευση εισαγωγής 148
απαίτηση 56
απαίτηση αυξήσεως μισθού 260
απαλλασσόμενα φόρου 247
απαλλοτρίωση 62
απάντηση πληρωμένη 222
απαρτία 216

απασχόληση 100
απάτη 128
απατώ 55
απεργία 93, 242, 257, 263
απεργία γενική 237
απεργία, επίσημη 193
απεργία ζήλου 237
απεργία καθυστερήσεως 137
απεργός 243
απεργούς, παρεμποδίζω 204
απεργώ 243
απεριόριστη πίστωση 37, 195
απέχω 9
απλήρωτοι λογαριασμοί 197
απλογραφικό σύστημα 236
απόβλητα 262
απογραφή εμπορευμάτων 160
απογραφή πληθυσμού 53
αποδεικνύω 103
αποδεικτική μαρτυρία 94
αποδεικτικό κατοχής 241
απόδειξη 95, 218
απόδειξη καταθέσεως 85
απόδειξη προκαταβολής 260
απόδειξη μεταφορέως 127
αποδέκτης 96
αποδέκτης επιταγής 202
αποδέχομαι 10
απόδοση 266
απόδοση επενδύσεως 225
απόδοση κατά την εξαγορά 219
απόδοση κερδών 99
απόδοση κεφαλαίου 114
αποδοτικότητα 90, 100, 211
αποδοχή 10
αποδοχή κατά παρέμβαση 10
αποδοχή μερική 200
αποδοχή υπό όρους 215
αποζημιώνω 61, 150
αποζημίωση 77, 150, 229
αποζημίωση μικρή 190
απόθεμα 155, 168
απόθεμα εμπορευμάτων 241

αποθέματα 242
αποθέματα νόμιμα 170
αποθεματικά 81, 97
αποθεματικά αφανή 256
αποθεματικό 223
αποθεματικό κεφαλαίου 50
αποθετήριο 261
αποθήκευση 242, 261
αποθηκεύω 242
αποθήκη 24, 242, 261
αποκάλυψη 89
αποκεντρώνω 80
αποκήρυξη δικαιώματος 89
αποκλεισμός 38, 108
αποκλειστική αγορά 108
αποκλειστικός αντιπρόσωπος 238
αποκλείω 108
απόκρουση 221
αποκτηθέν εισόδημα 99
απολαβές 99
απόλυση 91, 118
απόλυση - αποζημίωση 233
απολύω 89, 91
απολογισμός 88
απομίμηση 236
αποποίηση 222
αποσβένω 86
αποσβένω χρέος 219
απόσβεση 10, 86
απόσβεση χρέους 219
αποστολέας 64
αποστολή χρημάτων μέσω τραπέζης 32
αποσύρω χρεόγραφο 224
αποταμιεύω 229
αποτελεσματικός 196
αποτελεσματικότητα 70, 100
αποτίμηση 169
αποτιμητής 23
αποτιμώ ζημιά 22
αποτυγχάνω 113
αποτυχία 131

απόφαση 80
απόφαση δικαστηρίου 167
αποφασίζειν 81
αποφασίζω 80
αποφασιστική ψήφος 53
αποφυλακίζω με εγγύηση 138
αποχώρηση - συνταξιοδότηση 225
απώλεια 41, 64
απώλεια - θάλασσα 231
απώλεια κεφαλαίου 49
απώλεια ολική 13
αργία 78, 145, 170
αργία νόμιμη 213
αργυραμοιβός 35
αριθμητική μηχανή 13
αριθμός 116
αρμπιτράζ 22
αρνητική ρήτρα ενεχυριάσεως 187
αρνητική ρήτρα υποθήκης 187
αρνητικό ισοζύγιο 187
αρνητικό υπόλοιπο 15
αρνητικός τόκος 187
αρνητικός φόρος εισοδήματος 187
αρνούμαι 91, 223
αρραβώνας 85
άρτιο 9, 24
άρτιο, υπό το 34
αρχές με πελάτες 134
αρχή 9
αρχιλογιστής 56
ασθενές νόμισμα 262
ασκώ λογιστικό έλεγχο 25
ασύμφορος 257
ασυμφωνία 90
ασφάλεια 61, 155, 235
ασφάλεια ζημιών 249
ασφάλεια (ζωής) 24, 172
ασφάλεια κτιρίου 44
ασφάλεια πολεμικού κινδύνου 261

ασφάλεια οικοσκευής 146
ασφάλεια υγείας 143
ασφαλές ομόλογο 231
ασφαλίζω 156
ασφάλιση του πλοίου 146
ασφαλίσιμος 155
ασφαλισμένος 156
ασφαλιστήριο 156, 205
ασφαλιστήριο ζωής 199
ασφαλιστήριο με κέρδη 200, 263
ασφαλιστής 156
ασφαλιστική απαίτηση 155
ασφαλιστική ένωση 175
ασφαλιστική εταιρεία 156
ασφαλιστική κάλυψη 156
ασφαλιστικό συμβόλαιο ζωής 172
ασφάλιστρα 156
ατελής 150
άυλα αγαθά 156
αυξάνω 15, 150
αυξημένα έξοδα 150
αυξημένο κόστος ζωής 150
αύξηση 15, 140, 150
αύξηση κεφαλαίου 49, 150
αυτασφάλιση 221
αυτοαπασχολούμενος 232
αυτοεξυπηρέτηση 232
αυτοχρηματοδότηση 232
αφερέγγυος 154
αφερεγγυότης 154
αφαίρεση 244
αφαιρώ 81

Β

Βάρδια 234
βαρέλι 33
βαριά βιομηχανία 143
βαριά δαπάνη 143
βάρος 262
βάρος ή όγκος 262

βαρύ πρόστιμο 143
βαρύς 143
βασική βιομηχανία 168
βασική πληρωμή 33
βασικό μέταλλο 33
βεβαίωση συμφωνίας λογαριασμού 219
βελτίωση 35
βιβλιάριο επιταγών 55, 56
βιβλιάριο καταθέσεων 11, 29, 85, 200, 230
βιβλίο αγορών 214
βιβλίο καταγραφών 78
βιβλίο παραγγελιών 196
βιβλίο ταμείου 52
βιομηχανία 152
βιομηχανική κατασκοπεία 151
βιομηχανική περιοχή 152
βιομηχανική ψυχολογία 152
βιομηχανικό ατύχημα 151
βιομηχανικός 151
βιομήχανος 152
βιοτικό επίπεδο 240
βλάβη 77, 153
βοηθός 24
βοηθός μεσίτου χρηματιστηρίου 242
βραδυπληρωτής 237
βραχυπρόθεσμος 235, 236
βύθισμα σκάφης 96

Γ

Γεγονός 113
γενικά έξοδα 134
γενική αβαρία 134
γενική απεργία 135
γενική συνέλευση 20, 134
γενικό καθολικό 134
γενικό κοινό 135
γενικός διευθυντής 56
γλώσσα υπολογιστή 62
γνώμη 196

γνωστοποίηση 191
γράμμα 171
γραμματέας 231
  γραμματέας, προσωπικός 204
γραμμάτια έντοκα 224
γραμμάτιο 14
  γραμμάτιο εισπράξεως 35
  γραμμάτιο σε διαταγή 212
  γραμμάτιο υποθήκης 34
γραμματόσημο 206
γραμμή φορτώσεως 174
γραπτή άδεια 203
  γραπτή παραχώρηση 47
  γραπτή υπόσχεση 42, 80
γραφεία συναλλάγματος 108
  γραφείο 193
  γραφείο ακινήτου περιουσίας
    103
  γραφείο ευρέσεως εργασίας
    100, 240
  γραφείο συμψηφισμού 29, 57
  γραφείο χωριζόμενο 195
γραφική παράσταση 138
γραφική παράσταση ροής 122
γράφω επιταγή 96
γυρίζω επιταγή 220

Δ

Δακτυλογράφος 87, 253
δανείζομαι 41
δανειζόμενος 41
δανείζω 171
δανεικός 119
δάνειο 65, 67, 88, 97, 174
  δάνειο βραχυπρόθεσμο 119
  δάνειο διατραπεζιτικό 156
  δάνειο με έμμεσο υποθήκη 151
  δάνειο εξωτερικού 112
  δάνειο με ενέχυρο 174, 175
  δάνειο με προσωπική ασφάλεια
    257

δάνειο με συναλλαγματική 174
δάνειο που πληρώνεται πίσω με
  δόσεις 154
δάνειο σε κονσόρτσιο 246
δάνειο χρηματικό 184
δανειοδοτήσεως όριο 171
δανεισθέν κεφάλαιο 41
δανεισμός 42
  δανεισμός σταθερού επιτοκίου
    120
δανειστής 184
δανειστική δραστηριότητα 171
  δανειστική ικανότητα 42
  δανειστική τράπεζα 171
δαπάνες διαφημιστικές 16
  δαπάνες προπληρωμένες 208
δαπάνη 109
δαπανηρός 109
δασμοί καταγγελθέντες 98
  δασμολογική συμφωνία 246
δασμολόγιο 61, 246
δασμός 76, 98, 148
  δασμός διαφορικός 208
δεδομένα 77
δείγμα 229
  δείγμα τυχαίο 217
  δείγμα χωρίς αξία 229
δειγματοληπτικός έλεγχος 239
δείκτης 151, 217
  δείκτης μετοχών 234
  δείκτης παραγωγικότητας 217
  δείκτης χρηματιστηρίου 95
δεκαδικός 80
δελτίο αποστολής 64, 91
  δελτίο παραδόσεως 84, 230
  δελτίο προεγγραφής 243
  δελτίο ταυτότητος 147
δεξαμενή 97
  δεξαμενή καθαρισμού πλοίων
    138
  δεξαμενή καυσίμων πλοίου 45
δεξαμενισμός 93
δεσμευμένες καταθέσεις 38

δεσμευμένη περίοδος 38
δεσμευμένο συνάλλαγμα 38
δεσμευμένος λογαριασμός 38
δέσμευση 212
δεσμευτική συμφωνία 37
δευτερεύουσα αγορά 231
δηλωθείσα αξία 81
δηλώνω 81
δήλωση 81
δήλωση αποζημιώσεως 81
δήλωση αποστολής 81
δήλωση προθέσεως 81
δηλωτικό του πλοίου 178
δημοπρασία 24
δημοσία επιχείρηση 214
δημόσιες σχέσεις 214
δημόσιο χρέος 186
δημόσιος τομέας 214
δημόσιος υπάλληλος 56, 137
δημοσιότητα 213
διαβάθμιση 71
διάγραμμα 55, 87, 96
διαγράφω 83
   διαγράφω ζημιά 265
   διαγράφω χρέος 265
διαδικασία 79
διαδοχικά ομολογιακά δάνεια 233
διάθεση 92
διαθέσιμο υπόλοιπο 28
   διαθέσιμος 25
   διαθέσιμος αμέσως 198
διαθήκης άνοιγμα 210
διαίρεση μετοχών 239
διαιρέτης τόκου 157
· διαιτησία 22
διαιτητής 22
διαιτητική κρίση 22
   διαιτητικό δικαστήριο 22, 72
διακανονισμός 10, 14, 233
διακοπή επιταγής 242
διακόπτω 14
διακήρυξη 81

διακύμανση 122
διάλυση 92
διαμαρτύρηση 213
διαμέρισμα 120
διαμορφώνω 126
διανέμω 92
διανέμω μετοχές 18
διανομή 92
   διανομή μετοχών 18
διαπραγματεύομαι 32, 141, 187
διαπραγματευομένη τράπεζα 188
διαπραγμάτευση 33, 188
διαπραγματεύσιμο χρεώγραφο 187
διαπραγματευτική δύναμή 32
   διαπραγματευτική κατάσταση 32
διάρκεια 98
διαρκείς συμμετοχές 203
διαρκή αγαθά 98
διαρκής εντολή 240
διάρρηξη 45
διαρροή 169
διάσκεψη 63
διάσωση φορτίου 229
διαταγή, σε ... 250
διατάσσω 196
διατάσσω δίωξη 155
διατυπώσεις 126
διαφημίσεων σύμβουλος 16
   διαφημίσεως έξοδα 16
διαφήμιση 15, 16, 56
διαφημιστής 16
διαφημιστική εκστρατεία 16
   διαφημιστική καμπάνια 214
διαφημιστικό γραφείο 16
   διαφημιστικό μέσο 16
   διαφημιστικό πρόγραμμα 16
   διαφημιστικό φυλλάδιο 16
διαφορά 59, 87
   διαφορά τιμής 239
διαφυγόντα κέρδη 176

διαφωνώ 89
  διαφωνών 92
διαχειρίζομαι 14
διαχείριση 14
διαχειριστής 15, 62
  διαχειριστής περιουσίας 254
δίγραμμος επιταγή 74
διδασκαλία 155
δίδυμες μετοχές 255
διεθνές νομισματικό ταμείο 159
  διεθνές σύστημα εκκαθαρίσε-
  ως συναλλαγών 104
διεθνής 158
  διεθνής πιστωτική κάρτα 104
  διεθνής τραπεζιτική πίστωση
  104
  διεθνής χρηματοδοτική αγορά
  105
διείσδυση στην αγορά 171
διεκπεραιώνω 91
διεκπεραίωση 91
διένεξη 84, 92
διερεύνηση 153
διευθέτηση 14
διευθετώ 14
διευθύνσεις 89
  διεύθυνση 13
  διεύθυνση ειδοποιήσεως 192
διευθυντής 88, 177
  διευθυντής εξαγωγών 111
  διευθυντής της επιχειρήσεως
  178
  διευθυντής προσωπικού 204
  διευθυντής πωλήσεων 228
  διευθυντής του γραφείου 193
διευθυντικές απολαβές 88
διευθύνω λογιστήριο 168
διευκολύνσεις 113
δικαιολογημένος 167
δικαιοσύνη 167
δικαιούχος 34
δικαίωμα 226
  δικαίωμα εκδόσεως 191

δικαίωμα ενεχυριάσεως 220
δικαίωμα επιλογής 196
δικαίωμα ιδιοκτησίας 34
δικαίωμα κατακρατήσεως 206
δικαίωμα κοπής νομισμάτων 58
δικαίωμα σε περιουσιακό στοι-
  χείο 134
δικαίωμα προσφυγής 263
δικαίωμα τόκου 240
δικαστής 167
δικαστήριο 72
δικαστική αξίωση 170
δικηγόρος 24, 33, 71
δικονομία 211
δίκτυο 189
διμερής εμπορική συμφωνία 35
δίνω εγγύηση 135
διογκωμένες προεγγραφές 239
διοίκηση 14
διοίκηση επιχειρήσεων 177
διοικητική μέριμνα 175
διοικητικό συμβούλιο 39
διορθώνω 69
διόρθωση 70
διορία 78
διορίζω 21
διπλή φορολογία 95
διπλογραφικό σύστημα 95
διπλούν, εις 151
δίπλωμα ευρεσιτεχνίας 172, 200
διυλιστήριο 92
δίωξη προσώπων 154
δοκιμαστική εφαρμογή 204
δοκιμή δωρεάν 130
δόλιος 91, 128
δόση πληρωμής 154
δοσοληψία με δώρο 208
  δοσοληψίες 116, 135
δουλειά, επάγγελμα 165
  δουλειά, θέση 165
δύναμη 123
δυναμικό αγοράς 179
δυνατότητες αγοράς 179

δύο φορές το χρόνο 141
δωρεά 138
δώρο, αμοιβή 208
  δώρο 40, 135
δωροδοκία 43
δωροδοκώ 43
δωσιδικία 167
  δωσιδικίας, τόπος 205

E

Εβδομάδα εργασίας 264
έγγειες υποχρεώσεις 221
εγγραφές μεταφερόμενες 163
εγγραφή ομολογιών 15
  εγγραφή υποθήκης 221
έγγραφο 93
εγγυημένη πίστωση 140
εγγύηση 110, 140, 232, 245, 255,
  261
εγγύηση απλή 236
εγγύηση τραπέζης 31
εγγύηση συναλλαγματικής 35
εγγυητής 27, 140
εγκαταλείπω 9
εγκατάσταση 154
έγκυρος 152
εγχωρών 24
έδρα επιχειρήσεως 143
έθιμο 76
εθνικό εισόδημα 186
εθνικοποιημένη βιομηχανία 187
εθνικοποίηση 187
εθνικότητα 186
είδη πολυτελείας 115, 176
ειδησεογραφικό πρακτορείο 189
ειδικά τραβηκτικά δικαιώματα
  238
ειδική αποζημίωση 238
  ειδική προσφορά 238
  ειδική τομή 32
ειδικός 238
ειδοποίηση 191

είδος, σε 153
εικονική απώλεια 199
εικονικό κέρδος 199
εικονικός 116
εισαγόμενο είδος 148
εισαγωγέας 148
εισαγωγή 98, 148
  εισαγωγή χρεωγράφων στο
  χρηματιστήριο 174
εισαγωγικοί περιορισμοί 148
εισιτήριο δωρεάν 130
εισόδημα 20, 91, 149, 225
  εισόδημα ακινήτων 256
  εισόδημα αφορολόγητο 190
  εισόδημα επενδύσεως 161
είσοδος 15, 102
εισπράκτορας χρεών 80
είσπραξη 59, 94, 243
είσπραξη χρεών 80
εισπράττω χρέος 59
εκδίδω 163
εκδίδω δάνειο 121
εκδίδω τιμολόγιο 162
έκδοση επιταγής 197
έκδοση ομολογίας 94, 151
έκδοση χρεωγράφων από εται-
  ρεία 163
εκδότης 97
εκδοτική τράπεζα 163, 191
εκδοτικός οίκος 214
εκδοχεύς 101
έκθεση 91, 109, 222
έκθεση ελεγκτού 25
έκθεση εμπειρογνώμονος 110
εκθέτης 109
εκθετικός 110
εκκαθαρίζω 263
εκκαθάριση 62, 185, 233
εκκαθαριστής 173
εκκρεμής 245
εκμεταλλεύομαι 110
εκμισθωτής 171
εκούσιος 259

εκπιπτόμενα έξοδα 19
εκπλειστηριαστής 24
εκπλήρωση υποχρεώσεως 131
έκπτωση 19, 52, 90, 218
εκστρατεία 47
έκτακτη απόφαση 112
  έκτακτη γενική συνέλευση 112
έκτακτο μέρισμα 112
εκτελεστής διαθήκης 109
εκτελεστικό στέλεχος 109
εκτελεστικός διευθυντής 69, 109
εκτελώ 50, 108
εκτελώ διαθήκη 109
εκτελωνίζω 57
εκτελωνισμένο 107
εκτελωνισμός 76
εκτιμηθείσα αξία 104
εκτίμηση 21, 23, 64, 255, 258
εκτόπισμα 91
εκτύπωση 62
εκφώνηση χρεωγράφων 40
εκχώρηση 256
εκχωρητής 253
ελαστικότητα στις τιμές 209
ελάττωμα 82
ελαττωματική παράδοση 82
ελαττωματικός 115
ελάχιστο 183
ελεγκτής 67, 113
ελεγχος αποθεμάτων 241
  έλεγχος παραγωγής 211
  έλεγχος περιεκτικότητος 22
  έλεγχος υπογραφής 236
ελέγχουσα εταιρεία 145
ελευθέρα αγορά 195
  ελευθέρα οικονομία 129
  ελεύθερα δασμού 98
  ελεύθερα επί της αποβάθρας 111, 130
  ελεύθερα στην αποθήκη 112
  ελεύθερα στο εργοστάσιο 112
ελευθερία οικονομικής δραστηριότητος 129

ελεύθερο δείγμα 130
  ελεύθερο εμπόριο 130
  ελεύθερο εξόδων μεταφοράς 50
  ελεύθερο επί του πλοίου 122, 129
ελεύθεροκοινωνία 208
ελεύθερο μερικής αβαρίας 129
  ελεύθερο στο πλευρό πλοίου 129
  ελεύθερο προμηθείας 129
  ελεύθερο στο σιδηροδρομικό σταθμό 130
  ελεύθερο υποθήκης 129
ελεύθερος 129
  ελεύθερος καθορισμός 121
ελευθερώνω 128
έλλειμμα 252
έλλειψη 83
έλλειψη αποθεμάτων 236
έλλειψη πείρας 152
έλλειψη ρευστότητος 147
έμβασμα 221
έμμεσα έξοδα 151
έμμεση φορολογία 151
έμμεσος φόρος 108
εμπειρογνώμων ασφαλειών ζωής 13
εμπιστεύομαι 102, 145
εμπόρευμα 60, 182
εμπορεύματα 43, 137
  εμπορεύματα επί παρακαταθήκη 137
  εμπορεύματα σε ειδική αποθήκη 149
  εμπορεύματα σε κρατική αποθήκη 39
εμπορεύσιμος 187
εμπορία χρεωγράφων 232
εμπορικές δαπάνες 45
εμπορική αμαξοστοιχία 130, 137
  εμπορική απαγόρευση 251
  εμπορική έκθεση 114

εμπορική έκπτωση 251
εμπορική ένωση 251
εμπορική ποιότητα 182
εμπορική πράξη προστασίας 143
εμπορική στήλη 182
εμπορική συμφωνία 180
εμπορική τιμή 252
εμπορική τράπεζα 182
εμπορικό έγγραφο 94
εμπορικό ισοζύγιο 28, 251
εμπορικό μυστικό 252
εμπορικό όνομα 252
εμπορικό όχημα 60
εμπορικό πλοίο 182
εμπορικό σήμα 252
εμπορικό τιμολόγιο 59
εμπορικός 182
εμπορικός αντιπρόσωπος 60, 182
εμπορικός διευθυντής 46
εμπορικός κύκλος 251
εμπορικός λογαριασμός 251
εμπορικός οδηγός 251
εμπορικός στόλος 182
εμπορικός σύλλογος 251
εμπόριο 59, 251
έμπορος 182, 228
εμπράγματο δικαίωμα 250
εμπράγματος ασφάλεια 54, 170, 172
εμφανίσει, επί τη 24
εν ισχύει 152
έναντι λογαριασμού 194
ενδεχόμενο 66
ενδεχόμενος 207
ενδιάμεση οικονομική έκθεση 158
ενδιάμεσο δάνειο 157
ενδοεταιρική συμμετοχή 156
ενεργητικό 12, 23, 75
ενεργητικό και παθητικό 23
ενέχυρα 179
ενεχυρίαση 205

ενέχυρο που ρευστοποιείται με δυσκολία 190
ενεχυροδανειστής 201
ενιαία τιμή 120
ενοικιάζω 144, 221
ενοίκιο 221
ενοικιοστάσιο 221
ένοικος 146
ενοποιημένος 64
ενοποίηση 59
ένορκοι 167
ένταλμα 265
ένταλμα πληρωμής 43
έντιμη συμφωνία 114
έντιμος 145
έντοκα γραμμάτια δημοσίου 241, 254
εντολέας 210
εντολή για αγορά 21
εντολή διαχειρίσεως 177
εντολή πληρωμής 202, 261
εντολοδόχος 83, 256
έντυπο για συμπλήρωση 126
έντυπο επιστολόχαρτο 171
ενυπόθηκο γραμμάτιο 185
ενυπόθηκο ομόλογο δάνειο 185
ενυπόθηκος ομολογία 185
εξ ολοκλήρου προεγγραφέν 132
εξαγορά 222
εξάγω 110
εξαγωγέας 111
εξαγωγικές πωλήσεις 111
εξαγωγική πίστωση 110
εξαγωγικό κίνητρο 111
εξαγωγικό πρίμ 110
εξαιρουμένου του φόρου 108
εξάμηνο 141
εξαναγκασμός 98
εξαπατώ 245
εξαργυρώνω 51
έξαρση 41
εξαρτήματα 22

εξαρτώμενος 63
εξέχων όρος 63
εξισορρόπηση 102
έξοδα 55
   έξοδα διάφορα 244
   έξοδα διεκπεραιώσεως 141
   έξοδα εκφορτώσεως 169
   έξοδα κινήσεως, οδοιπορικά 253
   έξοδα μεταφοράς 130
   έξοδα παραστάσεως 102
   έξοδα συσκευασίας 149
εξοπλισμός 102
εξουσιοδοτημένος εκπρόσωπος 190
εξουσιοδότηση 83
εξώνω 106
εξωτερικό 9
   εξωτερικό εμπόριο 125
εορτή 145
επάγγελμα 192
επαληθεύω 259
επαναληπτική συναλλαγή 222
επανάληψη 231
επαναπατρισμός 222
επανέναρξη διαπραγματεύσεων 222
επανεξάγω 220
επανεξαγωγή 220
επανεπένδυση 221
επαύξηση 12
επενδύσεις 132
επενδυτής 162
επενδυτικά τράστ 159, 160
επενδυτική εταιρία 184
επενδυτικό ίδρυμα 60
   επενδυτικό κίνητρο 161
   επενδυτικό τράστ 162
   επενδυτικοί κίνδυνοι 161
   επενδυτικός λογαριασμός 162
επενδύω 160
επεξεργασία στοιχείων 77
επί παρακαταθήκη 194

επί προθεσμία 133
επί τη εμφανίσει 194
επί του πλοίου 111
επιβάρυνση 112
επιβεβαιώ 63
επιβεβαιωμένη 63
επιβεβαίωση 63
επιβολή φόρου 172
επιδιαιτητής 255
επίδομα ανεργίας 256
επικαλυπτική συναλλαγή 72
επικαρπία 257
επικίνδυνος 77
επικοινωνία 61
επικυρώ 71, 217
επικύρωση 217
επίπεδο, χωρίς τόκο 120
επιπρόσθετα 149
επιπρόσθετες δαπάνες 149
επιπλέων 17
επίσημη προειδοποίηση 126
επίσημοι χρηματιστές 211
επίσημος 193
επισκευάζω 222
επισταλία 84
επιστάτης 244
επιστολή 18, 171
   επιστολή αποζημιώσεως 171
   επιστολή διανομής 19
επιστρεφόμενα αγαθά 225
επιστροφή ποσού 111
επισυσσώρευση τόκων 12
επισφαλής 77
   επισφαλής απαίτηση 27, 95, 223
επιταγή 55, 70
   επιταγή για άμεση είσπραξη χρημάτων 56
   επιταγή, γράφω 96
   επιταγή, δίγραμμος 11, 74
   επιταγή εκχωρήσεων 23
   επιταγή σε λογαριασμό 123
   επιταγή στον κομιστή 56

επιταγή ταχυδρομικού λογαρια-
σμού 206
επιταγής, διακοπή 242
επιτάσσω 223
επίταξη 223
επίτιμος 145
επιτόκιο 157, 217
επιτόκιο διατραπεζιτικό 156
επιτόκιο με δάνεια 217
επιτόκιο προεξοφλήσεως 90,
179
επιτροπή 60
επιτροπή ατομικής ενεργείας
105
επιφύλαξη 263
επιχειρηματίας 45
επιχειρήσεις κοινής ωφελείας
214
επιχείρηση 102, 118
επιχείρηση δημοσίας ωφελείας
258
επιχείρηση ιδιωτική 210
επειχείρηση με κέρδη 135
επιχειρησιακή έρευνα 195
επιχειρηματίας 102
επιχορήγηση 244
επιφύλαξη 263
επόπτης 154
επόπτης ποσότητος 215
εποχή 230
εποχιακές διακυμάνσεις 230
εποχιακή ανεργία 231
εποχιακό δάνειο 231
εργαζόμενος 100
εργασία 264
εργασία σε εξέλιξη 264
εργάσιμη ημέρα 264
εργάτης 113, 264
εργατικές σχέσεις 168
εργατική διαφορά 252
εργατική διένεξη 151
εργατική ένωση 168, 252
εργατικό δυναμικό 168, 178,
264

εργατικό κόστος 70
εργατικού δυναμικού σχέσεις
168
εργατοώρες 178
εργοδηγός 125
εργοδότης 101
εργολάβος 44
εργοστάσιο 113, 205
έρευνα 160, 223
έρευνα αγοράς 179
έρευνα επί τόπου 116
έρευνα κινήτρων 185
έρμα 28
ερμηνεία 159
ερωτηματολόγιο 216
εσφαλμένος υπολογισμός 184
εσωτερικός 158, 159
εσωτερικός έλεγχος 158
εταιρεία 61, 69, 173, 200
εταιρεία αμοιβαίων κεφαλαίων
195
εταιρεία αναπτύξεως 87
εταιρεία ανύπαρκτη 204
εταιρεία επενδύσεων 161, 218
εταιρεία επενδύσεων χρεωγρά-
φων 232
εταιρεία θυγατρική 17
εταιρεία λίσιγκ 170
εταιρεία μεταφορών 142, 254
εταιρεία (πατρική) κεντρική
199
εταιρεία περιορισμένης ευθύ-
νης (ιδιωτική) 210
εταιρεία που δεν λειτουργεί 83
εταιρεία στο χρηματιστήριο
216
εταιρεία συνήθους τύπου 196
εταιρεία χρηματοδοτήσεων 117
ετερόρρυθμος εταίρος 236, 237
ετήσια έκθεση 20
ετήσια τέλη 20
ετήσιο εισόδημα 82
ετήσιοι λογαριασμοί 20

ετήσιος 20
εύθραυστο 141
  εύθραυστος 128
ευθύνη 10, 224
  ευθύνη εργοδότου 101
ευκολοδιαθέσιμα 178
εύρεση εργασίας 100, 101
ευρωδολλάρια 105
ευρωπαϊκή αγορά 105
  ευρωπαϊκή αγορά ομολόγων 104
  ευρωπαϊκή κάρτα 55
  ευρωπαϊκή λογιστική μονάδα 104
  ευρωπαϊκή νομισματική μονάδα 100
ευρωπαϊκό νόμισμα 104, 106
ευρωπαϊκό ταμείο 106
ευρωπαϊκός 105, 106
εφάπαξ ποσόν 176
εφαρμόζω 147
εφαρμόσιμο 115
εφετείο 71
εφεύρεση 160
εφικτό 115
εφοδιάζω 245

Z

Ζυγαριά 230
  ζυγίζω 262
ζυγολόγιο 262
ζημία 176
  ζημιά από νερό 262
  ζημιά γλυκού νερού 131
  ζημιές 63
  ζημιές από απαιτήσεις 176
ζητούνται 150
ζώνη, περιοχή 266

Η

Ηλεκτρικές οικιακές συσκευές 146

ημέρα 78
  ημέρα αργίας τραπεζών 31
  ημέρα εκκαθαρίσεως 97
  ημέρα πληρωμής 201
  ημέρα χρηματιστηρίου 179
  ημέρες χάριτος 78
ημερησία διάταξη 17, 45
ημερολογιακή εγγραφή 167
  ημερολογιακό έτος 47
ημερολόγιο 47
ημερομηνία 11, 77
  ημερομηνία απόπλου 227
  ημερομηνία λήξεως 78, 97
  ημερομηνία παραδόσεως 84
ημερομίσθιο 260
ημι-ειδικευμένος 233

Θ

Θάλασσα 230
θάνατος 79
θεματοφύλακας 27, 85
θέση διαθέσιμη 195
θεσμός 155
θέτω σε κυκλοφορία 163
θεώρηση-βίζα 259
θησαυροφυλάκιο 108, 259
θυγατρική εταιρεία 244
θυρίδα χρηματοκιβωτίου 227

Ι

Ίδια κεφάλαια 50
ιδιοκτησία 198
ιδιοκτήτης 198
  ιδιοκτήτης ακινήτου 169
  ιδιοκτήτης οικοπέδου 139
ιδιωτικός τομέας 210
ιδιωτικές τοποθετήσεις 210
ίδρυμα επενδύσεων 57, 161
  ίδρυμα προεξοφλήσεων 90
ιδρυτής 127
ιδρυτικές μετοχές 83

ιδρυτικό μέλος 127
ιδρυτικός τίτλος 128
ιδρύω 103, 126, 127
ιδρύω εταιρεία 121
ικανότητα για δικαιοπραξία 48
ιπποδύναμη 146
ισόβιος πρόσοδος 172
ισοζύγιο 27, 254
ισοζύγιο πληρωμών 28
ισολογισμός 28, 64
ισολογισμός τραπέζης 29
ισορροπία 102
ισοσκελίζω προϋπολογισμό 27
ισοτιμία 75, 199
ισοτιμία χρυσού 136
ιστόγραμμο 38
ισχύος μιας ημέρας 258

Κ

Κάγκελο (κύκλος) χρηματιστηρίου 226
καθέκαστα 200
κάθετη ολοκλήρωση 259
καθαρά κέρδη 52
καθαρές αποδοχές 246
καθαρή απόδοση 189
καθαρή θέση επιχειρήσεως 23
καθαρή τιμή πωλήσεως 188
καθαρό βάρος 188
καθαρό εισόδημα 188
καθαρό ενεργητικό 188
καθαρό κέρδος 188
καθαρό ποσό 188
καθαρό προϊόν 188
καθαρός τόκος 188
καθαρότης μετάλλου 118
καθημερινώς 78
καθυστερούμενες   αποδοχές
27
καθολικό αγορών 42
καθολικό (λογιστικό) βιβλίο 170

καθολικό πωλήσεων 228
καθορισμός εργασίας 165
καθορισμός πιστωτικών ορίων 38
καθυστέρηση 83
καθυστέρηση, με 201
καθυστερούμενα 22
καινοτομία 153
καλές υπηρεσίες 137
καλή κατάσταση 153
καλή πίστη 153
κάλπικος 39
κάλυψη ασφαλιστική 73
κάλυψη χρυσού 136
καλώ σε απεργία 47
κάμνω κομπίνες 165
καμπύλη ζητήσεως 184
κάνω αντιπροσφορά 177
κάνω προσφορά 177
κανόνας 191
κανόνας χρυσού 136
κανονική χρήση 114
κανών 239
καπάρο 85
καπιταλισμός 49
καραντίνα 215
κάρτα πιστωτική 72
καρτέλ 51, 206
κατ' αναλογίαν 212
κατά κεφαλήν 203
καταβάλλω αποζημίωση 26
καταβολή τόκων 43
καταγραφή λογιστική 76
καταθέσεις 86
καταθέσεις όψεως 84
καταθέσεις ταμιευτηρίου 229
κατάθεση 78
κατάθεση ένορκος 17
κατάθεση   με   προειδοποίηση
250
κατάθεση με προθεσμία 120
κατάθεση προθεσμίας 250
κατάθεση χρημάτων 85
καταθέτης 86

καταθέτω 117
  καταθέτω για φύλαξη 85
  καταθέτω χρήματα 28
κατακυρώνω 14
κατάλογος 59
  κατάλογος αναμενόντων 261
  κατάλογος τευχών 116
καταμερισμός 93
κατανάλωση 66
καταναλωτής 65
καταναλωτικός 65
κατανομή κινδύνου 226
  κατανομή κατά συχνότητες 131
καταπάτηση δικαιωμάτων 153
κατασκευαστής 178
κατάσταση 206
  κατάσταση αγοράς 240
  κατάσταση κινήσεως λογαρια-
    σμού 32
καταστατική συνέλευση 241
καταστατικό 181
  καταστατικό εταιρείας 22
κατάστρωμα 81
κατασχεθέντα εμπορεύματα 92
καταχραστής 100
κατάχρηση 100
καταχρώμαι 100
καταχώρηση 102
κατευθυνόμενη οικονομία 205
κατεπείγουσα αλληλογραφία
  238
κατεστραμμένος 77
κατέχω μετοχές 145
κάτοικοι 223
  κάτοικοι εξωτερικού 190
κάτοχος 144
  κάτοχος δικαιώματος ιδιοκτη-
    σίας 34
  κάτοχος καλή τη πίστει 145
  κάτοχος κυριότητας 129
  κάτοχος ομολογίας 39
  κάτοχος ομολόγου 79
κατωτάτη τιμή 223

κατώτεροι τίτλοι 243
κατώτερος 243
κείμενο διαφημίσεως 16
κειμενογράφος 69
κεκτημένο δικαίωμα 259
κενό έντυπο 38
κεντρική τράπεζα 207
  κεντρικό γραφείο 53
κέντρο 53
κέρδη - ζημίες 211
  κέρδη κατά μετοχή 99
κερδίζω 99, 134
κέρδος 41, 48, 211
κερδοσκοπία 238
κερδοσκοπικός λογαριασμός 33
κερδοσκόπος 33
κερδοσκοπώ 238
κέρδους απόκτηση 212
κέρμα 58
  κέρματα 132
κεφάλαια προεγγραφών 243
κεφάλαιο 48, 50, 255
  κεφάλαιο αναπτύξεως 259
  κεφάλαιο αρχικό 210
  κεφάλαιο καταβεβλημένο 199
  κεφάλαιο καταβληθέν 101
  κεφάλαιο κατατεθέν 163
  κεφάλαιο κινήσεως 252, 264
  κεφάλαιο μακροπροθέσμου
    δανεισμού 175
  κεφάλαιο φυγαδευμένο 121
κεφαλαιοποιηθείσα αξία 49
κεφαλαιοποίηση 49
κεφαλαιοποιώ 49
κεφαλαιουχικά αγαθά 49
  κεφαλαιουχικές δαπάνες 48
  κεφαλαιουχική εντατικοποίηση
    49
  κεφαλαιουχική επιχορήγηση 49
κηδεμών 15
κηρύσσω πτώχευση 135
κίβδηλος 71

κίνδυνος 19, 142, 203, 226
  κίνδυνος κεφαλαίων 253
κινητή περιουσία 85
κίνητρο 149
κλασματικά δικαιώματα 128
κλείνω ραντεβού 177
κλείσιμο 17
κλείσιμο λογαριασμού 27, 117
κλειστή αγορά 58
κληρονομιά 103
κλίμακα 230
κλίρινγκ 57
κλοπή 249
κοινή αγορά 61
  κοινή αγροτική πολιτική 60
  κοινή αλιευτική πολιτική 61
  κοινή εμπορική πολιτική 60
  κοινή κηδεμονία 166
  κοινή μετοχή 196
κοινή υποχρέωση 166
κοινό, το 213
κοινοπραξία 64, 167, 206
  κοινός λογαριασμός 165
κοινότης 61
κοινωνική ασφάλεια 186, 237
  κοινωνικό κόστος 237
  κοινωνικός ισολογισμός 237
κοινωφελής 190
κόμιστρα 50
  κόμιστρα πληρωμένα 50
κομιστής 144
κονδύλια 164
  κονδύλια εξισορροπήσεως 28
κονσόρτσιο 246
κοπή νομισμάτων 58
κοστολόγος λογιστής 70
κόστος 70
  κόστος αντικαταστάσεως 222
  κόστος έργου 165
  κόστος ζωής 70
  κόστος, ασφάλεια, ναύλος 70
  κόστος και ναύλος 70
  κόστος μονάδος 256

κόστος πραγματικό 13
κουτί εισπράξεων 52
κρατάω λογαριασμούς 168
κράτηση αλληλογραφίας 224
  κράτηση τόκου 157
κρατικά ομόλογα 108, 137
  κρατικά χρεώγραφα 137
κρατική αποθήκη 39
  κρατική επιχορήγηση 138
  κρατική ομολογία 254
κρατικό δάνειο 137
κράχ 179
κρίνω, δικάζω 167
κρυφό αποθεματικό 143
κτηματομεσιτικό γραφείο 218
κτηματολόγιο 169
κυβέρνηση 137
κυβερνητικά ομόλογα 40
κυβερνητικός 76
κύκλοι εργασιών 254
κυμαίνομαι 122
  κυμαινόμενη τιμή 122
  κυμαινόμενο επιτόκιο 226
  κυμαινόμενο χρέος 121
  κυμαινόμενος 122
κώδικας 58
κωδικό σύμβολο 249
κώλυμα 144

Λ

Λάθος 103
λαθρεμπόριο 66, 237
λαμβάνω μέρος 200
λανθάνον ελάττωμα 169
  λανθάνων φόρος 143
λαχνός 96
λειτουργικό κόστος 195
  λειτουργικός 34, 132
λεπτομερής λογαριασμός 164
λέσχη των δέκα 58
λήγω 114

λήξας 110
λήξη 110
λήξη γραμματίου 180
ληξιπρόθεσμος 75, 198
ληξιπρόθεσμος συναλλαγματική 198
λήψη προσωρινών μέτρων 153
λιανικό εμπόριο 224
λιανοπωλητής 224
λιμάνι 141, 206
  λιμάνι εκφορτώσεως 206
  λιμάνι προορισμού 206
  λιμάνι προσεγγίσεως 206
λιμενάρχης 142
λιμένας ελευθέρας ζώνης 130
λιμενεργάτης 93
λιμενικά τέλη 141, 206
λιμενικές εγκαταστάσεις 141
λίρα στερλίνα Αγγλίας 207
λογαριασμοί 25
  λογαριασμοί διάφοροι 244
  λογαριασμός 10, 11, 29, 35
  λογαριασμός δανείου 15, 174
  λογαριασμός εισοδήματος και δαπανών 149
  λογαριασμός εισπρακτέος 12
  λογαριασμός επιταγών 56, 97
  λογαριασμός καταθέσεων 85
  λογαριασμός κεφαλαίου 48
  λογαριασμός με κωδικό αριθμό 192
  λογαριασμός μισθοδοσίας 228
  λογαριασμός οικείος 21
  λογαριασμός πληρωτέος 12
  λογαριασμός προσωπικός 210
  λογαριασμός πωλήσεων 54
  λογαριασμός σε συνάλλαγμα 124
  λογαριασμός συναλλάγματος 112
  λογαριασμός ταμιευτηρίου 229
  λογαριασμός τοκοφόρος 157
  λογαριασμός υπολοίπων 58

λογαριασμός φυλάξεως με σφραγίδα 230
λογαριασμού, αντίγραφο 11
λογική τιμή 114
λογιστής 11, 41, 170
  λογιστής πλοίου 214
  λογιστής προσοντούχος 215
λογιστικά βιβλία 41
λογιστική 11, 41
  λογιστική αξία 40, 41
  λογιστική περίοδος 11
  λογιστική περίοδος νέα 189
λογιστικό χρέος 41
λογιστικός έλεγχος 25
λογιστήριο 11, 12
λύση συμβάσεων 87

Μ

Μαγνητόφωνο 87
μαζική παραγωγή 180
μαθητεία 21
μαθητευόμενος 21
μακροπρόθεσμα δάνεια 53
  μακροπρόθεσμο 64
  μακροπρόθεσμος 175
μάνατζεμεντ 177
μάξιμουμ 180
μάρκα, εμπορικό είδος 42
μάρτυρας 264
μαρτυρία 107
μας σώθηκε 197
μαύρη αγορά 37
  μαύρος πίνακας 37
με το κομμάτι 204
μεγάλες τράπεζες 35
μεγάλο κατάστημα 85
μεγίστης φερεγγυότητος 258
μέγιστο 180
μεθαύριο 78
μειούμαι 115
μειούμενος 87
μειοψηφίας, δικαίωμα 183

μειωμένη συμμετοχή 243
μείωση μισθών 261
μελέτη εργασίας 265
μελέτη εφικτού 115
μελλοντικές δοσοληψίες 126
μελλοντικές συναλλαγές 133
μελλοντική παράδοση 126, 133
μελλοντική τιμή 127
μελλοντικός 126
μέλος 182
μερίδα 218, 234
μερίδα κτηματολογίου 169
μερική αποδοχή 200
μέρισμα 74, 92, 158
μέρισμα εξαμήνου 141
μέρισμα σε μετοχές 241
μερίσματα νέα 221
μερισματαπόδειξη 92
μεροληπτικοί δασμοί 91
μεροληπτικός 90
μέσα μαζικής ενημερώσεως 181
μέσα του μηνός 183
μεσάζων 183
μέση απόκλιση 240
μέση καλή ποιότητα 114
μέση λήξη 26
μέση τιμή 181, 183
μεσιτεία 44
μεσίτης 44, 60
μέσο κόστος 25
μεσολάβηση 137, 181
μεσολαβώ 181
μέσος όρος 25, 26
μέσος σταθερός όρος 262
μεταβιβάζω 253
μεταβίβαση 68, 90, 253
μεταβίβαση δικαιώματος 23
μεταβίβαση δικαιωμάτων 38
μεταβίβαση μετοχών 224
μεταβίβαση χρεωγράφων 23
μεταβίβαση χρημάτων 184
μεταβλητό επιτόκιο 259
μεταβλητό κόστος 259

μεταλλείο 183
μεταλλικός 183
μετάλλιο 181
μέταλλο σε όγκο 153
μετατρέπω 68
μετατρέψιμος 68
μετατρεψιμότητα 68
μετατροπή 19, 68
μεταφορά 27, 253
μεταφορά ποσού 30
μεταφορά φορτίου 254
μεταφοράν, υπό 159
μεταφορέας 44, 50, 68
μεταφόρτωση 253
μεταχειρισμένος 231
μεταχρονολογημένη επιταγή 207
μετοχές 34, 241
μετοχές δώρου 40
μετοχές επιτυχείς 140
μετοχές κατά κατηγορίες 232
μετοχές μεγάλης ασφαλείας 39
μετοχές μελών 215
μετοχές μικρής αγοραστικής αξίας 176
μετοχές μπλοκαρισμένες 39
μετοχές πιο πάνω από το κανονικό 144
μετοχές προνομιούχες 208
μετοχές χωρίς δικαίωμα ψήφου 191
μετοχή 32, 234
μετοχή καθαρών κερδών 234
μετοχή με προνομιακό δικαίωμα 260
μετοχή χωρίς ισοτιμία 162
μετοχική εταιρεία 166
μετοχικό κεφάλαιο 234, 241
μέτοχος 234, 242
μέτοχος, μεταγενέστερος 167
μέτρηση 181
μετρητά 51, 52, 195
μετρητοΐς, τιμή 239
μετρικό σύστημα 182

μετρικός τόννος 183, 250
μέτρο 181
μετρώ 181
μη αποδοχή 190
μη δεσμευτικός 191
μη διαπραγματεύσιμος 191
μη εκπλήρωση 190
μη κερδοσκοπικός 190
μη προσωπικός λογαριασμός 147
μηδέν υπόλοιπο 189, 266
μηνιαία δόση 185
μητρώο μετοχών 234
μηχανή αναλήψεως χρημάτων 66
  μηχανή διευθύνσεων 13
  μηχανή μετρητών 52
  μηχανή ταχυδρομικών τελών
  128
μικτή ασφάλεια 102
  μικτή χωρητικότητα πλοίου 139
μικρός αριθμός μετοχών 128
μικτό βάρος 139
  μικτό κέρδος 139
  μικτός τόκος 138
μίνιμουμ 183
μισή πληρωμή 141
  μισή τιμή 141
μισό 141
μισός χρόνος 141
μισθίον 169
μισθολογική κατάσταση 202
μισθός 100, 227, 260
μισθώνω 144
μίσθωση 169
  μίσθωση-λίσιγκ 169
μισθωτής 171
μισθωτός 260
μνημονευθέν 9
μνημόνιο 181
μονάδα 84
  μονάδα επίδειξης 91
  μονάδα λογαριασμού 257
  μονάδες παρεμβάσεως 159
μονοπώληση 69

μονοπώλιο 184
μποϋκοτάζ 37, 42
μυστική συμφωνία 231

N

Ναύλος 115, 194, 227, 237
  ναύλος επιστροφής 225
  ναύλος προπληρωμένος 130
ναύλωση 55
ναυλωτής 55
ναυπηγείο 93
ναυταπάτη 33
ναυτασφαλιστής 235
ναυτικός 178, 187
  ναυτικός πράκτορας 235
ναυτιλία 187
ναυτιλιακά έγγραφα 235
νέα διεύθυνση 205
νέα έκδοση 189
νέα χρεώγραφα 256
νέες μετοχές 189, 256
νεκρός χρόνος εργασίας 147
νοικοκύρης 146
νοικοκυριό 146
νομική διαδικασία ακυρώσεως
  48
νομικός σύμβουλος 71
νόμιμη υποχρέωση 170
νομιμοποίηση 170
νόμιμος 169, 241
  νόμιμος εκπρόσωπος 170
νόμισμα 74, 184
  νόμισμα μαλακό 237
  νόμισμα πληρωμών 170
νομισματική 192
  νομισματική βάση 184
  νομισματική μεταρρύθμιση 184
  νομισματική μονάδα 257
  νομισματική πολιτική 184
νομισματοκοπείο 183
νομοθέτημα 240
νομοθεσία 170

νόμος 169
νόμος περί τραπεζών 31
νόρμα 191
ντάμπινγκ 98
ντεπόρ 27
ντοσιέ 117
νυκτερινό χρηματοκιβώτιο 184

Ξ

Ξένο συνάλλαγμα 124
ξενοδοχείο 146
ξεπερασμένος 197
ξεχωριστό φάκελλο, σε 256

Ο

Όγκος πιστώσεων 53
ογκώδες φορτίο 44
οδηγίες χρήσεως 88
οικόπεδο 205
οικονομία 100
οικονομικές κυρώσεις 99
  οικονομικές υποχρεώσεις 98,
  125
οικονομική ανάπτυξη 99
οικονομική απαρχαίωση 44
οικονομική έκθεση 118
οικονομική επιρροή 74
οικονομική επιστήμη 99
οικονομική κατάσταση 117
οικονομική πολιτική ελευθέρας
  αγοράς 195
οικονομική ύφεση 86
οικονομικό έτος 75, 118, 119,
  248
οικονομικό κραχ 179
οικονομικοί κύκλοι 45
οικονομικός 99, 118, 119
ολιγοπώλιο 194
ολιγωρία 187
ολική απώλεια 129
ολοκλήρωση 157

ομάδα εταιρειών 139
ομαδική ασφάλιση 139
όμιλος των δέκα 140
ομόλογα 62
ομόλογα ευρωπαϊκής αγοράς
  105
ομόλογα σε αταξία 40
ομολογία 39
ομολογία με δικαίωμα επιλογής
  261
ομολογία με επιφύλαξη 219
ομολογία χωρίς εγγύηση 186
ομολογίες 51
  ομολογίες εξωτερικού 124
  ομολογίες ιαπωνικές 229
  ομολογίες μηδενικού τοκομερι-
  δίου 266
ομολογιών κατάλογος 174
ομόλογο δάνειο 33, 79, 255
ομόλογο δάνειο ακάλυπτο 257
ομόλογο δάνειο εξαγοράσιμο
  163
ομόλογο ναυτικού δανείου 42
ομολόγων έκδοση 40
ομοσπονδιακό σύστημα 115
ομοσπονδιακό ταμείο 115
όνομα μάρκας 43
ονομαστική αξία 89, 113, 190,
  199
ονομαστική μετοχή 220
ονομαστική τιμή 190
ονομαστικό κεφάλαιο 189
ονομαστικό ποσό 189
ονομαστικός 189
ονομαστικός λογαριασμός 189
ονομαστικός τίτλος 220
οργανισμός 197
όργανο 155
οργάνωση 196
ορθολογική οργάνωση 218
οριακή ανάλυση 178
οριακό κόστος 178
οριζόντιος ιδιοκτησία 120

όριο 173
 όριο εισαγωγών 148
ορκωτός λογιστής 25
όρος 62
 όροι 249
οπισθογραφήσεως, απαγόρευση
 224
 οπισθογράφηση 101, 211
 οπισθογράφηση εν λευκώ 37
οπισθογράφος 101
οπισθογραφώ 27, 101
όποιον αφορά 250
ουδέτερες τραπεζιτικές συναλ-
 λαγές 189
οφειλέτης 68, 80, 150
οφειλή 80
οφειλόμενο υπόλοιπο 28
όχι σε διαταγή 191
οχλαγωγική αναταραχή 226

Π

Πάγιο ενεργητικό 119, 262
 πάγιο κεφάλαιο 48, 119
πάγιος 64
πάγωμα μισθών 260
παγωμένα περιουσιακά στοιχεία
 131
παγωμένες πιστώσεις 131
παθητικό 79
παίζω 134
 παίζω στο χρηματιστήριο 134
πακέτο 199
παλιά εταιρεία 194
παλίνδρομη τροφοδότηση 116
παράβαση 43
παραβίαση συμφωνίας 43
 παραβίαση συγγραφικών δι-
 καιωμάτων 153
παραγγελία 196
 παραγγελία για εξαγωγή 111
 παραγγελίας έντυπο 196
 παραγγέλνω 196

παραγραφή 209
παραγωγικότητα 211
παραγωγή 197, 211
παράγων ασφαλείας 227
παράδοση 84
 παράδοση άμεση 239
 παράδοση εγγράφων 94
παραίτηση 9, 89
 παραίτηση από δικαιώματος
 261
παραιτούμαι 223
παρακαταθήκη 64
παρακρατούμενος φόρος 263
παραλήπτης 13, 64
παράλληλος 58
 παράλληλος εγγύηση 205
παράνομος 147
παραποίηση κειμένου 159
παραπομπή 220
παράταση 212
 παράταση πιστώσεως 112
 παράταση πληρωμής 112
παραχαράκτης 125
παραχώρηση 21, 128
 παραχώρηση πιστώσεως 23
παρεκτείνω 112
παρεμβάλλω 154
παρουσιάζω συναλλαγματική
 209
παροχή εγγυήσεως 213, 245
 παροχή εγγυήσεως από κοινού
 166
παρτίδα 33
πατέντα 200
πειραματικό σχέδιο 205
πελάτης 57, 76
πελατεία 76
περαιτέρω αιτιολόγηση 133
 περαιτέρω καθέκαστα 133
 περαιτέρω μελέτη 133
 περαιτέρω πληροφορίες 133
περιγραφή 86

περιγραφή εργασίας 165
περιεχόμενο 66
περιθώριο 178
περιθώριο καθαρού κέρδους 188
περιθώριο τόκου 157
περιληπτικός 61
περίληψη 9
περίοδος 61
περίοδος προεγγραφής 244
περιουσία 100, 103
περιουσία ακίνητη 218
περιουσιακά στοιχεία 85, 99, 246
περιουσιακά στοιχεία εκμεταλλεύσεως 195
περιουσιακά στοιχεία στο εξωτερικό 124
περιουσιακό στοιχείο 23
περιορισμένη συμφωνία 224
περιορισμός 74, 93, 173
περιοχή 87
περιοχή στερλίνας 241
πέφτω 114
πιθανότητα 210
πίστη 116
πιστοποιητικό 53
πιστοποιητικό ασφαλίσεως 54, 155
πιστοποιητικό εισόδου 165
πιστοποιητικό ενεχυριάσεως 54
πιστοποιητικό επιλογής 261
πιστοποιητικό θανάτου 79
πιστοποιητικό καταθέσεως 54
πιστοποιητικό μετοχής 196
πιστοποιητικό μετοχών 54, 234
πιστοποιητικό προελεύσεως 54
πιστοποιητικό συμμετοχής 200, 234
πιστοποιώ 54
πίστωση 10, 21, 49, 72, 90, 93
πίστωση ανάγκης 239
πίστωση αορίστου χρόνου 73

πίστωση για εξαγωγές 110
πίστωση εγγυημένη 231
πίστωση έναντι τρίτου 140
πίστωση επαναληπτική 226
πίστωση υπέρ οφειλέτου 140
πιστωτές διάφοροι 244
πιστωτής 73
πιστωτής προνομιούχος 208
πιστωτικά αποθέματα 116
πιστωτικά ποσά 97
πιστωτική επιστολή 171
πιστωτική ευρωπαϊκή κάρτα 104
πιστωτική κάρτα 30, 72
πιστωτικό πλαφόν 73
πιστωτικό σημείωμα 73
πιστωτικό υπόλοιπο 72
πιστωτικός 116
πλαστογραφημένη επιταγή 125
πλαστογραφία 126
πλαστογράφος 125
πλαστογραφώ 125
πλαστός 114
πλειοδότης 144
πλειοδοτική δημοπρασία 35
πλεόνασμα 245
πληγείσα περιοχή 92
πληθωρισμός 152
πληθωριστικός έλιξ 152
πληρεξούσιο 213
πληρεξούσιο προς τράπεζα 32
πληρεξουσιοδοτώ 109
πληρεξούσιος 23, 24, 207, 213
πληρεξουσιότητα 25, 213
πλήρης 131
πλήρης απασχόληση 132
πλήρης αποπληρωμή 202
πλήρης ασφαλιστική κάλυψη 131
πλήρης κυριότης 129
πληροφορία 152
πληροφορώ 152
πλήρωμα 74

πληρωμή 51, 202
   πληρωμή βάσει αποτελεσμάτων 202
   πληρωμή δολλαρίων 126
   πληρωμή εις το ακέραιο 202
   πληρωμή έναντι λογαριασμού 202
   πληρωμή κατόπιν διαμαρτυρήσεως 202
   πληρωμή με δόσεις 154
   πληρωμή με προεγγραφή 202
   πληρωμή προκαταβολικώς 202
   πληρωμή τμηματική 200
   πληρωμή χρέους 89
   πληρωμής όροι 202
πληρώνω 201
   πληρώνω με δόσεις 201
πληρωτέα επί τη εμφανίσει 36
   πληρωτέος 24, 201
   πληρωτέος εις διαταγήν 201
   πληρωτέος επί τη εμφανίσει 201
   πληρωτέος προκαταβολικά 201
   πληρωτέος στον κομιστή 201, 203
πλοηγός 204
πλόϊμος 231
πλοίο 9
   πλοίον εμπορευματοκιβωτίων 66
πλούτος 262
πλωτός 121, 187
πνευματική ιδιοκτησία 69
ποινή 203
ποινική ρήτρα 203
ποιότητα 215
ποιοτικός έλεγχος 215
πόλεμος τιμών 209
πολιτική 205
πολλαπλασιάζω 186
πολλαπλασιαστής 186
πολλαπλό δικαίωμα 186
πολυεθνική τράπεζα 186

πολύπλευρο εμπόριο 186
πόρισμα 222
πόρτα σε πόρτα 95
ποσά κατατεθειμένα 84
ποσόν 17, 19
   ποσόν εις μεταφοράν 19, 50
   ποσόν εφάπαξ 176
   ποσόν συναλλαγής 183
   ποσόν υποθήκης 181
ποσοστό θανάτων 79
   ποσοστό τοις εκατόν 203
ποσότητα 215
πραγματική αξία 159, 180, 218
πραγματογνώμων 110
πραγματοποιώ 147
πρακτικά, τα 184
πράκτορας 12, 17, 21, 60
   πράκτορας ασφαλειών 155
   πράκτορας μεταφορών 127
   πράκτορας ναυτασφαλειών 178
   πράκτορας πατεντών 201
   πράκτορας πληρωμών 202
   πράκτορας πωλήσεων 228
πρακτορείο 17
πράξης συμβιβασμού 82
πράσινη (αγροτική) λίρα 138
πράτιγο 208
πρίμ 208
προάγω 212
προαιρετικά αποθεματικά 260
προβάδισμα στην αγορά 43
προβλέψεις 213
πρόβλεψη 52, 123
   πρόβλεψη αποσβέσεως 86
   πρόβλεψη για επισφαλείς απαιτήσεις 27
   πρόβλεψη πωλήσεων 228
προβλής 165
προβλήτα 204
προβολή 43
προπληρωμή 209
πρόγραμμα 62, 230
   πρόγραμμα δράσεως 44

προγράμματα υπολογιστών 237
προγραμματίζω 212, 230
προεγγραφή 243
πρόεδρος εταιρείας 54
προειδοποίηση 191
προειδοποίηση εβδομάδος 135
προέλευση 197
προεξοφλητικό επιτόκιο, επίσημο 193
προεξοφλητική αγορά 90
προεξοφλητικός τόκος 251
προθέσεως, δήλωση 81
προθεσμία 78
προθεσμία μετά τη λήξη 257
προθεσμίας, εκτός 201
προθεσμιακή πληρωμή 83
προικοδοτώ 101
προϊόν 211
προϊστάμενος αγορών 142
προϊστάμενος εργοδηγών 142
προϊστάμενος τμήματος 142
προκαταβάλλω 15
προκαταβολή 15, 96
προκαταβολική εξίσωση 90
προκατάληψη 208
προκαταρκτικός 208
προκατασκευάζω 208
προκυμαία 262
προμήθεια 60, 73, 233
προμήθεια επί του τζίρου 255
προμήθεια τραπέζης 29
προμηθευτής 244
προνόμιο 75, 200
προνομιούχος 74
προξενείο 65
προξενικά 65
προορισμός 86
προπληρωμένο 208
προσαρμογή αξίας 258
προσαύξηση 150
προσδέχομαι 69
προσδιορίζω τιμή 216
προσδοκώμενος 126

προσέγγιση, κατά 227
πρόσθεση 13
πρόσθετες παροχές 131
πρόσθετη αγορά χρεωγράφων 26
πρόσθετος φόρος 245
προσθέτω 13, 14
προσθήκη 13
προσκαλώ 162
πρόσκληση 162
προσλαμβάνω 100, 102
προσλαμβάνω προσωπικό 144
πρόσοδος 20
προσόν 215
προσπέκτους 213
προστασία ενδιαφερόντων 227
πρόστιμο 203
προστιθέμενη αξία 13
προσφέρω 193
προσφερομένη τιμή 22
προσφορά 193, 212
προσφορά αναλήψεως έργου 246
προσφορά για όλα 199
προσφορά ευκαιρίας 32
προσφορά και ζήτηση 245
προσφορά με πρίμ 208
προσφορά μη δεσμευτική 216
προσφορά τιμής 35, 36
προσφυγή 219
προσχέδιο 96
προσωπικό 204, 239
προσωπικό δάνειο 204
προσωπικό πωλήσεων 228
προσωρινή κάλυψη 249
προσωρινή λύση 242
προσωρινό δάνειο 43
προσωρινός 249
προσωρινός ισολογισμός 158
πρόταση 185, 212
προτεραιότης 210
προτέρων 9
προϋπολογίζω 123

προφόρμα 212
προχθές 78
προώθηση πωλήσεων 229
προωθώ 126
πρωϊνή βάρδια 78
πρώτη ύλη 218
πρώτης ποιότητας 250
πρωτότυπο 250
   πρωτότυπο   συναλλαγματικής
   119
πτώση 114
   πτώση μετοχών 96
πτωχεύσας 31
πτώχευση 31, 113, 256
   πτώχευση, απαίτηση 28
πυρασφάλιση 118
πυρασφαλιστήριο 118
πωληθέν εξ ολοκλήρου 238
πωλήσεις 228
   πωλήσεις σε εσωτερική αγορά
   95
   πωλήσεις στο εξωτερικό 145
   πωλήσεως κόστος 233
   πώληση 228
   πώληση κάτω του κόστους 98
   πώληση μετοχής 111
   πώληση τοις μετρητοίς 53
   πωλητής 228

Ρ

Ρεπόρ 66
ρευστά   περιουσιακά   στοιχεία
   173
   ρευστό κεφάλαιο 173
ρευστοποίηση 173
ρευστότητα 122, 173
ρευστότητος, δείκτης 173
ρήτρα 57
   ρήτρα αυξήσεως 103
   ρήτρα διαφυγής 103
   ρήτρα εκπτώσεως 125
   ρήτρα κατοικίας 95

ρήτρα κινδύνου 124
ρήτρα πραγματικής αξίας 180
ρήτρα υπαναχωρήσεως 86
ρήτρα χρυσού 136
ριψοκινδυνεύω 142
ροή 122
   ροή κεφαλαίων 48
ρύθμιση χρήματος 220
ρυθμιστικά αποθέματα 44
ρυθμιστικός 67
ρυμούλκηση 142

Σ

Σε αναμονή 203
σε είδος 153
σε ζήτηση 150
σε συμφωνία με 149
σειρά προτεραιότητος 196
σημαία 120
   σημαία ευκαιρίας 120
σιδηρομετάλλευμα 163
σίδηρος 163
σιδηρικά 142
σκληρό νόμισμα 142
σκοπός 135
σπεκουλάρω 165
σπεσιαλίστας 238
σπιτικό 146
σταθερές τιμές 239
   σταθερές   τιμές   συναλλάγματος
   120
σταθερή ισοτιμία 120
σταθερό 119
σταθεροί όροι 240
σταθερός 119
   σταθερός μετρητής 240
σταλίαι 169
στασιμοπληθωρισμός 239
στατιστική 240
στέλεχος επιταγών 71, 243
στενή αγορά 186
στενογραφία 235

στενοδακτυλογράφος 235
στερεογράφημα 38
στέρηση μετοχών 125
στοιχίζω 70
στόλος 120
στόχος 246
στρατηγική εισοδήματος 149
 στρατηγική επενδύσεων 161
συγγραφικά δικαιώματα 227
συγκαλώ σύσκεψη 144
συγκράτηση εμπορίου 224
σύγκρουση 63
συγκυριότητα 69
συγχώνευση 18, 19, 64, 182
συγχωνευμένος ισολογισμός
 139
συγχωνεύω 19, 182
συλλογικές διαπραγματεύσεις
 59
συλλογική παρακατάθεση 59
συμβαλλόμενος, κύριος 210
σύμβαση 67, 71
σύμβαση πωλήσεως 36
σύμβαση πιστώσεως 72
συμβατικός 67
συμβόλαιο 72, 82, 97
συμβολαιογράφος 191
σύμβολο 245
συμβουλευτικές επενδυτικές
 υπηρεσίες 160
 συμβουλευτική επιτροπή 16
 συμβουλευτικός 16
σύμβουλος 65
 σύμβουλος διοικήσεως 177
συμμετοχή σε δάνειο 101
 συμμετοχή στα κέρδη 212
 συμμετοχή της πλειοψηφίας
 177
συμμετέχω 200
συμπεριλαμβανόμενος 149
συμπληρωματική εγγύηση 58, 73
 συμπληρωματική κάλυψη 192
 συμπληρωματικός υπολογισμός
 244

συμπράττω 58
σύμφωνα με 148
συμφωνία 17, 79, 240
 συμφωνία κυρίων 135
 συμφωνία μισθών 261
 συμφωνία, πράξης 82
 συμφωνία υπηρεσίας 233
συμφωνητικό 82
 συμφωνητικό δανεισμού 174
συμψηφισμός 57
συμψηφιστικές συναλλαγές
 193
συνάγω 112
συναγωνίζομαι 61
συναγωνισμός 61
συναγωνιστικός 61
συναλλαγή 33, 107, 252
 συναλλαγή μετρητοίς 239
συναλλαγματικές για είσπραξη
 36
 συναλλαγματικές για πληρωμή
 36
 συναλλαγματικές εισπρακτέες
 36
 συναλλαγματικές προεξοφλη-
 μένες 36
 συναλλαγματική 17, 29, 35, 94,
 117, 120, 175
 συναλλαγματική εν λευκώ 37
 συναλλαγματική εξισορρόπηση
 107
 συναλλαγματική εξωτερικού
 124
 συναλλαγματική όψεως 236
 συναλλαγματική πρώτης τάξε-
 ως 210
 συναλλαγματικός έλεγχος 75,
 107, 124
συνάντηση 21, 181
συνάπτω δάνειο 217
συνδικάτο 246
σύνδικος 254
 σύνδικος πτωχεύσεως 219

συνδρομή 243
σύνδεσμος 24
συνεδρίαση διοικητικού συμβου-
  λίου 39
συνεισφορά 67
συνεισφέρω 67
συνέλευση πιστωτών 181
συνέντευξη 159
συνένωση επιχειρήσεων 146
συνεργασία 68
  συνεργασία στο παρελθόν 200
συνεργατική 69
συνεταιριστικός 69
συνεταίρος 200, 264
  συνεταίρος ενεργός 13
συνεχές ασφαλιστήριο 121
  συνεχές ρεύμα 88
συνημμένο 101
συνθήκες εργασίας 264
συνιδιοκτησία 166
συνιστώμενα χρεόγραφα 161
συνιστωμένη τιμή 219
συνοδευτική νότα 72
συνολικός 135
συνοπτική διαδικασία 244
σύνορο 131
σύνταξη 67, 140
  σύνταξη γήρατος 193
συνταξιούχος 203
συντήρηση 177
συντονισμός 69
συσκευασία 199
σύσταση εταιρείας 150
  συστατική επιστολή 220
σύστημα 246
  σύστημα συμψηφισμού 57
συστημένη επιστολή 220
συσσώρευση πολυτίμων μετάλ-
  λων 144
συσσωρευτικός 74
συσσωρεύω 12
συχνότητα 130
σφραγίδα 78, 230

σχεδιαστής 86
σχέδιο 86, 205
  σχέδιο διαβαθμίσεως 59
  σχέδιο επενδύσεων 161
σχέση κεφαλαίου 72
  σχέση τιμής-κέρδους 209
σχολάζων 148
σωστός 114

Τ

Τακτικά αποθεματικά 241
τακτική 205, 207
ταμειακό απόθεμα 52
ταμίας 52
ταμίας τραπέζης 249
ταμείο 132
ταμείο αλληλοβοηθείας 131
ταμείο καταστήματος 52
ταμείο μικροεξόδων 204
τάξη 84
ταξιδιωτική επιταγή 56, 253
ταξιδιωτικός πράκτορας 253
ταξινομώ 117
ταρίφα 230
τάση 254
ταχυδρομείο 207
ταχυδρομικά τέλη 206
ταχυδρομική επιταγή 177, 207
ταχυδρομικός κώδικας 207
ταχυδρομικός λογαριασμός 207
ταχυδρομικός τομέας 266
ταχυδρομικός τρεχούμενος λο-
  γαριασμός 135
τεκμαρτός 147
τελευταία ημέρα 58
τέλη αποβάθρας 93
  τέλη αποθηκεύσεως 242
  τέλη εισόδου 102
  τέλη εισπράξεως 59
  τέλη πληρωτέα 89
  τέλη συστάσεως 221
  τέλη χρήσεως αποβάθρας 263

τελική δόση 117
τελική προσφορά 119
τελικό ισοζύγιο 117
τελικό μέρισμα 117
τελικό ποσό 28, 102
τελικό τιμολόγιο 117
τελωνειακή διασάφηση 76
τελωνειακή ένωση 76
τελωνειακή εξέταση 76
τελωνειακοί περιορισμοί 76
τελωνείο 76
τεχνική 248
τεχνική πωλήσεων 142, 228
τέχνασμα απάτης 63
τεχνολογία 248
τεχνολογικός εξοπλισμός 142
τηλεγράφημα 248
τηλεγραφική διεύθυνση 248
τηλεγραφική εντολή πληρωμής 248
τηλεγραφικός κώδικας 58
τηλεγραφώ 248
τηλέτυπο 248
τηλέφωνο 248
τηλεφώνημα 248
τηλεφωνήτρια 248
τηλεφωνικό κέντρο 248
τηλεφωνικός κατάλογος 248
τηλεφώνου, αριθμός 248
τηρώ υπόσχεση 131
τιμές υψηλών επιπέδων 118
τιμές χρηματιστηρίου 242
τιμή 10, 146, 209
τιμή ανοίγματος 195
τιμή ανταλλαγής 217
τιμή διαθέσεως 179
τιμή εισόδου 249
τιμή εκδόσεως 163
τιμή εξαγοράς 245
τιμή επαναγοράς 223
τιμή, η πιο καλή 24
τιμή κόστους 71, 270
τιμή κινήσεως 214

τιμή λιανικής πωλήσεως 174, 224
τιμή με κλήρωση 209
τιμή μεταπωλήσεως 223
τιμή παραδόσεως 83
τιμή παρεμβάσεως 159
τιμή προσφερομένη 216
τιμή συμψηφισμού 180
τιμή συναλλαγής 252
τιμή συναλλάγματος 108, 125
τιμή τιμολογίου 162
τιμή χρεωγράφων 51
τιμή χρηματιστηρίου 58
τιμής επίπεδο 209
τιμής προσδιορισμός 216
τίμιο παιχνίδι 114
τίμιος 114
τιμοκατάλογος εμπορευμάτων 251
τιμολόγιο 162
τιμολόγιο (προ) 212
τιμών, έλεγχος 209
τιμών, κατάλογος 216
τιμών, περικοπή 209
τιμών, υποστήριξη 209
τίτλος κυριότητος 93
τμήμα πωλήσεων 228
τοις εκατόν 203
τοκιστής 184
τοκογλυφία 258
τοκομερίδιο 71
τόκος 12, 71, 82, 157
τόκος απλός 236
τόκος θαλασσοδανείου 42
τόκος καταβληθείς 157
τόκος πιστωτικός 73
τόκου, υπολογισμός 77
τοκοφόρος ημερομηνία 258
τοκοχρεωλύσιο 65
τομέας 85
τόννος γενικού φορτίου 130
τοποθέτηση με προθεσμία 205
τοποθετώ χρήματα με οψιόν 214
τόπος υποχρεώσεως 205

τουριστική βιομηχανία 250
τραβάω κλήρο 96
τραβάω πιο πολλά χρήματα 197
τραβηκτική 96, 251
τραβηκτική τραπέζης 30
τράνζιτο 159
τράπεζα 28, 132
τράπεζα ανταποκριτής 70
τράπεζα εξουσιοδοτημένη 25
τράπεζα επενδύσεων 160
τράπεζα ιδιωτική 210
τράπεζα με γκισέ αυτοκινητιστών 97
τράπεζα συμψηφισμού 57
τράπεζα ταμιευτηρίου 229
τράπεζα υποθηκών 185
τράπεζα χρεωγράφων 75
τραπεζίτης 30
τραπεζιτικά τέλη 76
τραπεζιτικές εργασίες 259
τραπεζιτικές πιστώσεις 62
τραπεζιτική δήλωση 30
τραπεζιτική εντολή 30, 31
τραπεζιτική επιταγή 29
τραπεζιτική κατάθεση 30
τραπεζιτική κατάρρευση 29
τραπεζιτική μεταβίβαση 46, 47
τραπεζιτική ομολογία χρέους 30
τραπεζιτική πίστωση 29
τραπεζιτική προβολή 30
τραπεζιτική προεξόφληση 30
τραπεζιτική προμήθεια 29
τραπεζιτική σύσταση 31
τραπεζιτικό απόρρητο 31
τραπεζιτικό δάνειο 31, 118
τραπεζιτικό επιτόκιο 31
τραπεζιτικό κέντρο 31
τραπεζογραμμάτια 30
τράστ 39
τρεχούμενος 75
τρέχουσα αξία 180
τρέχων 75
τριμηνία 215

τριμηνιαίος 216
τρίμηνο 216
τρίτο πρόσωπο 249
τυπική απόκλιση 259
τυπικός 126
τύπος, μορφή 126

Υ

Υγειονομική υπηρεσία 143
υλικό 180
υπαγόρευση 87
υπαγορεύω 87
υπαιτιότητα 66
υπάλληλος 11, 57, 100
υπανάπτυκτες χώρες 255
υπεκμίσθωση 243
υπεραστικό τηλεφώνημα 175, 254
υπερβάλλον βάρος 107
υπερβάλλουσα ικανότης 107
υπέρβαρος 198
υπέρβαση 73
υπερβολική παραγωγική ικανότητα 197
υπερβολικός 107, 109
υπερεκτιμώ 198
υπερκάλυψη 198
υπερπαραγωγή 198
υπερωρία 198
υπεύθυνος 172
υπό τον όρον 194
υποβιβαζόμενο κόστος 99
υπογραφή 236
υπογραφή εν λευκώ 38
υπογράφω τίτλο 109
υπόδειγμα 238
υποδιευθυντής 24
υποδηλώ 148
υπόθεση 51
υποθηκεύσεως, επιστολή 171
υποθήκευση 50, 146
υποθηκεύω 146

υποθήκη 18, 185
υποθήκη δεύτερη 231
υποθήκη μεταγενέστερη 167
υποθήκη πλοίου 235
υποθήκη πρώτη 119
υποκατάστημα 42
υποκινώ 154
υπολογίζω 47, 103
υπολογισμός 47, 103
υπολογισμός τόκων 164
υπολογιστής 47, 62
υπόλοιπα λογαριασμών 85
υπόλοιπο 27
υπόλοιπο εις μεταφοράν 28
υπόλοιπο λογαριασμού 28
υπόλοιπο ταμείου 51
υπόμνημα 181
υπονοούμενος 147
υποπράκτωρ 243
υποπροϊόν 46
υποσημείωση 123
υποστάς τη ζημία 153
υποτίμηση 87
υποτίμηση χρημάτων 86
Υπουργείο Οικονομικών 108, 254
υποχρεώσεις 172
υποχρεώσεις πληρωτέες 201
υποχρέωση 12, 50
υποχρέωση από συναλλαγματική 172
υποχρέωση πληρωμής αβαρίας 25
υποχρεωτικά αποθεματικά 183
υποχρεωτικός 62
υστερόγραφο 207
υστέρων 9
υφαντουργικό προϊόν 249
ύφεση 219
ύψος αποζημιώσεως 261
ύψος πωλήσεων 43
υψωτικές τάσεις 45
υψωτικός 45

Φ

Φάκελλος 122
φερέγγυος 238
φερεγγυότης 73, 74, 238
φθαρτά αγαθά 203
φθίνουσα απόδοση 88
φθορά μισθίου 262
φιλική συντροφιά 175
φιλοδώρημα 138
φίρμα 45
φόρμουλα τόκου 157
φοροεισπράκτορας 247
φορολογήσιμος 54
φορολογητέα αξία 247
  φορολογητέο εισόδημα 247
  φορολογητέος 98
φορολογία 247
φορολογικές απαλλαγές 48
φορολογική απαλλαγή 247
φορολογική βάση 247
φορολογική δήλωση εισοδήματος 150
φορολογική υποχρέωση 83
φορολογικό έτος 150, 248
φορολογικός παράδεισος 247
φορολογούμενος 247
φόρος 48, 247
φόρος ακίνητης περιουσίας 212, 217, 218
φόρος απασχολήσεως 101
φόρος εισοδήματος 149
φόρος εταιρείας 69
φόρος καταναλώσεως 108
φόρος κληρονομιάς 79, 103
φόρος κτήσεως 214
φόρος πολυτελείας 176
φόρος προστιθέμενης αξίας (Φ-ΠΑ) 258
φόρος πωλήσεων 229
φόρος υπερβολικών κερδών 107
φόρου, απώλεια 247
φόρων, επιστροφή 247

φορτηγό πλοίο 50
φορτίο 50, 81, 130
φορτίο αεροπορικό 18
φορτίο, νεκρό 78
φόρτωση 174, 235
φορτωτική 18, 57, 194, 218, 235
φορτωτική με λάθη 127
φορτωτική οδικής μεταφοράς 262
φορτωτική πλοίου 36
φτηνό 55
φτηνό χρήμα 55
φυγοδικώ 9
φύλαξη 227
φύλαξη χρεωγράφων 75, 233
φυσική λειτουργία 132

X

Χαρακτηριστικό 115
χαρτοκιβώτιο 51
χαρτονόμισμα 31, 199
χαρτονομίσματα χωρίς κάλυψη 116
χαρτόσημο 239
χαρτοφυλάκιο 36, 196, 206
χαρτοφυλάκιο χρεωγράφων 161, 232
χαρτοφυλακίου ανάλυση 206
χονδρικό εμπόριο 263
χονδρικός 138
χονδρέμπορας 263
χορήγηση ευρεσιτεχνίας 138
χρέη, υποχρεώσεις 172
χρέος 80
χρεώγραφα 72, 120, 231, 257
χρεώγραφα βραχείας λήξεως 184
χρεώγραφα δύσκολα 191
χρεώγραφα εισηγμένα στο χρηματιστήριο 174
χρεώγραφα μακροχρονίων επενδύσεων 161

χρεώγραφα με οπισθογράφηση 155
χρεώγραφα φερεγγυότητος 144
χρεώγραφα - χρηματιστήριο 193
χρεώγραφα χωρίς αξία 258
χρεώγραφα χωρίς κουπόνια 234
χρεώγραφο 34, 92
χρεώγραφο αέναο 203
χρεώγραφο σε καλή κατάσταση 136
χρεώγραφο στο άρτιο 232
χρεωγράφων ανάλυση 232
χρεωγράφων αρίθμηση 232
χρεωγράφων εκκαθάριση 231
χρεωγράφων κατάσταση 242
χρεωγράφων μικρή ποσότητα 192
χρεωγράφων υπηρεσία 232
χρεωλύσιο 19
χρεωλυτικό κεφάλαιο 237
χρέωση λογαριασμού 80
χρεωστάσιο 185
χρεωστικά ποσά 98
χρεωστική εγγραφή 88
χρεωστικό υπόλοιπο 79
χρεώστης 80, 218
χρήμα 184
χρηματαγορά 184
χρηματικό απόθεμα 184
χρηματιστηριακά ιδρύματα 53
χρηματιστηριακής αγοράς, θεωρίες 179
χρηματιστηριακές δοσοληψίες 208
χρηματιστηριακές εντολές 225
χρηματιστηριακή αγορά 34
χρηματιστηριακή αξία 180
χρηματιστηριακή εντολή 242
χρηματιστηριακό πιστοποιητικό 103
χρηματική ποινή 118
χρηματιστήριο 107, 234
χρηματιστήριο αξιών 241

χρηματιστήριο των οψιόν 196
χρηματιστήριο χρεωγράφων 242
χρηματιστής 241
χρηματοδότηση 118, 190
χρηματοδότηση από θυγατρική εταιρεία 113
χρηματοδότηση εξαγωγών 110
χρηματοδότηση ξενοδοχείων 146
χρηματοδοτικοί οργανισμοί 204
χρηματοδοτώ 117
χρήματος επιστροφή 220
χρονικό διάστημα 249
χρονοναύλωση 249
χρυσό νόμισμα Νοτίου Αφρικής 168
χρυσός 136
χρυσός σε ράβδους 45
χρυσούς κανόνας 136
χρυσούς τραπεζιτικός κανόνας 136
χρυσωρυχεία 136
χύμα 149
χυτός σίδηρος 53
χυτοσίδηρος 204
χώρα 71

χώρα προελεύσεως 71
χωρητικότης 250
χωρίζω στα δύο 239
χωρικά ύδατα 249
χωρίς διαμαρτύρηση 263
χωρίς δικαιώματα 111
χωρίς ευθύνη δική μας 263
χωρίς μερισματαπόδειξη 108
χωρίς όρια 257
χωρίς τοκομερίδια 108
χωρίς φορολογική επιβάρυνση 247
χώρος επιφανείας 122

Ψ

Ψεύτικος 115
ψηφίζω 260
ψήφισμα 224
ψηφίο 55

Ω

Ωράριο 45
ώρες αιχμής 203
ώρες γραφείου 193
ώρες εργασίας 146